神井 護 Kamii Mamoru

広告動画の法則

嫌われないための広告演出

技術評論社

免責

本書に記載された内容は情報の提供のみを目的としています。したがって、本書の記述に従った運用は、必ずお客様ご自身の責任と判断によって行ってください。これらの情報の運用の結果について，技術評論社および著者は、如何なる責任も負いません。

はじめに

「すべてのものは二度作られる」という言葉をご存知でしょうか。なにか物を作るときには、まずは頭の中で考えそれを紙の上に書きます。これが一度目の作るということ。次にそれを具現化する作業をします。それが二度目の作るということです。

一度目は「創作する」とか「計画を立てる」ということで、「広告動画」でいえば〝広告〟の部分を作ることです。二度目は「広告動画」の〝動画〟の部分を作ることで、紙から映像へ〝メディア変換〟する作業のことを指し、「映像制作」と呼ばれます。近年巷に溢れている動画本はこの二度目の方、映像制作のやり方を解説するものですが、本書は一度目の方、「どんな動画を作れば良いのか」を解説します。

（商業ベースでは）広告動画を計画するのは誰の仕事かというと、本来は広告主の宣伝事業部の仕事です。自分たちの商品をどう宣伝するのかを考えるのは、宣伝事業部の仕事であるはずです。近年、動画の自製化を進める企業が増えていますが、〝一度目〟の方をこそ自製化することが重要なのです。どんなものを作れば良いのかを一貫して考えられる、広告も動画もよくわかっている人がいなければ、ロクなものはできません。その“よくわかっている人”こそがディレクターです。

「広告動画」とは動画のジャンルの一種であり、ネットも含めた「動画専門メディアに掲載される広告として作られた動画」の総称です。一般には専ら「CM」や「コマーシャル」などと呼ばれます。CMはコマーシャル・メッセージの略で、商業的伝言という意味です。ですから本来動画とは限らないはずですが、なぜか一般世間では広告動画という日本語を使わず、「CM」が使われています。「動画広告」という言葉もありますが、これは「動画を含む広告」のことです。例えば、gifアニメを貼り付けたバナー広告や、広告ディスプレーに表示されたポスターで一部もしくは全部に動画を取り入れたようなものなどは、動画広告ではありますが、広告動画ではありません。

動画を作るには、まずディレクターが企画を立て「構成表」というものを書きます。これが〝一度目〟です。なにを伝えるべきかももちろん大事ですが、動画ですからそれを〝どう見せる〟のか、映像でどう〝表現〟するのかをわかっていることが重要です。この構成表という〝完成予想図〟を書き、どういうものを作るのかを計画するのがディレクターの主となる仕事です。計画されるものは理想形なわけですから、ここでダメならダメなものしかできません。絵コンテや台本は二度目の作業を行う人たちへの指示書ですが、それだけではすべてを指示することはできないので自分で現場に行き、口頭でも指示を出します。故に「ディレクター（指示を出す人。日本語では監督）」と呼ばれるのです。ディレクターだけは、〝一度目〟にも〝二度目〟にも精通していなければなりません。ディレクターは映画でいえば監督であり、“その動画を作る主体となる人”です。動画を自製化するとは、機械とその操作要員を確保することではなく、十分な知識を持つディレクターを確保することに他なりません。

動画とは動作を写すものであり、動作を繋いでいくとストーリーになります。広告動画を作るということは、広告として伝えるべきことをストーリーで見せる動画を作るということです。少しでも多くの人に見てもらうためには面白く印象的にしたいわけですが、そのためにはストーリーが必要です。①広告として伝えるべきことがわかり、②それを印象付ける面白いストーリーを考え、③映像で〝表現〟する。広告動画を計画するとは、この3つのことを一貫して考えるということです。そのためには、①広告とはなにか、②面白いストーリーの作り方、③映像での表現の仕方（動画の文法）の3つを知る必要があります。この内、最初の2つを解説するのが本書です。3つ目も知りたい方は拙著「動画の文法」を参照してください。

本書の対象は「宣伝に動画を利用したい依頼主（クライアント）」としています。クライアントは、例え計画をはじめとするすべてを外注するにしろ、〝なにを〟〝どのように〟伝えるのだという意志・意図だけは理解している必要があるからです。そうでなければ、デタラメなものを作られても黙ってOKするしかありません。

まずは、日本従来の宣伝・広告というものに付いて正しく理解していただくために、アメリカ製マーケティング理論をベースにして日本の宣伝・広告・販売などを解説します。その後、芸術作品としてではない、商業における動画の在り方、考え方を説明します。また映像制作者にとっても、今まで誰も教えてくれなかった「番組にする」とか「面白いとはどういうことか」ということ（つまり一度目の作るということ）を、たぶん初めて解説する本になると思います。

著者について

情報発信者が何者なのかがわからないとその情報の価値がなくなるので、自己紹介として著者の経歴と実績を簡単に書いておきます。

覚えておいでの方も多いのではないでしょうか。1990年代半ば、NHK-BS（NHK衛星放送局）の番宣はどこかしらふざけているような、にやけてしまうような、従来のNHKとは明らかに毛色の違うものでした。今でも、「BSは地上波より柔らかい」というイメージをお持ちの方は多いはずです。そのイメージは、衛星放送局時代（1989〜2000頃）の番宣が作り出したイメージなのです。そしてその「NHKらしからぬ番宣」は、すべて著者の手によるものです。それはNHK衛星放送局（当時）に、喜ぶのを超えて驚くほどの新規契約者を動員しました。

神井護（かみいまもる）というのはビジネスネームで、本名は荒磯昌史（あらいそまさし）といいます。荒磯という苗字は電話で聞き取りにくいために、社会人になったときからビジネスネームを使っています。父親が日本のCMタレント第一号であり、ミスター・テレビ、ミスター・ナショナルなどと呼ばれコマーシャルを象徴する存在であったタレント、泉大助（本名：荒磯和行）であったため、幼少の頃からCMに対し高い意識を持って育ちました。

15歳の頃、まだ試作段階のホームビデオがモニターとして家に届き、それを使って初めて作った動画がCMのパロディでした。18歳の頃、友人と組んで自主映画の制作を開始。この友人は雑誌の映画賞のグランプリを獲得、NHKの「YOU」などの番組から呼ばれて出演するようなトップ・アマチュアでした。

大学を卒業後、音楽事務所やレコード・レーベルを設立しライブ・ビデオの制作などをしていましたが、修行不足を痛感してとある実業家に師事、「営業」の基礎を学びました。

その後、本放送が始まったばかりのNHK衛星放送局で、先物スポットのPD（プログラム・ディレクター）をすることになりました。「先物」とは、本編の前日以前に放送される番組宣伝（以後番宣）を指し（別名「日付版」）、「スポット」は超短尺番組を指します。入ったばかりの私に、当時の局次長（NHK衛星放送局で2番目に偉い人）がこうおっしゃられました。「我々NHKは宣伝というものをやったことがない。だからまったくわからない。だから、外部の君たちを雇ったんだ。なのに我々が口を出せば君たちを雇った意味がない。だから君たちに一切口出しはしない。自由に好きなようにやって構わない。責任はすべてこちらで持つ。その代わり面白いものを作ってくれ」おかげでNHKらしからぬ面白い番宣を作り、放送することができたのです。すべてを任されていたため、放送倫理には特に気を使いました。

'95（？）～'98年頃はBS1、BS2、二波の先物スポットすべてを1人で担当し、年間の制作本数は千本程度でした。

NHKではCMという言葉は使いませんが、BSの視聴は別料金であることを踏まえると、その番宣は商業的なものですので、BSの番宣の実態は完全にCMです。事実、一部は他社（民間の放送局やパブリック・ビューイングなど）でCMとして放送されています。

NHKには宣伝や広告は無いと思うのは間違いで、番組宣伝はその名の通り宣伝ですし、他にもNHKのグループ会社が発行している番組情報誌の宣伝や慈善事業（赤い羽根共同募金など）の宣伝など、実は宣伝も広告もたくさん放送しています。宣伝をしてはいけないのではなく、営利目的の放送をしてはいけない、不公平にならないよう一部の会社の宣伝をしてはいけないのです（その業種に属するすべての会社の宣伝なら可）。ほとんどの視聴者が宣伝といえば営利目的に決まっていると勘違いしているので、宣伝だと思われないように宣伝しなければなりませんでした（たとえば番組情報誌の場合は「買ってね」ではなく、あくまでもNHKが提供しているサービスの案内として放送していました）。

宣伝としての機能を持ちながら、宣伝に見えないように作らなければいけないわけですから、宣伝と宣伝ではないものの境目を極めることが要求されました。視聴者が出資者ですから、少しでも不快感を与えればすぐにクレームが来ます（ここが民放と違うところです）。視聴者が宣伝・広告の存在自体を許さないところで許されるものを作り成功させるためには、人一倍考え知り尽くすことを余儀なくされたのです。NHKという、広告業界や商業界から離れた絶海の孤島にいたことで、かえって商業的な打算に汚されない純粋な宣伝・広告というものと向き合うことができたのです（宣伝も広告も本来は商業と無関係のものです）。

'97年頃、衛星放送の新規契約者が予想をはるかに上回って殺到する一方で、解約者数も激増するという〝事件〟が起き、衛星放送局が調査をしました。すると、契約理由では「時折総合テレビで流れるBSの番宣がすごく面白そう。NHKは変わったんだ、BSは今までのNHKとは違うんだ、と思ったから」というものがダントツの1位。そして解約理由は「本編を見たら全然面白くない。今までのNHKと変わらない」というものが、ダントツではないけれど1位だったそうです。

この頃、編成局制作部（当時：地上波の番宣を担当していた部署）が創設した月間スポット賞を創設以来3回連続で頂き、殿堂入りとされました。また、NHK内で最高の賞である会長賞（海老沢会長）も頂きました。

その後テレビから離れ、ビリヤード場を経営。6年ほど後にNHKの職場に復帰。しかしその頃には組織がすっかり変わり、もう思うようには作らせてもらえなくなっていました。その後13年間勤め、2018年にテレビ制作の第一線から退きました。またこの間に、アメリカ式のマーケティング・リサーチやダイレクト・レスポンス・マーケティング（DRM）というものを研究し始め、「体系化する」ということを新たに学びました。

映像制作歴40年以上。〝NHKのCM〟を25年間で1万本以上制作。会社経営者としての実業歴25年。たぶん世界で一番多くの放送番組を作った広告動画の専門家です。

目次

はじめに……003

第1部 広告

第1章 宣伝・広告・販売

「宣伝」とはなにか？……016
「広告」とはなにか？……032
その他の情報伝達行為……045
column 殿様の立て札は広告か？……051
プルとプッシュ……053
column テレビの番宣はプルかプッシュか……069
販売と購入……070
column 宣伝部と販売部の棲み分け……081
グラフで見る広告の効果……082
column ネーミング・ライツには要注意……087

第2章 意識レベル表と基本形

意識レベル表……090
広告の基本構成……099
column 素人限定の特殊な形……117

第3章 広告プラン

広告を作る前に……120
column ありがちな間違い……125
広告プラン図……126
プランニング① 誰に――ペルソナ……135
プランニング② なにを――ベネフィット……142
プランニング③ どう伝えるか――演出……151
column 職人絶滅の構図……162

第2部 動画

第4章 動画とはなにか

動画の種類……168
番組（一般番組）とはなにか……177
広告としての動画の特性……184
動画の自製化とはどういうことか……199

第5章　広告動画の作り方

解説者型(直接的)とイメージ型(間接的)……204
「面白い」とはどういうことか……214
「面白い」の作り方……222
column 広告動画のベネフィットは1つ……244

第6章　インターネットの使い方

広告論的、インターネットの4つの特徴……248
column 広告のビジネス・モデル……259

第7章　実例解説

サンプル動画解説……262

おわりに　広告公害をなくすために……283
索引……285

第1部 広告

宣伝・広告はなんのためにするのか?「商品を売るため」 これははっきり間違いです。宣伝・広告は商品を売ることはできません。

Aさんから商品を渡されて、「これを宣伝してくれ!」と言われたとします。また、Bさんから商品を渡されて、「これを販売してくれ!」と言われたとします。あなたがやることは同じですか? 「宣伝してくれ!」といわれたのに、後日Aさんから「売り上げを渡してくれ」と言われたら困ってしまうでしょう。「宣伝すること」は「売ること」とはまったく別のことです。

パンフレットを広告だと思っているのも「宣伝」と「販売」を混同しています。レストランのメニューやワインリストもパンフレットの一種ですが、これらはすべて商品を説明することで「買ってもらおう」とするものです。来店した客にだけ渡し、〝広く〟配布するものではないので、広告ではありません。

広告は販売システムの一部ではありませんし、その目的は売ることではありません。ですがパンフレットと広告を区別できない人は、宣伝すべきところでパンフレットを出して「営業を掛けて(販売して)」しまっているわけです。パンフレットと広告を区別できないと、広告を間違ってしまいます。

第 1 章

宣伝・広告・販売

「宣伝」とはなにか？

宣伝という言葉の意味

宣伝は、元々外国語の「プロパガンダ」という言葉の訳語として、近代になって作られた言葉ですが、今では「プロパガンダ」は「政治的宣伝」と訳されるのが普通です。そしてただ「宣伝」といえば「商業的宣伝」を指すことが多くなっています。
「プロパガンダ」とは「自分の（政治的）主義・主張を伝え知らせることで、理解・賛同を得ようとすること」です。語源はラテン語の「Propagare」（種をまく、繁殖させる）という言葉だそうで、俗語でいうところの「ネタを仕込む」ということになります。あるいは別の言葉でいうなら「根回し」です。「商品がより多く売れるように消費者にあらかじめ根回しをしておくこと」と考えれば、確かに商業的宣伝の意味としてピッタリです。商品を売る前にあらかじめ「根回し」をしておくとは、いかにも日本人が得意そうなことです。「根回し」という言葉が少しいやらしく感じるなら、「事前に環境を整えておくこと」でもいいでしょう。

大事な点は、宣伝とは元来物を売ることとは関係がない言葉だということです。宣伝という言葉が商業以外でも使われることはご存じでしょう。商売の言葉が他所でも使われているのではなく、「根回し」や「ネタを仕込む」と同じように、元々商売とは関係のない言葉が商売でも使われているのです。

なお本書では、基本的に「商業的宣伝」を念頭に解説していきます。特に区別したいときには「一般的宣伝」「商業的宣伝」と書くようにします。

5つの意識レベルと購買意欲

アメリカ製のマーケティングでは、消費者は5つの意識レベルをたどって購入に至るとされています。意識レベルとは、その商品が解決する問題を消費者がどの程度意識しているか、を段階分けしたものです。これはとても役に立つ重要な概念で、宣伝・広告に関わるならば絶対に頭に入っていなければいけません。しかし、日本では意識レベルという概念は無く、専ら「購買意欲（≒ニーズ）」が使われて来ました。5つの意識レベルを簡単に紹介しながら、購買意欲との相関関係を示します（図1-1）。

図1-1　5つの意識レベル

まず、「無意識」。その商品はおろか、その商品が解決する問題さえ意識にのぼっていない状態のことです。消費者の初期の状態で、通常最も人数が多い層であり、宣伝の主となる対象です。その存在場所は必ず市場外です。「市場調査」といった場合、市場（いちば）を調査しても仕方がありません。「市場」は、現実世界では商品が売られている場所のことを、概念の上では「買いたいという欲求を少しでも持っている消費者」「買う可能性のある消費者」を指します。インターネットでは"場所"という概念がないため、常に市場＝消費者となります。このとき、無意識層は絶対に取引できない、その可能性もない相手なので、市場ではありません。

また、無意識層に購買意欲は存在しません。数値がゼロなのではなく、パラメータ自体が存在しないので、広告はもちろん、なにを以てしても購買意欲を上げることはできません。従って、広告の効果を調べるのに、無意識層相手に「購買意欲」をアンケートしてもまったく意味がありません。

次の段階を「問題意識」といいます。「自分に問題があることに気が付いた」という段階です。例えばこの本を読んでいるあなた。このまま本を読み続けていたら喉が渇くのではないか、今のうちになにか飲み物を用意しておいた方が良いのではないかと、自分に〝問題〟があることに「気が付いてしまった」状態のことです。

この層にも購買意欲はありません。購買意欲は〝買いたいという欲求〟ですから、まだ問題を解決しようとさえ思っていない人に買いたいという欲求があるわけはありません。ただし、うっすらと買ってもらえる見込みくらいはあるかもしれません。数値はゼロだが、パラメータは存在している人もいる、という程度で、「見込み客もチラホラいるかもしれない」くらいには考えても良いでしょう。

三番目は「解決意識」です。本当に喉が渇いてきた、飲み物を調達しよう。いよいよその問題を解決しようと決意し、行動を起こす段階です。購買意欲が人によっては発生し出すという段階で、購買意欲の有る人と無い人が混在する唯一の意識層です。ニーズはあるけど〝買う気〟は無い人たちもいるということです。「行動を起こす」とは「市場に参加する」ことであり、それはとりもなおさず「購買意欲」というパラメータが確実に存在し、ある程度以上に上がっているということです。ここより下（図1-1では左）は〝買う気の無い人たち〟であり市場外であること、そしてここより上（図1-1では右）は〝買う気のある人たち〟であり市場内であることを明確に意識すべきです。

その次は「比較意識」です。コンビニへやってきました。なにを飲もうか？　コーラにしようか、ジュースにしようか？　どれにしようか選んでいる状態、比較検討している状態です。買い手が「一番楽しい時期」＝「商品の情報を漁りまくる状態」です。もちろん、購買意欲は満々です。販売者はこの層をターゲットとしてしのぎを削り合っているわけです。

最後は「超意識」といいます。なににするか決めた！　という状態。これを買う、と意志を決めた状態です。もはや購買意欲は〝買いたいという欲求〟ではなく、買うという決意です。選ばれなかった売り手がアプローチすることは、もうほとんどできません。

宣伝の目的

この5つの意識レベルを見ただけで、簡単に宣伝の目的がわかります。それは「意識レベルを上げること」です。購買意欲やニーズの有無に左右されないため、これ以上意識レベルを上げることができない超意識層以外のすべての層に対して有効です。特に「販売」「集客」「告知」など他のものがアプローチできない無意識層を、問題意識層の見込み客（自社や自社商品を知っている状態）以上に昇格させることが主任務となります。

「意識レベルを上げる」などというといかにも専門用語という感じですが、もっと簡単な言葉に言い換えることができます。学生時代、女子高生同士などがよく言っていたでしょう。「ねぇ、彼のこと、いつから好きになったの?」「うーん、夏合宿の頃からなんとなく意識するようになっちゃって」などと。「意識レベルが上がる」とはなんのことはない「好きになる」ということに他なりません。

嫌いになる方も「意識が上がる（より強く意識するようになる）」ことには違いないのですが、意識レベルは上がりません。「ネガティブ・キャンペーン」で嫌いになる方向に意識だけ上げておいて、その後に〝神対応〟によって好きと嫌いという感情の方向を反転させるのが「炎上商法」です。炎上商法も最終的には意識レベルを上げているので、宣伝の一種ではあるのです（炎上させること自体は宣伝ではありません）。

宣伝はなんのためにやるのか。「好きになってもらうため」 従って、宣伝に消費者から嫌われる要素が含まれていては、本末転倒も良いところです。正しい宣伝は、消費者から嫌われるものではありません。

宣伝とは環境を整えることだと先に言いました。環境を整えるためにできることはいくつかあります。例えば米を売りたいのなら、市中に出回っている米やライバル店にある米を燃やしてしまうなり買い占めて米不足にすれば、自分の米はすごく高く売れるようになるでしょう。しかしこれでは嫌われるばかりで好きになってもらえるわけがなく、もちろん宣伝ではありません。「宣べ伝える」ですから、なにか情報を伝えるのではどうでしょう。情報を伝える行為は、強引に押し付けさえしなければ嫌われる行為ではありません。喜ばれる情報であるならば、むしろ好かれる行為です。ウチの米は特別に美味しいと噂を流す、もしくは米がいかに体に良いかという情報を発信するなど。これらは、(ウチの)米を好きになってもらおうという行為です。「興味を持ってもらう」でも、「知ってもらう」でも、「理解してもらう」でも結構です。すべて簡単に言えば「好きになってもらうこと」です。これが宣伝であり、これは商業でも非商業でも変わりません。

マーケティングにおける宣伝の立ち位置

今度は、マーケティングの中で商業的宣伝はどういう立ち位置になるのかを考えます。でもその前に、そもそも「マーケティング」という言葉はどういう意味でしょうか。マーケティング界隈を見渡してみても、みんな明確にわかっておらず、なんとなくで使っているように見受けられます。

「マーケット」はもちろん「市場」です。そのing形ですから「市場ing、市場すること」になります。「市場する」とはなにをするのでしょうか。売り手が市場へ行ってやることといえば2つのことしかありません。たとえば、あなたが自分の店へ売り手として行くとしたら、なにをしに行くのですか。1つは、そう、商品を売りに行くのです。「販売(セールス)」です。ではもう1つは?　売らないのに自分の店へ行くとしたらなにをしに行くのですか?　買い物?　それは買い手の話です。客の様子を見に行くのでしょう。それはつまり「市場調査(マーケティング・リサーチ)」です。つまり「販売」と「市場調査」、売り手が市場と関わり合うのはこの2通りしかありません。これが「市場ing」です。売り手にとっての「市場との関わり合い方」「市場の取扱説明書(マニュアル)」を論じたものが「マーケティング」ということです。あくまでも「市場が相手」ですから、市場の〝外〟という概念はありません。

商売を始めようと思ったら、まずは①商品を調達することを考えるでしょう。そして②それを売るシステムを考えるでしょう。商品を調達し、それを売る。これで一応商売にはなります。しかし現代では、これだけでは物は売れません。③宣伝をしなければ売れるわけがないことくらいは、日本人なら誰もが知っていることでしょう。やるべきことは3つあります。

市場へはなにをしに行くのでしたか? 「販売」か「市場調査」でした。自分の店へ「宣伝」しに行く人はいません。宣伝も広告も市場の外を対象としたものです。つまり、宣伝と広告は「市場ing（マーケティング）」ではないのです。商品調達が市場内でやることではないため販売とは別のことであるように、宣伝・広告も販売（マーケティング）とは別のことです。そして市場が小さい日本、特に大手企業では、市場の中の客（解決意識以上）だけを相手にしていたのではいくらも稼げないので、市場の外の人たちにもアプローチしなければなりません。それが宣伝であり、その時に使う手段の1つが広告です。だから日本では宣伝は大きく発達して独立し、3つ目の分野となっているのです。市場の外には〝売ることはできない〟ので、売るのではなく、市場への参加を促すことに専念します。「活躍する場所」も「対象」も「やること」もまったく別のことだから、日本では昔から宣伝部は販売部とは別の組織なのです。

これを図で表せば図1-2になります。全然別のことなのですから、マーケティングのやり方ではうまく行くわけがありません。マーケティングには宣伝や広告のやり方・書き方など書いてあるわけはなく、近いものとしては接客法（DRM*）の中に市場内で使う〝パンフレット（販促資料）〟の書き方がある程度です。これが、広告と販促資料を混同している人たちに誤用されているわけです。

＊DRMとはダイレクト・レスポンス・マーケティングの頭文字で、「相手の直接の反応に応じて対応を変える販売法」という意味です。直接の反応が得られるのは当然接客ですから、DRMは接客マニュアルです。みなさんもファミリー・レストランやファースト・フード店などでご存知の、どんな客に対してもマニュアル通りの同じ対応しかしない従来のアメリカ製接客法に対し、消費者の反応に対応すべく画期的に進化させたものです。従って、接客で使われる販促資料の書き方も書かれているわけです。

図1-2　日米マーケティング事情

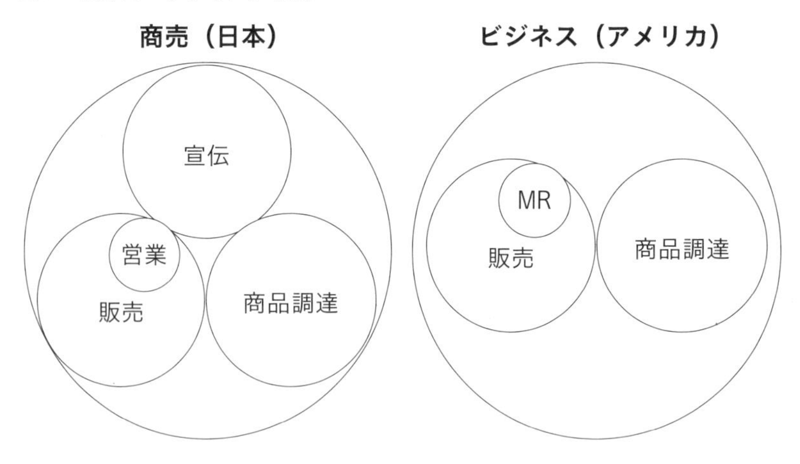

日米マーケティング事情の相違点

アメリカでマーケティングを学んで来た人から、アメリカではビジネスは「商品調達」と「販売」という2つの分野（フィールド）からなるとされていて（図1-2）、「市場調査（MRの部分）」はこの「販売」分野の中の一部門とされている、と教わりました。つまりこの「販売」分野のマニュアルが「マーケティング」ということであり、日本語でいうならば「販売全般のマニュアル」なのでしょう。宣伝・広告は販売の中の市場調査の一部とされているようですが、なんでもかんでも販売に関係がありそうなものは販売の中に入れてしまっている感じがします。

繰り返しになりますが、「宣伝・広告」は市場外、「販売」は市場内が対象です。そして、「販売」は売り手と買い手が相互にやり取りできる環境がなければ成立しません。一方「宣伝・広告」は対象が市場外の不特定多数であるため、広告を見てくれる消費者を特定できず、双方向環境は築きようがありません。一部の宣伝では構築できる場合もありますが、効果自体が測定できるものではないため、反応を得ることに意味がありません。対象も目的もやっていることも、単方向か双方向かも違い、むしろ共通点を探す方が難しいのですから、販売と宣伝・広告が同じ分野であるとするのは無理があるでしょう。

市場が広いアメリカでは、アプローチが難しい市場外の無意識層など相手にせず、市場内の高意識層だけに「販売」していれば十分に儲けられます。成約率で評価されるマーケッターやセールス・ライターにとっては、無意識層は反応や成果を測定するのが難しく、成約率もとんでもなく低い数字になるので都合が悪いのです。事実、彼らは「煽っても煽られてくれない客は、時間を掛けるだけ無駄なので無視しましょう」とか「いかに高意識層だけにターゲットを絞るか」といったことを一生懸命啓蒙しています。その方が圧倒的に効率は良くなりますし、販売ではそうするのが正解です。でも逆にいえば、無意識層へのアプローチ＝宣伝・広告についてはなにも知らないということです。またアメリカ人には、日本の商売では最大級に重要とされる〝客への配慮〟〝おもてなしの心〟が不足している人が多いのもご存知の通りです。

日本は市場が狭いのでわずかな高意識層だけを相手にしていたのでは、特に大企業は商売になりません。だから早くから（250年以上前から）無意識層へのアプローチである宣伝が発達してきたのです。なにしろ扱う市場（マーケット）そのものが違うのですから、アメリカのものをそのまま導入したのでは齟齬があるのは当然です。

企業と宣伝

ところで「企業」とはなんでしょう？　日本人は「金儲け集団」と考えている人が多そうですが、アメリカ製資本主義においては「社会が求めるものを提供する組織」です。社会が求めるものを提供するのが企業の義務であり、提供すべきものには学校や図書館といった教養や文化なども含まれます。その見返りとして代金をもらうことができるのです。そのため金を稼ぐことを悪いことだとは思っていません。むしろ社会に貢献するということなのです。これはギブ・アンド・テイクの精神を大前提としており、それがキチンと備わっているところはアメリカ人が日本人に勝る点です。

一方多くの日本人は、社会を運営し、それが求めるものを提供するのは公共機関（おかみ）の役目で、金儲けとはできるだけ相手には与えずに自分だけが少しでも多く利益を得ることだと思っています。だから金儲けを悪いことだと思っているのです。

宣伝とは「社会が求めるものを提供して、見返りとして金の代わりに好感度を得よう」というものです。金ではなく、好感度を稼ぐということです。だから「売ってはいけない」のです。しかし、受け取るものが金から好感度に変わっただけですので、提供すべきものはやはり「商品（として成立するもの）」、つまり〝金を取れるもの〟でなければならないのは同じです。だから商売の上手い企業は宣伝も上手いし、宣伝の上手い企業は商売も上手いのです。宣伝で提供されるものは必ず、社会が求めるものでなければなりません。商品を開発するときは必ずニーズを考えるように、宣伝するときもニーズを考えなければいけません。ニーズのないものを提供しても、誰にも受け取ってもらえないのは商品とまったく同じことです。ニーズの有る無しにかかわらず、消費者を操作することで買わせようなどというのは、詐欺師の思考回路でしかありません。宣伝で提供されるものが「情報」であるとき、その情報は広告という形で社会に提供されることが多くなります。広告を作るということは、商品開発をするということです。実際、我々広告制作者は後輩などがレベルの低いものを作ったり編集ミスしていたりすると、「これじゃお金を取れないよ」と言ったりします。広告制作者にとっては作った広告が〝金を取れるもの〟でなければならないのは当然ですが、広告主にとっても広告は〝金を取れるもの〟＝商品でなければなりません。そこで金を取らないから、代わりに好感を貰えるのです。

無償で提供するのですから、さほど高価なものというわけにはいきません。そこで商業の場合によく選ばれるのが「娯楽」です。映画や演劇やスポーツ大会など、そして動画メディアではCMと呼ばれる「面白動画」です。「プレゼンテッド・バイ・〇〇」と表示されていることも多いように、これらの提供された娯楽は贈り物（プレゼント）なのです。贈り物をして消費者の気を引こうというのですから、相手が喜ぶようなものでなければなりません。楽しんでもらおうとさえしていないものは存在意義さえありません。

宣伝の定義と解説

定義

（本来・一般的）宣伝

被宣伝対象に対する対象の好感度を上げるために情報を無償で提供する行為

商業的宣伝

商品・サービスもしくは自社・他社に対する対象の意識レベルを上げるために情報・娯楽・物品等を提供する行為

（平易バージョン）社会が必要とするものを無償もしくは低価格で提供することで、好感を稼ごうとする行為

宣伝とは「行為」です。動作性の名詞です。一般的な意味合いでは、情報以外のものを提供すること（いわゆるプレゼント）は宣伝とは呼ばれません。宣伝主は本人であっても他者であっても構わないため、主語・主体は定義されません。被宣伝対象も自分であっても他者であっても構いませんが、一般の場合は主に他者を宣伝することが普通であり、自分を宣伝する場合には自己宣伝という言葉が使われることもあります。一方、商業的宣伝ではどちらも普通で、自己宣伝という言葉が使われることはありません。

商業では目的のためなら手段を選ばずで、情報以外にも物やイベントなども提供されることがあります。要は、商業的宣伝は「消費者の気を引くためにプレゼントをすること」です。行為に対して対価を得るか否かも定義されません。イベントなどで参加費を徴収する場合でも、そのイベントを対象の意識レベルを上げるために開催するのなら宣伝です。また、商品・

サービスには街や観光名所なども含みます。

言義としては「宣べ伝える」ですから、定義は「被宣伝対象に言及すること」＝「被宣伝対象に関する情報を提供すること」であるはずですが、商業的に重要なのは目的であり、行為はなんであろうと宣伝と呼ばれる傾向があります。従って、簡易的には「意識レベルを上げようとすること」「好きになってもらおうとすること」という認識で良いでしょう。

映画のポスターを指して「映画の宣伝だ」というなど、一見「行為」ではなく「もの」を宣伝と呼ぶ場合もあります。しかしこの場合、元来はポスターそのものを指して宣伝と言っているのではなく、そこにポスターを貼り出した、もしくはポスターを展開した行為を宣伝だといっているのです。そこから転じて、あるいは拡大解釈して、宣伝で貼られた紙そのものをも宣伝と呼ぶことがある、というだけです。「宣伝している物」だから「宣伝」。宣伝という行為の産物、宣伝という行為を象徴する物として「宣伝」と呼んでいるだけです。なお「商品を勧めること」や「購入を促すこと」は販売であって宣伝ではありません。

宣伝の特徴と解説

1 目的は対象の「意識レベルを上げること」である
2 単方向の行為ではあるが、環境の方向性は問われない
3 対象は問われない
4 嫌われる（逆宣伝となる）要素を初めから持ち合わせている
5 広告及び動画と極めて相性が良く、反対に販売とは相性が悪い
6（商業的宣伝のみ）提供されるものが情報ではない場合や無償ではない場合、宣伝だと認識されにくい

1 目的は対象の「意識レベルを上げること」である

目的は「意識レベルを上げること」＝「好きになってもらう事」です。相手の感情がどうかだけが問題なのであって、提供されるものや行為は「好きにさえなってもらえるならなんでもいい」のです。ただし商業的宣伝の場合、自社や商品と関連のあるものでないと消費者には企業の意図がわからない＝印象に残らないことになってしまうので、関連のあるものを提供する方がベターです。とはいえ、関連が無いと成立しないわけではありません。特に重要なのは、クライアントの言いたいこと、伝えたいことを主張するものではないということです。

2 単方向の行為ではあるが、環境の方向性は問われない

好感度が上がるという見返り（反応）はありますが、それを測定することはできません。例え双方向環境であっても反応を返してもらうことを要求・期待するものではありません。どれだけ好きになってもらえたかなど、反応の有無にかかわらずわかるわけがありません。例えアンケートしても、消費者は嘘をつく（社交辞令を返す）のでデータにはなりません。つまり、反応の内容や多寡によって宣伝の評価をすることはできないということです。評価するには、長年の経験から来る感覚によって反応を推測するしかありません。つまり専門家が必要です。専門家でさえ〝どの程度〟好きになってもらえたかなどは正確にはわかりませんが、少なくとも好かれるか嫌われるかの判断はできるはずです。場合によっては成約（販売の反応）や来場してもらえる（集客の反応）といった測定できる別の反応を得られることもありますが、それらでは当然宣伝を正しく評価することはできません（目安程度にはなる場合もあります）。宣伝・集客・販売というものを正しく理論的に理解・区別できていないと、PDCAを正しく回すことができません。

3 対象は問われない

宣伝は、低意識層／高意識層のどちらにも効果があります。低意識層には意識レベルを上げることで欲しいという欲求を発生させ、高意識層にはその欲求を増大させることができるので、間接的に購買意欲を上げるサポ

ートができます。販売行為に宣伝を取り入れる、もしくは併用することができるということです。ただし、低意識層を対象とした宣伝が高意識者にも影響を及ぼすことがあるということであって、宣伝が高意識者だけを対象としても意味がありません。

4 嫌われる（逆宣伝となる）要素を初めから持ち合わせている

特に自社（自身）の宣伝は、悪く言えば「売名行為」と同義であり、「売名行為のポジティブな言い換え」であるともいえます。

そのため、そもそもが嫌われるものなので、必ずそれを上回る好かれる要素がなければ成立さえしません。ましてや広告として展開する場合は、メイン・コンテンツの閲覧を妨害するといったマイナス・ポイントも加わります。そのマイナス面を帳消しにするためにも、必ず消費者が喜ぶもの＝面白いものでなければなりません。

5 広告及び動画と極めて相性が良く、反対に販売とは相性が悪い

商業的宣伝は通常不特定多数を対象とするため、提供されるものが情報である場合には、広告として展開されることが多くなります。このために宣伝と広告が混同されているわけです。また、動画も〝喜ばれるプレゼント〟になり得るので、宣伝でこそ大いに活躍できますが、販売では商品の動作の様子を見せるくらいのことしかできません。

宣伝で最も有効な手法は著者が「インスタント・ヒーロー」と呼ぶ手法（キャラクターを立て、そのキャラクターを好きになってもらう手法）ですが、キャラクターはストーリーによってのみ描くことができます。動画はストーリーを最も効率良く伝えることができるため、〝最強〟とされているのです。

感情を上げることで販売をサポートすることはできますが、販売行為は必ず感情を上げる妨げになるため、原則として宣伝と販売は別々に行われなければなりません。そもそも、展開する場所が違うので共存できません。

6（商業的宣伝のみ）提供されるものが情報ではない場合や無償でもない場合は、宣伝だと認識されにくい

宣伝（＝売名行為）だと思われない方が宣伝の効果は大きく上がりますが、後からバレると逆効果になってしまうこともあります。それならば最初から宣伝であることを認識してもらっておいた方が良い場合も多々あります。しかし、バレても逆効果にはならない場合や最初からわかり切っている場合などは、わざわざカミング・アウトしない方が利口です。

「宣伝であることを明示しないのはステルス・マーケティング（以後ステマ）ではないか」と思う方もいるかもしれませんが、その危惧は当たりません。ステマとは「第三者を装って宣伝や販売行為をすること」ですが、嫌われるのは〝第三者を装っている〟ところです。騙しているからです。またもちろん、不特定多数を対象とした販売行為（購買意欲の無い人に営業を掛けること＝キャッチ・セールス）も嫌われます。

商業における宣伝の存在意義

商業における宣伝の存在意義は「無意識層へアプローチできる唯一の手段」だということです。宣伝・集客・販売のうち、集客は興味のある人だけ、販売は購買意欲のある人だけを対象とします（詳細は後述）。つまり図1-1の意識レベル表でいうと、真ん中から右側（解決・比較・超意識）だけが対象となり、無意識層はまったく、問題意識層もほぼ対象にできません。一方、宣伝は無意識層を主な対象とします。企業が無意識層にアプローチできるのは宣伝だけです。

興味のない人も買う気のない人も買ってくれるわけはありません。元々ニーズが無い人を、必要であるかのように〝騙す〟ことは宣伝でも商売でもありません。本人の意思を無視、あるいは捻じ曲げて買わせるには、騙すか、財布やクレジットカードを盗むか、脅迫するか催眠術を掛けるかしかありませんが、もちろんそれらは犯罪であって商売ではありません。〝煽る〟のは脅迫であって、宣伝でも商売でもありません。買うか買わないかはあくまでも消費者の意思次第であり、消費者の意思を尊重しない行為はすべて商売ではありません。従って興味のない人に売るためには、まずは興味を持ってもらうところから始めなければなりません。興味を持ってもらうということは、問題意識以上になってもらうということです。無意識層には売る前にまず意識レベルを上げることが絶対に必要であり、それ以外のアプローチができません。

最終的には販売したいわけですが、販売は双方向環境でしか成立しないので、相手を特定する必要があります。不特定多数の中から一方的に特定すると〝キャッチ・セールス〟になり嫌われるので、消費者の方から接触してもらおう（インバウンド型ということ）というのが宣伝です。そしてそれが、消費者の意思を尊重するということです。

宣伝と広報の違い

先に述べた通り、宣伝で提供されるものは相手が喜ぶようなものでなければなりません。

握手を例に考えてみましょう。アイドルの握手会は、商業であり、「日ごろの応援に対する謝意を伝える」行為として握手という娯楽をファンに贈り物（プレゼント）することで好感度を上げようとするものですから宣伝です。一方、政治家が握手をしてもそれは娯楽にはなり得ず、かといって贈り物になりうる情報も無く相手が喜ぶ要素がないため、宣伝にはなりません。政治家は好感度を上げたいのでしょうが、ベネフィット（消費者側のメリット）が無いので宣伝として成立しないのです。

また、慈善団体に寄付をする行為自体は宣伝ではありませんが、それを言い触らせばその言い触らした行為が宣伝です。ただし、宣伝とみなせるのは、その言い触らす行為が意識レベルを上げることを目的としていた場合に限ります。そうでなければ「広報」であり、第三者が言い触らしたのであれば「報道」となります。つまり、意識レベルを上げることを目的としているのならば必ず「娯楽（面白いもの・興味を引くもの）」になっているはずなので、面白ければ（＝興味を引こうとしているのならば）宣伝、ただ報告しているだけならば広報ということになります。注意が必要なのは、発信した方は宣伝のつもりでも、面白くなければ広報になってしまうということです。こういったものを「宣伝になっていない」といいます。

「広告」とはなにか？

広告という言葉の意味

では「広告」とはなんでしょうか。「告」は、時代劇の立札にもしばしば書いてあり、伝言、メッセージを意味します。それらは必ずメッセージ主から受け取り手への一方通行であることを心に留めておいてください。

では、「広」とはどういう意味でしょう。「広」は、「内」と「外」に分けたときの外のことです。一般においては内輪の外、商業においては市場の「外」ということです。

広告は宣伝同様、商業に限ったものではありません。迷い犬の看板やアマチュアバンドのメンバー募集といった、商業に関係のない広告もたくさんあります。商業では宣伝で使われることが多くなりますが、リコール広告や休業のお知らせといった宣伝ではない広告もあります。

ただし、人が伝えると広告にはなりません。口上だけでなく、手話やボディランゲージでも、背中に文字を書くのでも、とにかく人間をメディアとした場合は広告とは呼ばれません。つまり広告とは、「人以外が伝える部外者への伝言」ということです。「部外者」は必ず不特定多数です。

従って店や市場の中で使われる、俗にパンフレットと呼ばれるものは広告ではありません。また、当然のことですがAdvertisingやAdvertisementは広告とイコールではありません。仮に「広告」という言葉がAdvertismentの訳語として作られた言葉だとしても、「宣伝」同様すでに日本独自の意味を持っています。

広告実践者は宣伝と広告という2つの言葉に対し、キチンと定義をして分けておかなければなりません。そうでなければ実践も教えることもできません。それに、きちんと言葉で定義をすると、ものすごく理解が深まりあらゆることが連鎖的に理解できます。

« 補足 »

「アメリカでは広告制作者の連盟が、広告とは広告主が明記されているものと定義している…」というような話をする人がいますが、それは社会的責任の見地からそのようなルールを決めたという話で、定義の目的が違います。しばしば、黒い板に白く太い字で「裁きの日は近い　聖書より」とか「神は死んだ」とだけ書かれた看板が街中にありますが、あれは広告でしょうか?　違うと思う人が多いでしょう。しかし、キリスト教系の宗教団体が聖書への興味・意識を高めるために出している看板だと知ったらどうでしょう。俄然「広告だわ」と思うでしょう。あれは無記名ですがしっかり広告です。しかしもちろん、広告を展開するということは社会的責任があることなので、責任の所在を明記するのは当然のマナーです。無記名でも広告ではあるといっているだけで、無記名で良いといっているのではありません。

日本ではこの辺のことは、御上（おかみ）に規制されないように自主規制（マナー）としてキチンと管理されてきました。イエスとノーしかなく、ルールで規制されないことはすべて正義になってしまう、要するに自主規制が効かないアメリカでは、このようになんでもかんでもルールを決めるわけです。日本ではマナーとして守られていたことを、マナーなど心得ない低レベル者は平気でやりまくるので、広告が嫌われ者になってしまったのです（アメリカでも広告は嫌われていますが）。自主規制（マナー）を守れないのならば、アメリカのように法律で規制しまくるしかありません。アメリカではすでにテレ・マーケティングが法律で禁止されていると聞きます。セールスでも市場調査でも電話を拒否する消費者に対し発信してはいけないということのようです。

「宣伝」と「広告」、明らかにこの2つの言葉は守備範囲が違います。例えばビラは広告ですが、ビラ配りという行為は広告とはいわず宣伝といいます。駅前でメガホンで叫んでいる人のことは「宣伝している」とはいいますが「広告している」とはいいません。古い人や地域によってはもしかすると「広告しているとも言うぞ」とお思いかもしれません。しかし現在の標準語（正確には放送用語）では「広告する」とは言わず、NHKで番組のナレーション原稿などに「広告する」と書けば、確実に「宣伝する」に直されます。「広告する」では、意味が通じない人や誤解する人がいる可能性があり、一方「宣伝する」にしておけばなんの問題もないので、あえて「広告する」という古い言い方を使う必要がないからです。間違いではありませんが、今では現実として「宣伝する」という意味で使われることはありません。つまり「死語」です。「広告」は、少なくとも字面の上では「広く告げる」という動作を表す名詞だったはずですが、今では動作を表すときには「宣伝」が使われ、動作性の名詞としては死語になっているのです。現在「広告する」といえば「広告を使って自分事の宣伝をする」ことです。「広告を展開する」を略した言葉だといった方がわかりやすいでしょうか。「広告する」は、物の名前としての「広告」という言葉だけが生き残り、それに「する」という言葉を付けて自動詞化したものであり、他動詞としては使われません。「自分事」というのは「自分」もしくは「自分が売っている商品やサービス」という意味です。

広告主が広告を代理店に頼むと、代理店が広告を作り、それをメディアに掲載する手続きまでやってくれます。広告に関する行為のすべてをやってもらったのにもかかわらず、広告したのは誰かというと、代理店ではなく広告主です。この場合「広告主が代理店を使って広告した」のであって、「代理店が広告した」といえば日本語として明らかな間違いになります。代理店が自分の宣伝をするために広告を作り、それを展開したのならば「代理店が広告した」になりますが、A社の宣伝のために広告を作り展開したのならば、「広告した」のはA社になるのです。一方で「A社が宣伝した」といっても「代理店が（A社を）宣伝した」といっても問題なく、意味が違っても来ません。

宣伝とは「宣伝する」という動作を表す名詞であり、広告は「部外者に伝言する手段」という「モノ」の名前を表す名詞です。一般的には「メディアに掲載された状態にある、メディア主以外から閲覧者へのメッセージ

(ただしメディア主も広告主になれます)」が広告と呼ばれているのです。

広告の定義と解説

定義

広告

外部の非人的メディアに予定して掲載された、広告主から閲覧者へのメッセージを伝える手段。転じて、そのものを指すこともある。

これが実践する上で必要な定義です。広告は「行為」やメッセージそのものではなく、〝手段〟の名前です。外部の人にメッセージを伝える方法はいくつかありますが、メディアを介して間接的に伝える方法の1つを「広告」というわけです。それが転じてそのものや広告を提示するための設備までをも含めて「広告」と呼ぶこともあります。

「外部」とは、「広告主から見て対象が不特定多数となる＝広告主が対象を特定できないコミュニティ(消費者の集団)」のことで、展開されるコミュニティが「他所のコミュニティ」であるか、もしくは自前のものでも「不特定多数に開かれたコミュニティ」であるということです。商業広告の場合は自動的に「市場外(顧客以外)」を指すことになります。オウンドメディア(自分保有のメディア)では、構成員が不特定であれば広告となり、特定であれば広告ではなく通信となります。

« 補足 »

ここで「他所のコミュニティ」とは「自分のコミュニティ以外のコミュニティ」のこととし、「自分のコミュニティ」とは「広告主もしくは広告主側の者(商業広告の場合販売者など)が主催するコミュニティ」のことと定義します。具体的には「自分の店」「自分のサイト」「自分の顧客リスト」などが、メーカーが広告主である商業広告の場合「販売店」なども「自分のコミュニティ」です。「自分のコミュニティ」であっても、不特定多数に開かれていれば「外部」です。
「自分のコミュニティ」はマーケティングでいう「オウンドメディア」と極めて近いものと思いますが、あくまでもメディアではなく「コミュニティ」です。広告はメディアではなく、コミュニティに打つものです。テレビでは、同じメディア内でも時間がある程度以上離れていれば別のコミュニティとなります。番宣を例に説明します。今「A」という番組が放送されているとしましょう。そこにあるコミュニティ（視聴者たち）はAという番組を見るために集まったコミュミティです。しかし、1時間後のBという番組が放送されている時間にあるのは、Bという番組を見るために集まったコミュニティです。Aの番宣は必ず、Aの放送時間以前の別の番組が放送されている時間、つまり別のコミュニティで放送されなければ意味がありません。その番組が放送されている間はその番組の「自分のコミュニティ」なのであり、そのコミュニティは時間ごと・番組ごとに変わるのです。広告を考える際には、どのコミュニティを対象とするかが問題です。「この番宣はどの番組の後に編成するのか」が編成者の腕の見せ所であり、いつでもどこでも流せばいいというものではありません。また、どのコミュニケーション・ツールを使うかは対象とするコミュニティによって自動的に決まります。内容や手法、つまり「どう伝えるのか」もメディアによってではなく、対象とするコミュニティによって変わります。

「非人的メディア」とは「人間が伝達媒体ではない」ということです。ラジオのCMも人が伝えてはいるのですが、直接ではなく電波という〝人ではないメディア〟を介しているので広告です。電波を介さずに直接話しかけることは、広告ではありません。特定できない人にメッセージを伝えるには必然的にメディアを介すことになり、それは必ず単方向です。しかしそれが人間である場合は、メッセンジャーと外部の人の間だけとはいえ双方向になってしまうので、それは広告ではないという言い方もできます。実際に人的メディアの場合に広告とされないのは、日本人は人を媒体（物）だとは捉えていないからだと考えています。
「予定する」と「掲載する」の主体はメディア主です。「予定する」は「計画する」あるいは「掲載を許可する」ことと同じです。「掲載される」とは

「展開される」と同じで、不特定多数の目に晒されている状態であることを意味します。広告主はメッセージを掲示する権利を借りているだけで、そのメッセージはメディア主によって計画的に（許可されて）掲示されます。ただしメディアは業者とは限りませんし、有料か無料かも関係ありません。広告は、載せる媒体を問いません。家の前に看板を出すだけでも広告になり得ます。この場合、看板がメディアでメディア主は自分になります。しかし、それが広告となるのはそれが「外部の不特定の人」を対象としている限りにおいてであり、内側の人や特定の人を対象としていれば広告にはなりません。例えば、店の入り口前の看板や表札の類は広告ではありません。店側は訪問者を必ず特定できるため、「外部の不特定多数」に向けたものにはならないからです。これは建築法の定める広告物とも同じ解釈かと思います。

「掲載された」と過去形になっているのは、不特定多数の目に触れる状態になって初めて広告となるからです。ポスターであろうとチラシであろうと手元にある分にはまだ広告ではありません。他所のコミュニティに貼り出したり、道で配ったりすれば広告です。また郵送すればDM（ダイレクト・メール）に、ポスティングすればポスティング・カードとなりますが、これらは対象が特定であるため広告ではありません。部屋に貼ったら広く告げていないので広告ではありませんが、逆にパンフレットでも他所のコミュニティで配れば広告となります。

「広告主からのメッセージ」であることが重要です。必ず広告主の主観で作られているということでもあります。他人の発言の引用や代筆・代弁はできますが、すべては「広告主の言」ということになり、全責任は広告主が負います。また、「広告主」は原則として広告メディアの第三者（メディア主以外）がなりますが、メディア主も広告主になることができます。通常メディア主が閲覧者にメッセージを伝えたいのならば、メイン・コンテンツを使えば良いのですが、あえて広告というサブ・コンテンツで伝える場合があります。テレビでは番宣がこれに当たります。番宣は、メイン・コンテンツとして番組や番組の一部という形で流されることもありますが、サブ・コンテンツとして独立した短尺番組（スポット）という形で流されることもあります。前者も後者も、〝広告主〟を第三者と限定しなければ広告ですが、前者はメイン・コンテンツであるため、通常広告とは呼ばれません（ただ、実態は広告となんら変わりません）。後者はメディア主が広告主となった例です。

メッセージとは「伝言」ですから、伝えること自体が目的です。なにかを伝えるために存在しているのであって、なにも伝えないのならば存在そのものが成立しません。商用であってもなくても、その目的が宣伝でも広報でも販売でも、あまつさえ逆宣伝になってしまっていても、広告の定義から外れない限り、広告は広告です。内容はなんでも良いのですが、「メッセージ」がないものは広告にはなりません。「名前」は伝言ではないので、家の表札は広告にはなりません。同様に、テレビであれ他のメディアであれ企業名や商品名だけを表示しても広告にはなりません。名前を表示することは通常「記名」や「名札」といいます。テレビでマイクに局名や番組名を書いた札が付けられている場合がありますが、あれはインタビューのため一般の人にマイクを向ける場合、どこのテレビ局なのかがわからないと一般の人は逃げてしまうことが多いため、取材しやすいように名札を付けただけであり、あんなところに企業名を表示したところで広告にも宣伝にもなりません。

ただ環境によっては、名札にメッセージが発生して広告たり得ることはあります。例えば美しい庭園やゴルフ場にその所有者として造園会社の名前が表示してある場合、その庭園やゴルフ場がその会社の造園技術のデモンストレーションとなるので広告としての機能を持ちます。それを広告だとするかどうかは微妙ですが、キチンとメッセージがあるのならばそれを広告だとしてもまったく問題はありません。

いずれにしても「広告主からのメッセージを伝える」という広告としての機能を備えていなければ広告ではないのです。走れない自動車は自動車ではなく、飛べない飛行機は例え飛行機の形をしていても飛行機ではないのと同じです。

SNSでの「つぶやき」は自分を好きになってもらうために記載しているものですから、自分の宣伝であり広告です。昼過ぎに「今起きた」というつぶやきがあったとしましょう。これはなんのためにつぶやいたのでしょう。だらしない人間として、嫌われたくてつぶやいたのではないでしょう。また、誰にもなにも思ってもらわなくて構わないのなら、つぶやく必要がありません。好かれたくて「自分のユニークさをアピール」しているのです。結局、これは宣伝であり、他所のコミュニティに予定して（許可されて）掲載された情報発信者本人からのメッセージですから広告なのです。

広告の定義からわかること

相手を特定しなければならない（双方向である）販売とは相性が良くありません。広告で無理に販売をすると、対象は意識レベルが低いのですから極めて効率が悪く、無視されるか逆宣伝になってしまいがちです。

また、広告の対象は不特定多数なのですから、必ずインバウンド（消費者からアプローチする形）です。広告に接触するかしないかは、消費者の自由意思に任されなければいけません。宣伝は多くの場合広告として展開されますが、消費者から自発的に市場へ来てもらうために宣伝をするのに、その広告が接触することを無理強いしていれば本末転倒も良いところです。どんなに広告そのものの出来が良くても提示の仕方が悪ければ効果が上がらないどころか、消費者に対し名前付きで嫌がらせをしているのですから逆効果にしかなりません。

広告の特徴と解説

1 目的・内容は問われない
2 対象は必ず不特定多数
3 主体は必ず広告主～報道はできない
4 単方向～「調査」とは根本的に違うものである
5 メイン・コンテンツにはなり得ない
6 なにかに記載される
7 言葉が含まれる

1 目的・内容は問われない

メッセージの目的も内容も定義されません。目的が宣伝であろうと謝罪であろうと単なる告知であろうと広告は広告です。内容は問われないのですから、例えメッセージの対象が特定であっても、広告の対象が特定ということにはなりません。新聞広告の対象は「その新聞を読むすべての人（閲覧者）」であり、その広告のメッセージの対象（ターゲット）とは別のものです。どちらも通常「広告の対象」とされ、どちらであるかはその時々の文脈から判断するしかありませんが、後者を指すことがほとんどでしょう。本書では、特にことわりが無い場合は「広告の対象」といえば後者を指すこととします。また、できるだけ後者を「ターゲット」と表記するようにします。

2 対象は必ず不特定多数

広告は、必ず対象を特定できないコミュニティに展開します。このとき、展開するコミュニティ自体が特定*であるか不特定であるかや、その規模によって考え方や作り方が変わったりはしません。例えそこの構成員が1人だけであったとしても、広告主は対象を特定することも測定することもできないので、広告主から見れば他所のコミュニティは常に不特定多数でしかあり得ません。広告を展開するコミュニティの主観ではなく、あくまで広告主の主観で考えることに注意が必要です。また、郵便も電子メールも電話もポスティングも、相手を特定しなければ届けられないので「外部」ではなく、故にこれらは広告ではありません。「特定できる客」とは顧客（自ら市場に参加し、自ら接触してきて特定されることを容認した人）しかあり得ません。というより、お互いに相手を特定できている客＝双方向環境を構築できている客のことを顧客というのです。

＊「メディアやコミュニティが特定である」とは、主催者から特定された者のみが構成員となれるコミュニティである（主催者とすべての構成員との間に双方向環境が構築されている）ということです。

3 主体は必ず広告主～報道はできない

「広告主」は発信者です。発信者自身からのメッセージでなければ広告になりません。広告は必ず広告主の主観であり、これは「報道（客観的に伝えること）にはならない」ということでもあります。広告では「あの人が勝手にこう言ったのを、私は伝えただけです」という立場は取れず、自動的にそのメッセージは広告主の発言となり、その責任も広告主が負うものとなります。他人の発言を拝借する「引用」や代弁・代筆は許されますが、それらもすべては広告主の発言・責任となります。

動画（番組系動画）では、客観的なカメラ視点で撮影すると「ドラマ」になります（「動画の種類」を参照）。従って発言はすべて〝セリフ〟ということになりますので証拠や証言にはならず、それを本物映像かのように見せれば報道を装ったことになり「偽報道（ヤラセ）」となります。

4 単方向～「調査」とは根本的に違うものである

伝言（メッセージ）は単方向であって〝返り〟はありません。ただ、広告はネットなど双方向環境で展開する場合も多くあります。その場合「広告」は〝行き〟の部分だけを指しますが、「客が広告をクリックする」など、本来は返ってこないはずの反応が来てしまうため、その実態は「広告」ではなく「集客」か「調査」になってしまいます。

他方、「集客」は「客が来る」という〝返り道〟がある双方向のものです。しかし、客が来さえするのであれば「客が来る際の手段」自体はなんでも良く、それを広告主が用意・指定する必要は必ずしもありません。よって、単方向である広告でも集客することができます。

反対に、広告を展開する環境は単方向でも双方向でも良く、双方向の場合はその反応の数や質を計測できるようになるわけですから、それが集客目的ではなくとも集客として評価することができるようになります。ただし、それが適切な評価かどうかは目的や状況によって変わります。

「調査」は「集客」と異なり、客がなにがしかのデータを提供するための〝返り道〟を調査主が用意しなければなりません。よって、双方向環境が必須であり大前提です。そのため、いくら広く展開されていても広告とは呼ばれません。単方向では絶対に調査にはなりませんので、広告と調査はまったく別の世界のものであり、広告はマーケティング・リサーチの範疇のものではありません（マーケティング部は広告に口を出してはいけません、ということです）。
「広告は単方向である」ということは極めて重要な特徴です。

5 メイン・コンテンツにはなり得ない

CMソングも当然広告ですが、テレビやラジオの歌番組などで流れた場合、それを広告だとは誰も捉えませんし、広告としての効果もほとんど失います。「おもしろCM大特集!」など、スポンサーではない企業のCMを取り上げる番組がありましたが、これもやはり広告として扱っているのではなく、1つの面白動画として扱っています。こうした番組では当然スポンサーではない会社の「広告」も取り上げますが、それを「広告」として流したらそれはもう放送事故の類です。広告は、メイン・コンテンツとして扱われた瞬間にそのメッセージ性を失い、広告ではなくなります（オウンドメディアは除く）。番組（メイン・コンテンツ）は広告主からのメッセージではないからです。「定義」でお伝えした通り、不特定多数に開かれたメディアのメディア主は、メッセージをメイン・コンテンツとして伝えることもできますが、それは広告とは呼ばれません。朝から晩までCMしか流さないテレビ・チャンネルがあったとしても、それは広告がメイン・コンテンツなのではなく、メイン・コンテンツが無いと考えた方がいいでしょう。メイン・コンテンツだから広告にはならないとするか、広告とは呼ばれないだけで広告であるとするかは意見の分かれるところでしょうが、どちらであれ作り方をはじめなにかが変わったりはしないので、断定する必要もありません。

ただし、街中のポスターや看板、殿様の立札などは、それ自体がメイン・コンテンツと考えた方が素直ではあります。しかし、消費者視点ではそれらは見たくて見るものではなく、風景や街並みがメイン・コンテンツであり看板はその付属物との感が拭えません。広告は消費者にとっては見たいものではないので、少なくとも消費者にとってのメイン・コンテンツにはなり得ません。「広告は常にサブ・コンテンツでしかない」　この概念は広告を考える上ではとても重要なことなのですが、現実にはややこじつけ気味なので定義とはせず、特徴としておきます。

6 なにかに記載される

予定して掲載されるのですから、必ず誰かが作ります。予定するということは、用意する作業が必要になるということです。「広告は必ず作られたものだ」という概念は、特に動画ではとても大事な概念です。予定していないもの、例えばアドリブは広告にはなりません。ラジオの生放送で、セリフをどこにも書かずに覚えてしゃべっても広告ですが、同じ文言であっても、アドリブでその場の思い付きでしゃべったものは広告にはなりません。予定されていない＝許可を得ていないからです。しかし、それが録音され修正するのに十分な時間を置かれてから放送された場合は広告になります。修正することができたのにしなかったということは、許可を得て掲載されたということになるからです。

アドリブはしゃべった本人の責任（メディアが完全に責任から免れるわけではありません）ですが、広告は広告主と掲載したメディアの責任であり、発言した本人の責任とはなりません（これも発言した本人が責任から完全に免れるわけではありません）。このように、予定した場合と、しない場合だと、責任の主体が変わります。

また、誰かが作ったということは、（例えばラジオの広告であっても）作った時にほぼ例外なく台本かメモ帳かなにかに書くので、一度はどこかに記載されるという過程を通ります。従って、広告はなにかに記載されるという特徴を持ちます。

7 言葉が含まれる

広告は使用するメディアやコミュニケーション・ツールも定義されません。よって本来は「言葉が無ければ広告ではない」とは言えません。文字や音声なしの映像やその他のものでも、メッセージを明確に伝えているのならば広告として成立はするはずです。しかし、言葉のない商業広告は現実には存在しません。言葉がないと被宣伝対象や広告主を認識してもらいにくいため、必ず言葉を入れることになるからです。例えばデパートの洋服売り場に行くと、美男美女のモデルがカッコ良く洋服を着こなしている写真がデカデカと貼ってあったりしますが、文字がまったく無いものは壁紙としか思えません。せめてメーカーのロゴがあればそのメーカーのデモンストレーションと受け取ることができるので、広告としての機能があるといえるわけです。「広告主が伝えるべきメッセージを表して」さえいれば、「言葉」がなくても成立させることはできなくはないのですが、言葉がないと伝わりにくいものになってしまうため、ある方が必ずベターなのです。特に告知部分は、言葉にしない方が良いという理由も状況もちょっと思い当たりません。言葉を入れた方が良いのでしたら、言葉を入れないことは手抜きでしかなく、いくら制作者が広告だと言い張っても広告として成立しているとはいえません。広告主が伝えるべきことを最大に伝えられていなければ、「最善が尽くされていなければ」ボツ、NGなのです。我々広告制作者は、そんなものを作ったら「広告になっていない」といわれて金をもらえません。ボツやNGは、本来存在が許されないものなのですから、それを広告だとするのは問題があるのです。故に、商業広告は「必ず言葉（文字もしくは音声。ロゴも含む）を使う」という特徴があるといえます。

その他の情報伝達行為

「報道」と「広報」

広告は「モノ」ですが、「宣伝」は行為です。同様に、報道も広報も「モノ」ではなく、情報を発信する「行為」であり、動作性の名詞です。ただし、「宣伝」と「報道」「広報」は目的が違います。宣伝の目的は好きになってもらうことですが、報道と広報は強いて言えば伝えること自体が目的です。報道と広報は伝えるものが違います。報道は「社会が求める情報（主に外部の情報）」を第三者として伝えます。広報は部外者とは直接関係のない「内部情報」を自発的に伝えます。

「報道」とは「社会が求める情報を第三者が事務的に伝える行為」です。「事務的に」は「事実だけをできるだけ正確に」という意味で「第三者が事務的に」は「客観的に」と置き換えることができます。報道で発信されたメッセージは、発信者からのメッセージではないので広告にはなりません。また、報道は「客観・中立・公平」であることがメディア主によって保証されなければなりません。従って、他人のメディアで報道することはできません。あなたが他人のメディアで〝報道〟しても、それはメディア主が報道したことになり、その全責任はメディア主が負うことになります。メディア主から委託を受けた者は報道することができますが、当然それはメディア主が報道したことになります。

「広報」は「公共機関や企業といった団体や組織が内部の情報を自発的に外部に伝える行為」です。本人が伝えるのですから当然主観です。目的は定義されず、どんな目的であろうとあるいは目的が無かろうと、とにかく内部情報を組織として公式に外部に発表するのが広報です。発表の手段も問われません。伝えたくないことや自社にとって都合の悪いことも、社会的義務を全うするために伝えることもあります。内部への「周知」共々、広報局が出した情報はすべて習慣的に「広報」と呼ばれることもありますが、あくまでも習慣上のことであり「内部に広報する」という言い方は日本語として正しくありません。また、宣伝ではないことを強調したい場合にあえて「広報」と呼ぶなど、まるで宣伝の反対語かのように使われる場合もありますが、イメージ・アップ目的で内部情報を発表すれば、宣伝でもあり広報でもあるということになります。報道と違い提供するものが「社会が求めるもの」ではないので、見返りを貰うことができません。そのため有料メディアを使うことは基本的には無いようです。とはいえ、有料メディアを使えば広報ではなくなるかというとそういうことではありません。会社の体裁を整えるために社会的義務として内部情報を提供しているのですから、ビジネスではなく公共サービスに類するものなのかもしれません。

図1-3 広報局・マスコミ・社会の関係図

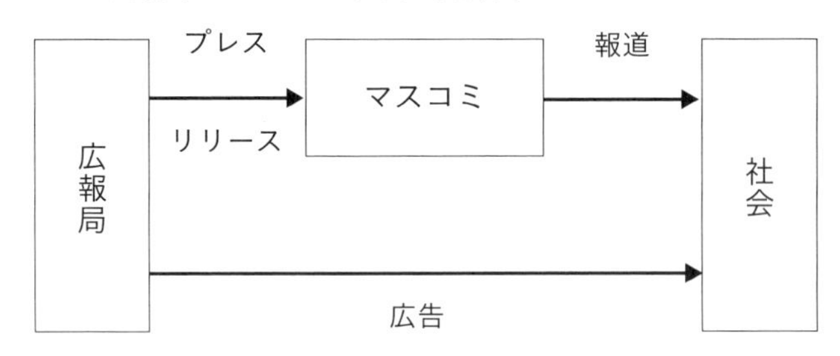

広報局が外部のマスコミを利用したい場合、特定のマスコミに通達することがあります。これはプレスリリースと呼ばれます（図1-3）。こちらも広報局から発信されたものなので習慣上「広報」と呼ばれることもあります。世間に発表されるかどうかはマスコミ各社の判断に委ねられ、発表される際には各社から「報道」されることになります。プレスリリースの対象は特定のマスコミですが、そのメッセージはマスコミへのメッセージではな

く、不特定多数を対象としたものです。このように、情報伝達システムの対象の特定／不特定とメッセージの対象（ターゲット）の特定／不特定が一致しないことは広告でもしばしばあります。例えば「つよし、すぐ帰れ。」という新聞広告がそれに当たります。

プレスリリースをする理由は、広告費を掛けずに外部のメディアを利用できるからです。ですから当然、自前で広いメディアを持つ企業（例えばNHK）はプレスリリースもするし、自分のメディアや他所のメディアで広告もします。そのプレスリリースや広告は、宣伝である場合（宣伝目的）も告知である場合（販売目的）もどちらでもない場合（社会的義務を全うするため）もあります。

告知　～宣伝?販売?広告?～

超意識向け広告としてよく引き合いに出されるのは「新型iPhone、あした発売!」です。これだけの広告。日本のものでは、50年以上前から「（子供の声で）週刊新潮は明日発売されます。♪（赤とんぼ）」というCMがありました。今はもうやっていないようですが、ずいぶん長くやっていました。NHKで放送されていた5秒の番組宣伝（「5秒クラッチ」といいます）も「告知」です。どれも、好きになってもらおうという要素がまったくありません。ただ事務的に「売り手の勝手な都合」を知らせているだけです。超意識がターゲットの場合は、これ以上意識を上げようがないからこうなるのです。専門的にはこのような広告を、意識レベルを上げようとしていないので「宣伝」とはいわず「告知」といいます。著者はデスクから「これは宣伝ではなく、告知でお願いします」などと発注され、はっきり区別していました。

広告の内、商品の説明などは一切なく、発売時期や販売場所、休業の予定といった販売に於ける都合、もしくは販売にかかわる発信者の勝手な都合だけを通達するものを、宣伝と区別するために「告知」と呼びます。告知は内容的には販促資料の一種ですが、他所のコミュニティで展開すれば広告の定義に当てはまるので広告になり得、そのコミュニティに潜在する超意識の顧客たちに対する「リマインダー」として機能します。見かけ上、宣伝のように使われていながら宣伝はしていない広告という特殊な例で、2種類しかない「他所のコミュニティで許される販売」の内の1つです*。なぜ許されるのかといえば、売り付けるようなこともなく、内容も長さも伝言程度で極めて短いため、ターゲット以外の対象への負担が軽く営業妨害にほとんどならないためです。通常は極めて数が少ないはずの潜在的超意識者をターゲットとしているのですから、超意識の顧客が相当数、展開するコミュニティに潜在していることがわかっている場合に限り有効です。NHKの「5秒クラッチ」の場合は、よっぽどの大人気番組以外、番組の潜在的超意識者などほとんどいるわけがないのでまったく効果がない上、あきれるほど頻繁に大量に流したので、ただただ視聴者を混乱させ反感を買っただけでした。

告知は宣伝行為ではなく販売行為ですが、制作・運用しているのは通常販売部ではなく宣伝部でしょう。本来は販売部で制作して、運用は宣伝部に依頼するというのが正しい形とは思いますが、販売部には制作リソースがないでしょうから、販売部が費用だけ出して宣伝部に制作も運用も依頼するというのが最も理に適ったやり方でしょう。

他にも、「放送休止のお知らせ」や電車の「運休予定の告示」といったものも告知です。意識レベルを上げようとはしていないので宣伝ではなく、不特定多数に対して予定して掲示されているので広告であり、売り手の勝手な都合を伝えているだけなので告知です。ただし、「内容が企業名だけ」など通達事項(メッセージ)がないものは告知にも広告にもなりません。部外者には直接関係のない（販売と関係のない）内部の事情などを発信したものは、「告知」とは呼ばれず「広報」と呼ばれます。

告知は事実をそのまま伝えるだけなので誰にでも作れます。これに対し、宣伝は“わかっている”人にしか作れません。従ってソフト(クリエイター)の価値がわからない会社は告知しか作れないため、宣伝がうまくいきません。

＊もう一種は、野球場のホットドッグや映画館のポップコーン、駅の売店といった互いに利益がある販売です。

周知

「周知する」は、全員にくまなく情報を通達する行為のことで、対象が外部なら広報、内部なら周知です。ただ、外部に知らせる場合でも「周知」という言葉が使われることもあります（例：周知効果。広告の効果の1つ）。とにかくできるだけ多くの人に知らせるということに重きが置かれ、内部か外部かはあまり意識されていない言葉のようです。

名詞で周知といえば内部関係者にだけ通達されるものです。名詞として使う場合は大抵通達された情報のことを指します。

集客

集客は単に「客を集める行為」であり、情報伝達行為を伴うかどうかは定義されませんが、通常情報を伝達することによって遂行されます。宣伝も、いずれは来てもらおうということですから集客の一種といえなくもありませんが、集客は期日や期間・場所を指定して、指定したところに来てもらうところが違います。また、集客は宣伝を伴うことが多いですが、集客は期日や場所を指定して「ここに来てね」という部分だけ、つまり形としては告知の部分だけと限定し、宣伝とは明確に区別して考えた方が、後々応用が効きます。

宣伝はあくまでも意識レベルを上げることであって、その結果来てくれることもあるというだけで、客が来るかどうかは問題ではありません。客の方から〝勝手に来てしまう〟こともあるだけです。だから無意識層には宣伝をするのです。

それに対し集客は、単に客に来てもらうことだけを指します。どちらかといえば客に〝来させる〟のであり、かなり能動的です。従って、ターゲットの意識レベルが高くないと嫌われるため、集客は解決意識以上にしか有効ではありません。故に、無意識層や問題意識層もターゲットに含めたい場合には宣伝を伴うのです。

表1-1 用語の簡易まとめ

		簡易説明	内部／外部	特定／不特定
もの	広告	外部の不特定多数へのメッセージを伝える手段	×／○	×／○
行為	広告	広告を展開する行為	×／○	×／○
	宣伝	好かれるために情報その他を与える行為	○／○	○／○
	広報	自発的に内部情報を外部に伝える行為	×／○	△／○
	報道	事実を客観的に社会に伝える行為	×／○	×／○
	告知	部外者に関係のある勝手な都合だけを伝える行為	○／○	○／○
	周知	内部にくまなく知らせる行為	○／△	○／△
	集客	（期日を指定して）人を集める行為	○／○	○／○
備考	これらの行為で広告を利用した場合、その広告は行為の名前でも呼ばれる。(ex.宣伝の広告は宣伝とも呼ばれる)　集客だけは集客とは呼ばれず、宣伝と呼ばれるが、これは一般に宣伝と集客が混同されているため。 報道は広告主からのメッセージではないため、広告にはならない。 周知を外部に伝えれば広報。原則として内部は周知、外部は広報。 広報はプレスリリースのみ特定だが、そのメッセージの対象は不特定。			

column

殿様の立て札は広告か?

ちょっとした応用問題、というより頭の体操です。殿様が立て札を立てました。「来年から年貢を3倍にする」 鬼です。これは広く伝えるために伝えたいことを記載し、予定して掲示している物なので広告です。えーっ!?って思います? でもそうなんです。謝罪広告とかリコールの広告とか、広告は内容や目的は問いません。

立て札は、立てるところによって広告にも周知にもなります。自分のお城の中などで、特定の人しか見ないのならば、そこは自分のコミュニティであり、周知となります。一方、街中などに出し不特定多数が見られる環境にあるのならば、そこは外部であり広告です。今回の場合は、街中に立てたとしましょう。「来年から年貢を3倍にするぜ。ごめんよ」と書いてあったら、紛(まご)うことなき謝罪広告ですね。(笑) 好きになってもらおうという気は毛頭なさそうなので宣伝ではありません。「来年から年貢を半分にします」 これならみなさんも広告だといっても納得するでしょう。でも、宣伝かどうかは微妙です。これでお殿様が領民からの人気上昇を狙っているのなら宣伝。そうではなければ、宣伝ではなくただの告知です。つまり、宣伝かどうかは「目的による」のです。一方、広告に目的は関係ありません。

では、ここで恐ろしい話をしましょう。「宣伝かどうかは目的による」といいました。ということは、見た目・形態ではわからないということです。つまりあなたの広告、あなたは宣伝のつもりでもお客さんから見て「好きになってもらおうという気持ちが見えない」のであれば、それは宣伝になっていないということです。例えばスマホのゲーム中に出てくる邪魔な広告、あれ、消費者は画面に向かって「死ね、カス野郎!」って叫んでいるんですよ。「死ね、カス野郎!」ですよ?　高い金を払って広告を出して、カス野郎呼ばわりされてなにが嬉しいのでしょうか?　どう考えても、広告ではあるかもしれないけど、宣伝にはなっていません。それどころか逆宣伝、自分の会社をディスっている以外の何物でもありません。広告とはまったく関係のない友人も「こんなの、自分たちにとって損だろうに…」と言っていました。野球のグラウンドに企業のロゴマークを描くとか、電車の荷棚のところに目障りな光の点滅でしかない動画広告を出すとか、消費者は心の中でなんと叫んでいるのか考えてみてください。

プルとプッシュ

広告プロジェクトの流れ

物を売りたいとき、まずは広い世間にざっくりと商品や店の存在を示し、消費者に認知してもらいます。これが「宣伝」です。認知してもらうことで、次のステップとして「その商品に対してニーズの有る人」に店に来てもらおうというわけです。これを「集客」といいます。宣伝と集客はキチンと区別して正しく理解しておかないと後々応用が効きません。集客は、目的はなんでも良く、強いていうならば「客を集めること」自体が目的です。また、客が集まることで〝反応〟を測定できますから双方向です。知ってもらおうというだけの宣伝に特化した広告もありますが、接触の手掛かりを置いておき、好きになってもらうついでに来てもらおうという、宣伝と集客を兼ねた広告が最も多くなります。また、すでに意識の高い人たちだけに来てもらいさえすれば良いという集客に特化した（宣伝ではない）広告もあり、これは形の上では「告知」になります。

次に、集まった客に具体的に商品を説明します。この時に直接顧客に応対することが「接客」です。商売以外では接客の「客」は「外部の人」という意味ですが、「市場外の客」には直に接することはできないので、商売においては「接客」の「客」は必ず「顧客（市場内の人）」を指します。「顧客」は本来購入履歴のある客のことですが、ここでは「初めて来場した客」も含み、「自ら店に来てくれて接触したことがある客」「特定できている客」という意味で使っています。商品の実態やベネフィット、他のものとの相違点などを伝えることで、購買意欲を高めようとします。これが「販売」

です。金品を受け渡しすることももちろん販売の一部ですが、「販売する」ことの主要部分はこの「購買意欲（意識レベルではないことに注意）を高めようとする」ことです。販売会議で議論する主なことは、金品の受け渡し方ではなく、購買意欲の高め方であるはずです。販売員が客の購買意欲を高めることをサポートする書類などが販促資料ですが、インターネットをはじめとする〝自動販売〟では、販売員がいないので販促資料だけが接客・販売をすることになります。

プルとプッシュ

日本の広告業界の一部では、先に説明した「広告プロジェクトの流れ」の中で展開される2種類の書類の内、広告を「プル広告」、販促資料を「プッシュ広告」と呼びます。大手広告代理店出身のコピーライターの自伝本*にはこんな風に説明されていました。「広告業界ではパンフレットなども自分たち広告業界が作るので、これも広告だということにしている」「通常の広告は客を引っ張ってくるからプル、パンフレットなどは買おうかどうしようか迷っている客の背中を押すからプッシュ」 当時、世間一般ではパンフレット（販促資料）を広告だと思っている人はまずいませんでしたが、といって、なんと呼べばいいかも誰も知らないといった状況でした。販促資料という言葉もメジャーではなく、世間一般では少なくともパンフレットを指して使われてはいませんでした。

ただし「休業のお知らせ」や「意見広告」といった宣伝でも集客でもなく〝プル（集客）〟もしない広告のことは、プル広告とは呼ばないと思います。またプッシュ広告についても「自分たち広告業界が作っているのだからこれも広告だ」としてしまっただけの業界用語であって、販促資料は本当は広告ではないことに注意してください。

＊眞木準だと記憶していますが、検索しても自伝本らしきものは見当たりませんでした。かなり昔に借りて読んだ本なので、手元にもありません。

著者は、この本から「プル・プッシュ」という呼称を知ったというだけで、本の中で詳しく説明されていたわけではありません。これから説明するものはあくまでも著者流のものです。

プル広告・プッシュ広告といった場合には、それが展開されるコミュニティが外部か内輪かを表し、プル・プッシュとだけいった場合は内容・機能を端的に表します。また、プルとプッシュは連動して効果を発揮するものですから、一貫して計画される必要があります。

プッシュ広告の定義と解説

企業から客へのメッセージであることには変わりがないこと、パターン化されているので簡単、制作する数が多いといった理由から、プッシュ広告を作ることは広告制作の入門コースとされてきました。とある大手広告代理店では、コピーライターの部署に配属されるとまずは10年程プッシュ広告を作らされ、その後優秀な者だけが選ばれてプル広告をやらせてもらえます。しかしそれも、うまく行かないようだとすぐにプッシュ広告に戻されてしまうそうです。著者がいたテレビの番宣制作の現場では、著者が先物（日付版：プル）を一手に引き受け、それを基にして1年生たちが当日版（プッシュ）を作っていた時期がありました。プルとプッシュが混同されている近年では、こういったシステムは残っていないのかもしれません。

定義

プッシュ広告（販促資料）

その商品の実態を伝えることで、販売（購買意欲を上げること）を促進（サポート）する書類
通常、入手方法や条件といった入手手続きに関する情報も伝える

メディアは定義されませんが文章、静止画、動画になるでしょう。買わせることが役目ではなく、あくまでも商品の実態を伝えることで買いたいという欲求を高め、販売行為、接客行為を手助けするものです。その商品が解決できる問題の現状といったものも「実態」に含めています。

「実態」とは「価値」と同じです。ここでは価値と実態とベネフィットはほぼ同じ意味です。「誇張していないありのままの姿」というニュアンスを強調したかったので「実態」としました。また「実態」には悪いところも含まれますが、「ベネフィット」には悪いところは含まれません。

「購入を促すもの」といっても間違いではありませんが、もう少し詳しくいえば商品の価値を伝えることで買いたいという欲求（購買意欲）・意志を高めようとするものです。売り付けたり、買うことを催促したり、説得するものではありません。客が購入を決意するときは「うん、気に入った。欲しい！ 買おう!」となるわけですが、販促資料の仕事は「うん、気に入った。欲しい!」のところまでなのです。その後資金などの条件と折り合いが付けば買ってもらえるわけですが、販促資料はそこまで面倒を見ることはできません。「うん、気に入った。欲しい！ でも、やめた」もあるわけです。理由は色々です。妥当だと思う値段と釣り合わないからとか、持ち合わせがないからとか、販売者が気に食わないからとか。買わない理由はすべて顧客の都合であり、それがなんであろうと、これに対して販促資料は無力です。

プッシュ広告の特徴と解説

1 対象は顧客（特定、解決意識以上）
2 メイン・コンテンツである
3 双方向環境で運用されるが販促資料自体は単方向
4 客との接触は一度だけ　～制作難易度が低く、責任も軽い
5 ベネフィットをたくさん並べ立てる
6 動画と相性が悪い

1 対象は顧客（特定、解決意識以上）

対象は「顧客」です。「顧客」とは、本来は一度以上購入履歴のある客のことですが、ここでは「来店し売り手と接触している客」という意味で使っています。「特定できている客」のことであり、「すでに双方向環境を築けている客」を指します。顧客と接触できるのは、自分のコミュニティ内だけです。市場外に〝顧客〟はいません。市場外で展開すると「迷惑広告」となり、他所のコミュニティで展開したら、荒らし行為であり営業妨害です。「渡す相手を間違えると逆効果」という諸刃の剣なので、市場内（販売の現場内）で自ら受け取りに来た客だけに渡します。ただし、「告知」だけは例外で、他所のコミュニティにも流せます。

2 メイン・コンテンツである

あくまでも「自分のコミュニティ内」で「自分のコミュニティにいる人」に向けて提示するものであって、本来の広告（＝不特定多数へのメッセージ）ではないと理解しておくことが大事です。自分の店やサイトにわざわざ訪ねて来たくらいですから、すでに商品のファンであり、意識レベルは極めて高いところまで上がり、頭の中はあなたの商品のことでいっぱいです。故にあなたの商品を事細かに紹介しているだけの、普通の人にはつまらないはずのコンテンツが、この客にとっては「今最高に興味のある面白いこと」なのです。客は商品を買いにではなく、商品が自分の望むものであるのかどうかを調べに来るのですから、とりあえずの目当ては商品ではなく販促資料の方なのです。販促資料は、買い手にとってメイン・コンテンツだということです。販売サイトで考えればさらに良くわかるでしょう。そこには商品さえなく、販促資料しかないのですから。

3 双方向環境で運用されるが販促資料自体は単方向

商品の実態を一方的に伝えるだけのものであり、反応を得ようというものではありません。購買意欲の上昇も販促資料に対する反応ではなく、「販売行為全体」に対する反応なのであって、販促資料の出来の良し悪しとは直接の関係はありません。出来が良ければ販売員が楽になるというだけです。自動販売の場合は出来が悪いと売り上げが下がりますが、出来が良いからといって売り上げが上がるわけではありません。販売員は客の状態やニーズに合わせて対応を変えることができるので、顧客のニーズを聞き出しそれと商品とのすり合わせを行うわけですが、このすり合わせこそが「売る」とか「売り込む」といわれる行為であり、「交渉」や「商談」とも呼ばれます。もちろん販促資料には、すり合わせや交渉といった「双方向の行為」はできません。「紙に書かれたセールス・マン」ではなく「販売員の覚書」でしかありません。

4 客との接触は一度だけ　～制作難易度が低く、責任も軽い

周知効果（受け入れてもらうための工夫や話題となるための工夫）、繰り返し効果、刷り込み効果といった、高度なテクニックはまったく要求されません。よっぽど不愉快なものでない限り受け入れられないということもなく、「面白くする＝演出する」必要もなく、オリジナリティも必要ではありません。自分のミニ・コミュミティ内だけで使用されるため、影響の範囲も限定的です。よって、社会的責任やリスクも低く、内容の良し悪しも結果にほとんど反映されません。ただし、社会的責任はコミュニティの広さに比例しますので、インターネットではプッシュ広告の社会的責任は広告となんら変わらない重大なものになります。

5 ベネフィットをたくさん並べ立てる

メイン・コンテンツなので無理に短くする必要もなく、どれか1つにでもヒットしてくれれば良いのでヘタな鉄砲式にたくさんベネフィットを並べます。反面そのベネフィットに合わない客は、興味のないことを長々と読まされることになりうんざりしてしまいますので、一つひとつのベネフィットはできるだけ簡潔にする必要があります。もちろん、ベネフィットには感情的なベネフィットもありますから感情論も必要ですが、商品の実態を正確に伝えるためには論理的に書かれている必要があります。購買意欲は感情だけからなっているわけではないので、感情論よりもむしろ理論が多くなる傾向があるというのも特徴の1つといえるでしょう。

❻ 動画と相性が悪い

多くのベネフィットを並べれば必然的に長くなりますが、文章ならば読み飛ばすことができます。それが文字を使うことの最大の利点の1つである一方、1つの動画は1つのことしか伝えられない、見るのに時間が掛かって面倒くさい、飛ばし見ができない（できても手間が掛かる）などといった理由から、プッシュ広告は動画にするべきではありません。販促資料が動画だったら使い難くてしようがないでしょう。しかし、動画で伝えた方が良いベネフィット（動作にかかわるもの）もあるので、プッシュ広告の中で（あるいは並行して）一部分に動画も使うのは有効です。

動画専門のメディアで展開したい場合は全体を動画にするしかありませんが、メイン・コンテンツであるプッシュ広告を他所のコミュニティで流すのは荒らし行為にしかなりません。プッシュは他所のコミュニティの人たちにとっては必ずつまらない（興味が無い）ものなのですから、とにかく尺を短くします。どんなにつまらなくても見るのをやめずに我慢してもらうことが期待できるのは、つまり荒らし行為にならないで済むのは15秒までです。「こんな商品がありますよ、よろしかったらこちらへどうぞ」と、最低限必要な情報だけを簡潔に伝えるだけにして15秒以下とします。必要な情報「だけ」ということは特徴5の「ベネフィットをたくさん並べ立てる」とも合致せず、最後には「こちらへどうぞ」とプルしているわけですから、これはもうプッシュ広告ではなくプル広告です。つまり、動画専門のメディアで展開したいのならば、プル広告にすればいいわけです。長尺のプッシュ広告動画を流すことで被害が大きいのは広告主よりもメディア側です。

自分のコミュニティが動画専門メディアである場合には、プッシュ広告も動画にする必要があります。テレビの番宣、当日版がこれに当たりますが、メディアの特性上完全なプッシュ広告（それを求めてきた人に提示する）ではありませんので、プッシュ広告といえど極力短くする必要があります。

究極のプッシュ広告

プッシュ広告は実態を伝えるものです。そのため、商品そのものをお試しで貸し出すのが究極のプッシュ広告です。ということはやはり、売れるか売れないかは商品次第であり、プッシュ広告の良し悪しではありません。実際に使っても気付きにくいベネフィットもあるかもしれないので、それは言葉で伝える必要がありますし、ほとんどの場合実際に商品を試してもらうわけにはいかないので、プッシュ広告は実物以上に商品の実態を正しく伝えるのが任務です。プッシュ広告で使ったつもりになってもらおうということです。ですから良いプッシュ広告とは、使ってみたかのように良いところも悪いところもしっかりと伝えることができていて、さらには「使ってみても気が付きにくいベネフィット」も伝えられているもののことです。プッシュ広告のメインの対象は比較意識なのですから、客は他の商品との相違点をこそ知りたいのです。それが正しくわかりやすく書かれていること（差別化といいます）が良いプッシュ広告の絶対的な条件です。客が読み終わったときに「なるほど、こういう商品か。良くわかった」と思うようなものです。その後、「なら、いいや。私には向こうの商品の方が合っている」ということになるかもしれませんが、それはプッシュ広告のせいではありません。

プルして来た人にマッチするベネフィットが正しく選択されていて、それが実感できるように書かれているということが良いプッシュ広告の条件です。つまりは、プル広告とキチンと連携が取れているのが良いプッシュ広告だということです。

プル広告の定義と解説

最初期の広告は、文字だけの「告知」でしかなかったであろうことは想像に難くありません。それに挿し絵を付ければ最も原初的なポスターになるわけです。広告がまだ珍しかった頃は、客の方からもらいに来てくれるので、ビジュアルで目を引く必要はなかったはずです。それでもかなり早い時期から挿し絵が付けられ、ビジュアルにも力が入れられています。これは目を引くためというよりも、一種のサービスだったのでしょう。客が欲しいと思うものでなければ受け取ってもらえません。

ビジュアルと文章は、あちらを立てればこちらが立たないという関係にあります。まだ広告思想が未熟な大昔の広告は、客の目を引く部分と商品を説明する部分とからなっています。前者がビジュアルで、後者が文章です。後者は店に来てくれた人だけにすれば良く、世間に広く展開するのは前者だけでいいということに気が付いた人々はビジュアルをメインにするようになり、広告はプル広告へと進化していきます。120年ほど前のポスターは、既にとてもシャレたデザインのものが多い反面、コピー（文言）は商品名以外ほとんどなにも書いていなかったりします。こうして、プル広告で遠くから客を引き、プッシュ広告で購買意欲を高めるという二段構えになったのです。

プル広告とは集客要素の含まれる広告のことなのでしょうが、広告業界が名付けたのですから広告業界が扱うもの、要は商業的集客広告ということです。プッシュとは方向性が180度逆で、あらゆる面で真反対の考え方をします。

定義

プル広告（商業的集客広告）

宣伝することで、市場への参加を促す広告

もちろん、商業的集客広告の本来の定義は「商業で使われる集客広告」なのでしょうが、そのような認識では広告制作はできません。最低限、〝宣伝になっているもの＝好感度を稼げるもの〟でなければならず、〝市場への参加を促している（プルしている）もの〟である必要があります。「告知」のように宣伝してはいないものも現実にはありますが、これは「告知」が特殊例なのであって、そのようなものだけを作れてもプル広告が作れるということにはなりません。宣伝しているだけで市場への参加を促しているようには見えないもの（慈善活動を報告するだけのようなもの）もありますが、それは「自社を好きになってもらうことで自社の商品を意識してもらい、行く行くは市場に参加してもらおう」としている、もしくは「将来市場に参加してくれることを想定して、その時には自社が有利になるように環境を整えている」のですから、一応遠回しに市場への参加を促していると考えます。

マス・コミュニティ（以下マスコミ）と相性が良い、というよりは、マスコミで展開するために進化したものです。国民のメインのコミュニティがマスコミであるという日本の特殊性に対応し、マスコミとは馴染みにくいプッシュ広告に取って代わって台頭したものがプル広告です。
「市場への参加を促す」とは、「引っ張る」のでも「行かせる」のでもありません。「客が〝自分のコミュニティ〟へ行こうと思うモチベーションを作ってあげる」もしくは「〝自分のコミュニティ〟に行きたいという気持ちに気付かせてあげる」ということです（相手の意思の尊重!）。

まずは好きになってもらいます。誰だって好きなものはもっと知りたいと思うものです。あとは自分のコミュニティへの手掛かりを置いておけば、客の方から勝手に来てくれるわけです。客の心理の変化を先読みして、その行く先に次への手掛かりを残しておくという、まるでオリエンテーリングのような心の冒険イベント。これがプル広告の在り方です。先読みするのであって、操作するのではありません。昔のNHK-BSの番宣でいえば「この番組を見てくれ」ではなく、「BSっていつもこんな番組をやっています」ということを明るく楽しく紹介したのです。番組本編が楽しそうなのではなく、番宣自体を楽しいものにして、それをたくさん見せたのです。それは傍から見れば、こっちで勝手に楽しくやっているように見えるでしょう。すると視聴者は「BSっていつもいろんな番組を、NHKなのに堅苦しくなく、楽しくやっているんだ（個々の番組が楽しそうなのではない）」というイメージを持ちます。そこには衛星放送契約の仕方などどこにも書いてはありませんし、契約してくれなどとは一言も言っていません。でも視聴者は楽しそうなコミュニティに加わりたくて、自分の方から殺到して来たのです。「〝自分のコミュニティ〟への招待状」であるといえますが、「来てね」ではなく「客の方から自発的に行きたくなるようにする」のです。番組やその内容を紹介しているように見えたとしても、それは売り込んでいるのではなく「こちらは楽しくやっています」といっているだけで、来るも来ないもお好きにどうぞと、市場への参加を暗に遠回しに提案しているだけです。決定権を相手に渡すことが意思を尊重しているということです。だから嫌われないのです。

プル広告の特徴と解説

- **1 メディア管理者が運用する**
- **2 対象の意識レベルは極めて低い**
- **3 演出が必要**
- **4 極めて短い=イメージ的になる**
- **5 一発勝負ではない**
- **6 オンリーワンのものでなければならない**
- **7 メイン・コンテンツにはなり得ない**

1 メディア管理者が運用する

プル広告は、必ず他所のコミュニティに出します。そして他所のコミュニティとは、大抵他所のメディアです。プル広告は必ずメディア側の管理下に置かれ、メディア側によって運用され、広告主が運用することはありません。メディア主が自分のメディアで広告する場合でも、運用するのは管理担当者です。掲示方法に対する責任はメディア管理者にあり、消費者から許された場所・枠に掲示されなければ、消費者から激しい反感を買いそのメディアの客を飛ばすことになります。さらに、広告の効果も著しく減少もしくは逆効果となり、広告主も多大な損害を被ることになります。既存の枠が消費者から許されているとは限りません。わかりやすい例では、「テレビ番組が一番盛り上がったところ」や「サイトの本文の前（タイトルと本文の間)」などは、広告を入れることを消費者から許されているはずがありません。そのようなところに入れられた広告は反感を買い、その時反感の標的となるのは広告主です。消費者の気持ちに無神経なメディアでは、広告の効果が激減・逆効果になることに十分注意してください。そして消費者はそのメディアから黙って離れていきます。離れなくても、広告を目が拒否するようになり、見えているのに気付かない、無意識に無視するようになります。するとますます広告の効果は落ち、負のスパイラルに陥ります。自分たちを〝空気の読めない邪魔者〟に仕立て上げられないように、広告主は自分たちの広告がどの様に運用されているかをしっかり監視する必要があります。

2 対象の意識レベルは極めて低い

他所のコミュニティで展開するのですから「対象は商品に対する意識が極めて低い」ということです。意識レベル表の上では「解決意識以下」ということになりますが、他所のコミュニティにいる人はあなたの商品のことやあなたの商品が解決できる問題のことなど、知っていたとしても今は忘れているはずですから、実際には対象はすべて無意識層と考えるべきです。対象はあなたの商品にまったく興味がないばかりでなく、今は別のことに夢中なのです。

3 演出が必要

「見る人のことを考える」ことを「演出」といいます。広告にはこのような「演出」や「エンターテインメント性」が絶対に必要です。高意識者だけを対象とするプッシュ広告は、内容そのものが「対象が興味のあるもの」なのでほとんど演出を必要とはしませんが、プル広告のターゲットはどこの誰だかわからない人です。今なにに興味を持っているかもわからない人たちならば、広告自体を「できるだけ多くの人が興味を持てるもの」にしなければ、ほとんど誰にも相手にさえしてもらえません。このため、非常に制作難易度が高く、誰にでも作れるというものではありません。演出というものがわかっている人にはさほどでもありませんが、わかっていない人はまったくお話しにならないという両極端なものです。

4 極めて短い＝イメージ的になる

いくら気を引いたところで、必ず対象は別のことをしている最中です。だからあなたに多くの時間を割いてはくれません。必然的に極めて短くなりますし、だから情報量も極めて少なくなります。気を引けばいいだけなのでワンポイントで十分です。プッシュ広告のようにヘタな鉄砲式のことをやっていたら、その間に消費者はウンザリして逃げ散ってしまいます。テレビCMはわずか15秒、ポスターでも極めて文字数が少なくなるのもこのためです。伝える（感じさせる）ベネフィットも商品のベネフィットではなく、自社もしくは自分のコミュニティのベネフィットにすれば、売り付けるようなものではないので嫌われません。

言葉で直接的な伝え方をするよりも、イメージ（抽象的）にして感じてもらう方が、短く、印象に残るものになります。故にキャッチ・コピーもイメージ的な言葉にするし、ポスターはビジュアルがメインになるわけです。そしてなによりも、動画はイメージ（映像）で伝えるから、プル広告は動画が「最強」なのです。逆に動画であっても、イメージ的なもの＝「テーマを抽象的に表すストーリーを映像でつづったもの」でなければ意味がありません。報道系動画のような論文的なものや、動画ファイルにしたというだけで文字・言葉で伝えているのならば、動画にする意味がありません。

5 一発勝負ではない

運用の上でも作る上でも一番重要な特徴は、プル広告は一発勝負ではないということです。今だけではなく、売りたいのはその商品だけではなく、ターゲットは欲しい人だけではありません。プッシュ広告が「今、欲しい人に、その商品だけ」を売るのとは丸きり反対です。

プル広告の一番の武器は「繰り返し効果」です。繰り返すことには「刷り込み効果」を筆頭に様々な効果があるのですが、その効果を発揮するためには、1回目で受け入れてもらう必要があります。その後二十回くらい見てくれた後に、急に商品に興味を持ってもらえることも少なくありません。何人プルできるかが大事なのではなく、「また見てもいいよ」と思ってもらえるものが作れた時点でCMは成功です。逆に、1回目で「二度と見たくない」とか「もうお腹いっぱい」と思われてしまったものは、その後は永久に受け取りを拒否されます。

6 オンリーワンのものでなければならない

人は、他とは違うところを好きになります。他と違うことを強調することを「差別化（する）」といいます。当然他所と同じ広告では差別化はできません。従って、プル広告は必ずオリジナリティのある、個性的なものでなければなりません。プル広告は「他所のマネ」や「マニュアル通り」は通用しません。

しかし、オリジナルのアイデアでも他所に簡単に真似されるようなものでは、無効化されてしまう危険性があります。昔、とある家電メーカーが掃除機で電話帳を吸い上げるというCMを作り大ヒットしましたが、ライバル数社は一斉に同じCMを流し、このCMの効果を消したという事件がありました。USP（Unique Selling Proposition：差別化するアイデア）は簡単に真似されてしまうものでは意味がありません。そこで広告では、面白いストーリー（小話、寸劇）が多く利用されます。面白い小話はみんな大好きな上、パクリや二番煎じといわれてしまうため真似されにくいのです。

7 メイン・コンテンツにはなり得ない

これは広告の特徴にも入れましたが、特に商業広告では深刻で重要な問題です。商業広告は必ず他所のメディアに出すわけですから、そのメディアの客を不快にするようなものではいけません。そのメディアの客がメイン・コンテンツを見ることの邪魔になってしまっては、受け入れてもらえないばかりでなく、せっかくのメイン・コンテンツをシラケさせ、そのメディアの客を飛ばすことになるのです。一緒にそのメディアを盛り上げるような、そこの客にとって楽しいものであるべきです。テレビでいえば、CMも放送コンテンツだということをゆめゆめ忘れてはいけません。そのコミュニティが苦労して集めた客を横取りしようというのでは、ただの寄生虫でしかありません。広告主とメディア主は提携者（パートナー）として、互いに利益を享受する間柄であるはずです。

宣伝と集客

宣伝は間違っても「今、連れて来よう」ではありません。宣伝と集客の決定的な違いは、宣伝は「いつでも良いからそのうち来てね」であるのに対し、集客は「今来てね。いつまでに来てね。何月何日の何時にここに来てね」と期限を切って集めることです。集客は双方向のものですが、客が来るためのアクセス手段（〝返り道〟）を広告主側が用意する必要はありません。そのため、単方向環境でも成立するので広告がよく利用されます。ただし、いつ、どこへどうやって行けばいいのかといった期限と〝返り道〟を必ず示さなければなりません。それらは売り手側の勝手な都合なので、集客そのものは形としては自動的に告知になります。潜在的超意識層へのリマインダーとしても機能しますが、集客の仕事は解決意識層を主として問題意識以上のすべての層を市場へ案内することです。興味のない人が応じるわけはありませんので、無意識層をターゲットにはできません。そこで、プル広告は宣伝と集客を兼ねたものが多くなります。例えば、「神井護講演会、どこどこで1/1夜8時」では、すでに神井護を知っている人しか来ません。これがピュアな集客で、形としては告知です。そこで、「NHKで1万番組以上を作った、世界一の動画制作者神井護講演会、どこどこで1/1夜8時」とすれば、神井護を知らない人でも興味を持ち、来てくれるかもしれません。これが宣伝＋集客です。集客だけでは無意識層はプルできませんが、宣伝も合わせてやれば無意識層を解決意識まで上げた上でプルできるわけです。

宣伝の主なターゲットは無意識層で、集客の主なターゲットは解決意識層ですから、宣伝と集客の割合のバランスによって、問題意識層を中心に、メイン・ターゲットを無意識層にしたり解決意識層にしたりと振り幅を作ることもできるわけです。

プル・プッシュ総括

プッシュ広告でやるべきこと、やっていいことは、ほぼすべてプル広告ではやってはいけません。売り手が自分の伝えたいことを声高に主張するのは、自分のコミュニティでやるべきことであり、プッシュ広告の仕事です。そのプッシュ広告があるところ、つまり自分のコミュニティへ案内するのがプル広告の仕事です。

プル広告とプッシュ広告の2段階が連動して初めて、市場外の人にも物が売れるのです。とても簡単な話で、興味のある人だけに集まってもらって（プル）、その人たちに売る（プッシュ）、それだけです。興味のある人たちなのだから、売れるに決まっています。漁でいえば、撒き餌を撒いて魚を集めてから網ですくうということです。それを、集まってもいない、興味もない人たちに当てずっぽうに売り付けてもいくらもハカがいきません。1つ売るのに苦労が大きいから、たくさん売れた気になるだけです。プル広告が当たったときは、桁が違います。CM一発だけで小さな会社が大会社になった事例もあります。それぞれに役割というか「機能」があり、広告主はそれをキチンとわきまえていなければいけませんし、制作者は求められる機能を備えたものを作れなければいけません。

column

テレビの番宣はプルかプッシュか

著者はNHKのBS1、BS2（当時）両方の「先物（翌日以降に放送される番組の番宣：日付版とも）」と呼ばれる番宣を一時期すべて1人で作っていました。この「先物」はもちろんBSでも流されますが、総合テレビで流してBSに客をプルするのが主目的なのでプル広告です。当日版はBSだけで流されますが、自分のコミュニティ（本編を放送している時間）で放送しても意味がありませんので、本編以前の時間つまり他所のコミュニティで放送されます。これは広い遊園地内に点在する、ホットドッグ売り場への案内板と同じです。潜在的超意識者へのリマインダー、つまり「告知」です。だからプッシュ広告です。従って、もし「売り手の都合」以外のことを書き込むなら、プッシュ広告で書くことを書けば良いわけです。

日付版と当日版では伝えるべき内容が違います。先物はふわっとした「BSっていつも面白そうな番組をやっているな」と思わせる、コンテンツとしては面白いながらも具体的ではないイメージ優先の作りになり、当日版は単なる放送案内としていたので、具体的な情報を羅列した固くて面白味のないものになります。日付版は番組をネタにして面白動画を作るということで、当日版はほぼ定型で面白いという要素は必要ではありません。

番宣は当然広告ですが、テレビ業界ではプル・プッシュという言葉は使いません。著者たちが自由にやらせてもらっていた頃は日付版と当日版はまったく別（作る人も別）のものでしたが、自由にやらせてもらえなくなってからは日付を「きょう」に置き替えただけの同じものになっています。

販売と購入

販売

　商売では、顧客を超意識に持っていくことがゴールではありません。超意識の右側には成約という名の鉄の扉があります。この扉は、客自らの意志以外のものでは開けることはできません。

　成約は客の「意志」次第です。「意思」ではなく「意志」です。「買おうという考え」ではなく「買いたいという欲求」です。客にとって成約とは「買わされる」ことではなく「買いたいと自分から欲求すること」です。この欲求を「購買意欲」といいます。購買意欲が資金力の制限を超えた時に成約（＝購入）となります。

「意識レベル」は「商品が解決する問題をどれだけ意識しているか」の度合いですから感情のみであるのに対し、「購買意欲」には感情に因らない必要性（ニーズ）も含まれます。好き嫌いにかかわらず必要だから買いたいということです。購買意欲は解決意識以上にしか存在しません。無意識層にはまったく存在せず、問題意識層にはパラメータとしては存在しますが、その値は0です。これは無意識層の購買意欲は絶対に上げることはできないということと、問題意識層の購買意欲は上げることもできなくはないことを意味しています。販売が狙って対象とするのはさすがに無理がありますが、ここまで視野を広げておいても良い場合もあるかもしれないということです。必要性（ニーズ）が上がれば上がるほど、購買意欲も正比例して上がりますし、逆もまた然りです。この2つは、もし数値で表すならばまったく同じ値になり、通常は同じものと考えても差し支えありませんが、厳密には指しているものは別のものです。宣伝は意識レベル（=感情）を上げることで必要性（ニーズ）を発生させるので、結果として購買意欲を上げることもできます。無意識層、問題意識層をステップ・アップさせる他、解決意識層、比較意識層に対して販売のサポートもします。

一方「販売」とは、「資金力に対し相対的に購買意欲を高めようとする行為」のことです。英語では「セールス」です。セールスといえば、金品の受け渡しのことではなく、購買意欲を高めることだとすぐにわかるでしょう。セールス・マンは商品の実態を伝え、相手の必要性（ニーズ）を聞き出し、その2つをすり合わせ、さらには必要に応じてオファーをすることで成約を目指します。販売はこのように〝やり取り〟をするので、双方向環境下で相手を特定していなければ成立しません。

販売＝購買意欲を上げようとすること（理論） ⇨ プッシュ広告は理論的

宣伝＝意識レベルを上げようとすること（感情論） ⇨ プル広告はイメージ的

購買意欲を直接上げることはできないので、必要性（ニーズ）を上げます。それには3通りの方法があります。

1つ目は感情に訴え好きになってもらうことです（プル広告）。必要性（ニーズ）を持たない無意識層と問題意識層はステップ・アップさせ（宣伝の本分）、解決意識層と比較意識層には所有欲を満たす必要性を発生させます（宣伝による販売サポート）。

2つ目はベネフィットを伝えることで論理的に必要性を感じさせます（プッシュ広告）。

3つ目は、「客の必要性（ニーズ）」と「商品が応えられる必要性（ニーズ）」とがズレているときにすり合わせます。

このうち、プル広告は1つ目を担任し、プッシュ広告は2つ目をサポートしますが、3つ目以降は販売員が相手の反応に対応しなければなりません。必要性（ニーズ）を限界まで上げそれでも購入に至らないときは、あとはもう値段を下げるしかありません。売り手が条件を譲歩（値段を下げたり、オマケを付けたり）することで値段に対する商品の相対的な価値を上げ、資金力の制限を緩和します。これを「オファー」といいます。購買意欲が資金力の制限を凌駕すると初めて、成約となります。

「広告は売ることはできない」といったのはこういうことです。自動販売（販売サイトや自動販売機）の場合は、相手の反応に対応することはできないので「売る」ことはできず、「売れる（たまたま商品のベネフィットと来客のニーズが一致した）」だけです。「自動販売機でジュースが3本売れた」とはいいますが、自動販売機に貼り付けておいたパンフレットが「売った」わけではありません。従ってもちろん、販売サイトなどは初めからできるだけ客のニーズに一致するように書かなければならないということです。

購入

購入の決定プロセス

「成約」は客からいえば「購入」です。購入の決定には、「感情」と「必要性（ニーズ）」と「資金力」という3つの要素が関わります（図1-4）。感情は高まることによって必要性（ニーズ）を高めますが、必要性（ニーズ）に影響を与えるだけで、購入の決定には直接の影響を与えません。最終的には、必要性（ニーズ）と資金力という2つの要素が天秤に掛けられることによって決定されます。それ以外の環境やタイミングといった対策のしようがない要素や広告と関係のない要素はこの本では扱いません。

図1-4　購入の要素関係図

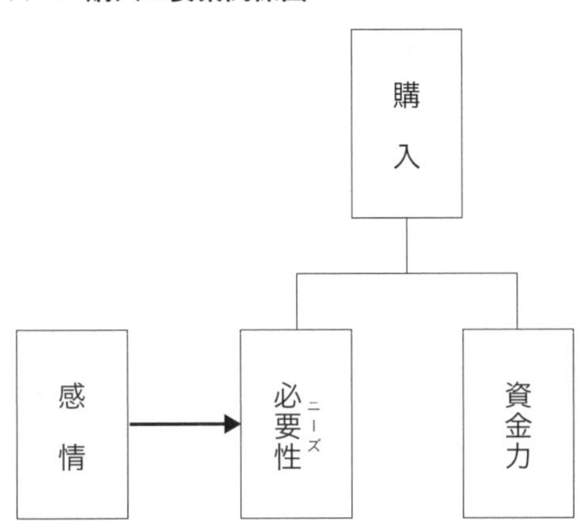

感情

好きになると欲しいという欲求が高まります。所有欲を満足させなければならないという必要性が発生し、所有欲・支配欲・征服欲の強い人ほどその必要性は高まります。必要性はあまり高まらなくても十分以上の資金力がある人は買うし、資金力の低い人はよっぽど高まらなければ買いません。必要性の高まり方も資金力も人それぞれで様々なので、プル広告にしろプッシュ広告にしろ「この文言を書いておきさえすれば効果が上がる」といった単純なものではありません。むしろ他所と同じことをするのは、特に感情面で大きなマイナスになります。あくまでも購入するかどうかは、必要性と資金力との天秤によって決まるのであって、感情は必要性を応援はするものの、自らこの天秤に乗ることはできません。感情が最大まで上がったとしても、必要性を最大まで上げられるとは限りません。そして必要性が最大まで上がったとしても、当然資金が無ければ買えません。プル広告やプッシュ広告がいくら感情と必要性を高められたとしても、資金力にはまったく手を出せないのですから、購入を決定させることはできません。広告やパンフレットが〝買わせる〟ことはできないのです。

必要性

普通「ニーズ」といえば需要のことを指すのでしょうが、この場合は必要性とした方がピッタリくると思います。市場の需要のことではなく、1人の顧客がその商品を必要とする度合のことです。需要と同じ「ニーズ」という言葉にしておいた方が、現場では便利なのです。例えば「ニーズを調べろ」といったら、どのくらいの人が（需要）どの程度（度合い）欲しがっているのかを調べろということです。前者は「ニーズは多い」などと使われ、後者は「ニーズが強い」などと使われます。

必要性がなければ消費者は購入しません。ということは、どんな商品も「必要性のある人の数しか売れない」ということです。そしてこれに対しては、宣伝も広告も販売もまったく無力です。このことは、成約率百パーセントの商品も広告も理論的に存在しないことを表しています。必要性のない客に無理矢理買わせる行為は、（少なくとも道徳的に）犯罪にしかなりません。一部の特殊な商品（麻薬など）においては、元々ありもしない必要性を植え付けるようなこともできなくはないかもしれませんが、原則として必要性のある人の数は、潜在的、将来的なものも含めて神様によって固定されています。売り手にできることは宣伝によって自分の潜在的な必要性に気付いていない客に気付いてもらうことだけで、潜在的にも必要性の無い人に必要性を発生させることはできません。

必要性は購買意欲と密接な関係にあり、客が自分の必要性に気が付いた後、問題を解決するためには商品を買うしかない、もしくは買った方が早いと思った瞬間から購買意欲が発生します。反対に、解決意識であっても問題をタダで解決できる手段を持つ人には、購買意欲は発生しません。もちろん解決しようと思わなければ必要性など発生するわけはないので、必要性を持ち合わせているのは解決意識以上だけです。問題意識層は解決する気が今はまだ無くとも、解決策を提示されれば興味を持つことはあります。

なぜ必要性に気付けないのか

必要性は極めて重要な要素でありながら、ほぼすべての初級者がその言葉は知っているくせに、無視するポイントです。なぜなら相手のことだからです。自分のことしか考えないのが初級者の特徴です。これは「市場の外」という概念が無く、見込み客でさえない客のことなどまったく見えていないからです。誰しも「客」といわれれば、真っ先に「あなたの店に来た客」をイメージするでしょう。街中を歩いている人やテレビを見ている人をイメージしませんよね。あなたの店に来た客は、必要性があるから来たのです。〝市場の外〟を知らない人が相手にする客は必ず解決意識以上です。客には常に必要性があるのが当たり前だと思っているので、必要性のない客や自分の必要性に気が付かない客というものがいるということを知りません。自分が今売ることしか考えていないので、今買ってくれそうもない客のことなど視野に入っていません。今は必要性がなくとも近い将来に見込み客になるかもしれないのですから、当面はそんな客を相手にする状況ではなくとも、嫌われないようには気を付けていないと、いつまで経ってもやっていくのが精一杯で成長できない商売になってしまうでしょう。

資金力

客にはそれぞれ資金力に制限があります。実際に使える資金が足りているかどうかだけではなく、価値観による制限も含みます。アプローチとしては、割引したり、分割払いにしたり、おまけを付けたりといった方法がいくつかあります。これら売り手側が提供する金銭的妥協案のことを「オファー」といい、唯一の資金力へのアプローチ方法です。割引して天秤の右側を軽くしたり、おまけを付けることで天秤の左側を重くしたりと、相対的に左側へ傾くようにします。資金力や価値観に直接アプローチすることはできませんので、オファーは天秤にアプローチするといった方がいいかもしれません。

3要素の相関関係

感情が高まれば必要性が強まり、必要性が強まれば資金力の制限は緩和されます。必要性（ニーズ）が強まれば、あまり余裕のない人も無理をしてでも買ってくれるということです。一方、資金力は感情にはまったく影響を与えませんが、必要性（ニーズ）には影響を与える場合があります。別荘地とか高級車といった贅沢品は、資金力の高い人だけに必要性（ニーズ）が発生します。

感情的な人には感情に訴える必要性（ニーズ）の上げ方をすることが有効で、欲が弱い人には論理的に必要性（ニーズ）を高める必要があり、資金力の乏しい人に売るには値下げする以外に手はありません。販売は臨機応変に相手に対応する必要があるので、反応という形で相手の情報を得るために双方向環境が必須です。

広告と3要素との関係

広告と感情

プル広告は、ターゲットは意識表の上では解決意識以下、主に無意識層となりますが、実際に作る上では完全に無意識層オンリーで考えます。専ら感情に働きかけ、好きになってもらう、興味を持ってもらうこと一辺倒です。具体的には、プル広告では通常たった1つのベネフィットを提示することしかできないので、それによって感情を高めることが絶対的なメインで、あわよくば必要性（ニーズ）に気付いてもらうことも入れるといった具合です。ベネフィットを選択するときには必要性（ニーズ）のことも考えなくてはいけませんが、それ以降は必要性（ニーズ）のことを考える必要はありません。

感情を上げるには、消費者が喜びそうな情報をイメージ的に伝えるのが有効です。言い方を変えれば、妄想させるのが有効だということです。人は誰でも必ず自分の良い方へ妄想するからです。プル広告のターゲットは商品のターゲットとは違うことに注意してください。その商品を欲している人だけを喜ばせても意味がありません。できるだけ多くの人、その商品に関わりのない人も喜ばせてこそのプル広告です。そうしないと話題性に乏しいものになり、周知効果が思うように発揮されません。ネタとしては、ベネフィットや商品と関連性のある小話、寸劇といったものが多く選ばれます。関連性が無いと、例えキャッチ部分の印象は強くとも商品が印象に残らず、広告としての効果が限定されたものになります。

広告と必要性

必要性を上げるには、商品のベネフィットを論理的に伝えるのが有効です。従ってプッシュ広告は必要性を上げるのが基本になりますが、感情を上げることを併用することもあります。ベネフィット自体が感情を高めるもの、必要性を高めるもの、両方を高めるもの、人によってどちらに影響するか変わるものに分かれます。プッシュ広告を作るときには、どれを上げるかで書き方が変わります。例えば、フライパンが軽いというベネフィットは、重くても構わないけど軽い方が好きだという人に対しては感情を、重いと振れない、軽くなければ困るという人に対しては必要性を高めます。感情を狙うときは「とっても軽くて、気分もハッピー!」のようになり、必要性を狙うときは「軽いから、片手で長時間振っても疲れません!」といった書き方になります。どちらを狙うのがいいかは商品やペルソナ（想定した客）や状況によって変わります。フライパンの場合は、想定できる買い手は女性が多く、軽いことがどう良いのかなどは説明する必要がないので、感情狙いの方が良いだろうなどとなるわけです。大概、感情を狙うと明るく人当たりの良い書き方か時に感傷的な書き方になり、必要性を狙うと理屈っぽく固い文章になりがちです。

必要性のある人の数は、その時々、商品によってもあまりにもマチマチであり、それを測定することはできません。ましてや潜在的な必要性のある人などわかりようもありません。広告プロジェクトの良し悪しは、どれだけ多くの人に周知できたか（露出度）で決まります。プル広告の内容の良し悪しは、展開したコミュニティ以外へどの程度波及できるか（話題性）や、どれだけ無意識層を有意識層にステップ・アップできるか（魅力）で決まります。もっと簡単にいえば、どれだけ多くの人にウケるかで決まるわけですが、それは測定することはできませんので数値による評価はできません。

一方、プッシュ広告は必ず必要性のある人だけを対象としますので、必要性の無い人のことを考える必要はありません。しかし、どのような必要性を持つ顧客がプルされて来るのかを考える必要はあります。例えば白い犬をネタにしてプルしておきながら、プッシュ広告には白い犬がまったく出て来ないのでは、感情に起因する必要性（ニーズ）が満たされないので購買意欲が上がり難くなります。

広告と資金力

資金力に対するアプローチは「オファー」です。最後の手段なので、基本的には販売の最後の最後で相手の反応を見ながらになります。従って、プッシュ広告に書くものではありませんが、初めから計画された割引キャンペーンや自動販売の場合は書くこともあるでしょう。売り手の都合なので告知部分、またはその直前で提示するのが基本なのですが、広告が相手の反応に対応するわけにはいかないので、それならいっそのこと初めからドンとオファーから入る手もあります。冒頭で「今なら半額!」と打ち出してしまうなどです。プッシュ広告でキャッチする意味はあまり無いのですが、買うことを前提として読んでもらえるので販売促進効果は相当上がりそうです。

基本的にプル広告でオファーは使いませんが、強力なオファーは強力なプルができるので、プル広告で使えば広告自体がプルする必要はなくなり、ただオファーだけがある告知になります。家電量販店のCMのように、安売りしている商品とその値段を並べ立てるだけというようなものになるでしょう。特殊な使い方としては、フィルターにして対象を絞ることができます。例えば、不動産屋の「高額物件専門」です。これはセレブ以外をフィルターに掛けて来ないようにしているのです。プル広告でのオファーは資金力のしきい値を下げることが目的ではなく、あくまでも感情を高めるため、興味を引くためのベネフィットの1つ（呼び込むための餌）ですので、本当のオファーではありません（店に行ってみるとすでに売り切れだったりします）。

プル広告でオファーを使う場合、広告自体は程度の低いものでいいのですから、上等な業者に頼む必要はありません。ただし、所詮安売り屋の手法ですのでCMの品格と共に自社の品格も落ちることは覚悟してください。

広告との関係-総括

プッシュ広告（販売）は3つの要素にアプローチしますが、プル広告（宣伝）は原則として感情だけにアプローチします。今、他のことを楽しんでいる人にくどくどと必要性（ニーズ）を説けば、それは説教になってしまい嫌われます。

プル広告でもニッチな市場を狙うといった「濃いプル」をしたいときだけ、3つの要素をフィルターとして使い絞り込みをします。感情と必要性（ニーズ）については、そのベネフィットで高まらない客は自動的に切り落とされることになります。プル広告でもプッシュ広告でも、実はベネフィットを出すということは、ベネフィットに適合する客を拾うだけではなく、適合しない客を切り落としている、絞り込んでいるということを認識していなくてはなりません（図1-5）。

図1-5 プル広告とプッシュ広告の違い

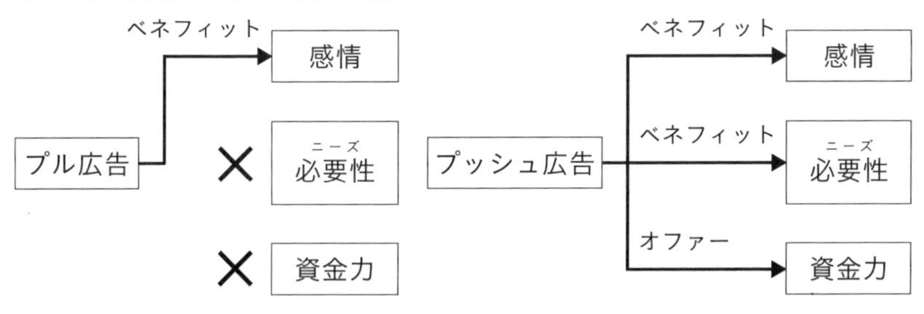

広告・販促資料は一方通行

図1-5の矢印が右向きだけだということに注目してください。広告・販促資料は客に対して働きかけますが、客が広告・販促資料に働きかけることはありません。広告・販促資料は必ず「一方通行」でしかありません。

それに対し販売には必ず双方向の環境が必要です。「商談」は双方向でなければできません。これはなにを意味しているのかというと、他所のコミュニティで販売はできないということであり、マスコミ（不特定多数のコミュニティ）で販売はできないということです。他所のコミュニティにプッシュ広告を出すのは筋違いです。具体的には、テレビ・新聞・雑誌、街中や駅の看板、電車やバスの車内広告などは、すべて単方向ですから販売はできません。テレビ・ショッピングや直販系CMといったものは、実際には販売はしておらず、サイトや電話という双方向メディアにプルしているだけです。プルのはずなのにプッシュしてしまっている（プル・プッシュがわかっていない）という事態の代表例です。

例外：プッシュ広告とショッピング・チャンネル

ただし例外として、買い物専門チャンネルでならプッシュ広告も存在が許されます。これは方向性の問題ではなく、プル広告はサブ・コンテンツですが、プッシュ広告はメイン・コンテンツであることに起因します。

プッシュ広告になってしまっているということは、メイン・コンテンツになってしまっているということです。不正確ながらわかりやすい言い方をすると、メイン・コンテンツだということはCMではなく「番組」です。買い物専門チャンネルのメイン・コンテンツとは、当然、買い物番組です。例えば映画専門チャンネルで釣り番組が放送されたらおかしいですよね?同じように、映画専門チャンネルで買い物番組が流されたら本来はおかしいのです。視聴者は映画を見に来ているのですから、映画と関係の無い番組が放送されるのならば映画専門チャンネルではなくなってしまうので、みんな来なくなってしまいます。買い物番組は、買い物専門チャンネル以外では客を飛ばしますが、買い物専門チャンネルでだけは当然存在が許されます。

その他の専門チャンネルでも、メイン・ジャンルと関連のある商品の買い物番組なら許される場合もあります。例えば、釣り専門チャンネルで釣り道具の買い物番組が流される分には、これも「釣りの関連番組」と認識されるので許されそうです。

column

宣伝部と販売部の棲み分け

表1-2 意識レベル表と宣伝部・販売部の関係

<table>
<tr><td></td><td colspan="3">市場外</td><td colspan="5">市場内</td></tr>
<tr><td>意識レベル</td><td>無意識</td><td>問題意識</td><td colspan="2">解決意識</td><td>比較意識</td><td>超意識</td><td>鉄の扉</td><td>購入</td></tr>
<tr><td rowspan="2">宣伝部</td><td colspan="6">宣伝・集客（他所のコミュニティ）</td><td colspan="2" rowspan="4">顧客の意志</td></tr>
<tr><td colspan="5">広告（プル広告）</td><td>告知</td></tr>
<tr><td rowspan="2">販売部</td><td></td><td></td><td></td><td colspan="3">接客（自分のコミュニティ）</td></tr>
<tr><td></td><td></td><td></td><td colspan="3">販促資料（プッシュ広告）</td></tr>
</table>

<table>
<tr><td rowspan="2">付録ライティング</td><td colspan="3">コピー・ライティング*</td><td colspan="3">パンフレットの書き方講座（コピー・ライティング）</td><td colspan="2" rowspan="2"></td></tr>
<tr><td></td><td></td><td></td><td colspan="3">セールス・ライティング</td></tr>
</table>

無意識と問題意識は市場外にしか存在しません（表1-2）。解決意識以上は市場の内にも外にも存在します。宣伝部の活躍の場は他所のコミュニティ、販売部の仕事場は自分のコミュニティです。解決意識や比較意識を超意識まで上げるのも、意識レベルを上げることには違いないので一応宣伝部の仕事でもあります（販売の応援）。宣伝部が相手にする解決意識以上は、自分のコミュニティにたどり着いていない（市場外にいる）客だけで、市場にたどり着いてからは販売部が担当します。

＊日本のコピー・ライティングは、無意識〜超意識までのすべてを対象とします。DRMやセールス・ライティングの有効な対象は解決意識以上である「自分のコミュニティに来た客」だけです。昔から「DRMは日本では通用しない」といわれてきましたが、正確には「無意識層、問題意識層には通用しない」のであり、広告では使えません。

グラフで見る広告の効果

集客数／周知数でみる2つの広告モデル

宣伝の目的は「好きになってもらう」ことだと、ここまでずっと述べてきました。では、嫌われる広告を作ってしまうと、その悪影響はどのようなものなのでしょうか。「どれほど好きになってもらえたか」の数値化はできないので、ここでは集客数／周知数で2つのモデルを見てみましょう（図1-6）。

図1-6 集客数と周知数の関係

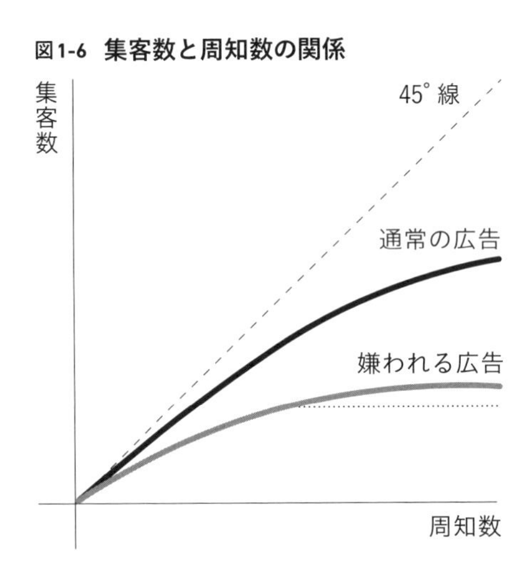

通常の広告

当然集客数と周知数は比例しますが、集客数が周知数を超えることはないので、比例係数は常に1以下であり、その傾きが45度を超えることはありません。時間が経つほど集客数は多くなるものの、商品に興味のある人ほど早く反応する*ので係数は小さくなっていきます。従って、右肩上がりの凸曲線になります。

嫌われる広告

嫌われる広告は受け入れられ難いだけでなく、話題にされ難い（炎上商法は除く）ので周知速度が遅くなり、周知数の上昇自体が鈍くなります。さらに周知数に対する集客数の割合、比例係数も小さくなるので、傾きがより浅くなります。周知数が伸びれば伸びるほど、評判がさらに悪くなり敬遠する人も増加するため、集客数の増加率がより小さくなります。グラフ上では凸曲線の湾曲率がより大きくなります。嫌われる広告は効率が悪いということですが、広く展開すればするほどその効率の悪さは激しくなります。これは大企業ほど深刻な問題です。

一方、展開規模が小さい企業ほど、嫌われるような広告であってもさほど損が大きくはなりません。このことはインターネットを中心に中小企業が躍進している原動力の1つにもなっていますが、損していることに気が付かないためにより上質のものを目指さず、ある程度の規模以上になれない一因にもなっていると考えられます。インターネット自体が若いメディアだから、まだ全体のレベルが低く、レベルの低い広告でも通用するという側面もあります。しかし、急速に素人広告では通用しなくなってきています。〝同じもの〟がいつまでも通用しないのは世の常です。

＊まったく新しく発明された商品などはベネフィットが理解されるまで時間が掛かるので、この限りではありません。

成約率／周知数のモデル

成約率

成約率は曲線の傾きで示されていて、周知数が多くなればなるほど傾きが浅くなります（図1-7）。周知開始から周知がある程度行き渡るまでの期間を除けば、時間が経てば経つほど、接触者の平均意識レベルが下がって行くのに伴い成約率も下がっていきます。そして時間が経つほど平均意識レベルも均されて一定化されていくので、成約率をグラフにすると図1-7のような凹曲線になります。集客できればできるほど成約率は低くなり、反対に、集客できないほど意識レベルの高い人しか店やランディング・ページにたどり着けないため、成約率は高くなります。セールス・マンは何人と接触したかは関係なく何件の契約を取ったかで評価されるように、集客と販売は成約率ではなく成約数で評価します。

図1-7 成約率と周知数の関係

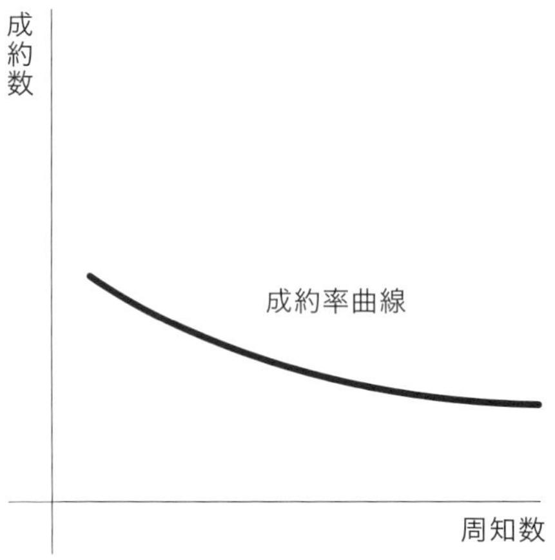

ヘイトとヘイト・コントロール

「周知数を上げれば成約率があがるなら、どんな手段でもいいから周知すればいい」と短絡的に考えてはいけません。広告にはヘイトとヘイト・コントロールというものがあります。「ヘイト」というのはいわば「嫌われ値」「嫌感度」のことです。好感度と同じように確たる数値があるわけではありません。その嫌感度をコントロールすることが「ヘイト・コントロール」です。嫌われる広告とはこのヘイト・コントロールができていないもののことで、周知すればするほどヘイトを稼いでしまうわけです。

人によって好感度が上がったりヘイトが上がったりするのですが、それぞれに対応することはできないので、全体で1つの好感度と1つのヘイトがどちらも増えていくと考えます。好感度とヘイトは相殺されず、各々が独立して加算されていきます。好感度は上げることも下げることもできますが、ヘイトは短期的には*下げることはできません。好感度だけが上がり、ヘイトは増えないのが良い広告であり、ヘイト・コントロールができているということです。それぞれの特徴でもお話ししたように、宣伝は本来的に売名行為であり、広告は本来的にお邪魔虫であるので、どちらも始めからヘイトを稼いでしまっています。従ってヘイト・コントロールは常に必要です。

少しずつでも好感度を稼いでいれば、いずれある一線を越えたときに突然「興味を持つ」=「意識レベルが上がる」という場合があります。この現象を別の言葉では「総接触時間が長くなるほど購買意欲が上がる」などといいますが、プル広告の場合、総接触時間とは接触回数あるいはその広告の展開期間のことであって、一度の接触時間のことではないことに注意が必要です**。成約数は減る事はないので、展開期間が長くなればなるほど成約数が増えるのは必然の理です。周知というものはじわじわと広がっていくものですから、ローンチしてからしばらくの間はじわじわと反応が上がっていきます。周知力の強い（面白い・話題性のある）広告はあっという間

＊厚顔無恥に長くやり続ければ、消費者が慣れるためにわずかばかり下がることはあります。

＊＊本来は「総接触時間」=「一度の接触時間」×「接触回数」ですが、一度の接触時間が長い方が良いのは販促資料だけです。意識が高い人ほど販促資料との接触が長く多くなるのは当然です。プル広告の場合は対象の行動を阻害する時間は短い方が良いので、一度の接触時間は短くし、接触回数を増やす方が有効です。

に広がりますが、弱い広告は十分に行き渡るまで半年から3年程かかると思っていいでしょう。その後も反応は続くものなのですが、嫌われる広告はヘイトをどんどん稼いでしまい、ある日あるときその一線を越えたところで突然反応が止まります。インパクトが強くて嫌われるもの、つまり悪目立ちするものほど広がる速度も速いのですがヘイトを稼ぐのも早く、例えば1か月間は爆発的に反応があるものの突然まったく反応が無くなります。これを表したものが図1-6の嫌われる広告の線の下、破線の部分です。騙すような広告がこれに当たります。例え商品自体は長く売れる良い物であったとしても、広告の手口がバレた途端に反応が止まるのです。

column

ネーミング・ライツには要注意

ただ企業名や商品名だけを表示しても、広告としての機能を持たない（メッセージがない）ので広告にはなりませんが、環境によっては企業名・商品名だけでもメッセージが発生して広告としての機能を果たすことがあります。例えば、ヤマハといえば楽器とか音響設備を作っていることは誰でも知っているでしょう。公会堂の名前をヤマハ公会堂とすれば、「このホールはヤマハが会社の名誉を賭けて音響に責任を持っています」というメッセージが発生し、品質を保証していることになります。みんなの公会堂を専門会社がメンテしてくれるのは、消費者にとっても有益なことです。もちろんネーミング・ライツは広告ではありませんが、広告としての機能を果たし、宣伝になっているということです。

ところがここに落とし穴があります。社会性の高い日本では、公共物のみならず公共性の高いものはみんなのもの、そしてみんなの代表は国や公共団体という意識が強いので、公共性の高い物に企業名や個人名を付けると「みんなのものを私物化している」と受け取られます。これに対する負の感情は日本では恐ろしく強く、さらに売名行為への反感も上乗せされます。しかも、誰もクレームという形でそれを教えてもくれません。クレームが来ないから受け入れられている、許されていると思ったら大間違いです。

ネーミング・ライツも広告も、周りの環境や状況との関連性を良く考え、消費者が喜ぶものでなければ、名前付きで迷惑行為をしているだけです。いかに売名行為と取られずに宣伝をするか。その境目は、「消費者がベネフィットを感じられるものになっているかどうか」です。

第 2 章
意識レベル表と基本形

意識レベル表

意識レベル表の概要

広告を作るためには、「意識レベル表」「広告の基本形」「広告プラン」の3つが頭に入っている必要があります。その最初の1つが意識レベル表です。これは5つの意識レベルに「市場」「形態」「演出」の3つのジャンルを重ねたものです。この表を活用すると、「そのターゲットに対してどのようなものを作れば良いのか」が簡単に把握できるようになります。これによって、今回想定している広告を作るにあたって、どこにどの程度力を入れるべきか、どの部署にどのレベルのスタッフが必要なのかといったことの見当を付けることができます。

市場関連

意識レベル表のうち、まずは市場に関係する事柄を見てみます（表2-1）。

表2-1　意識レベル表（市場）

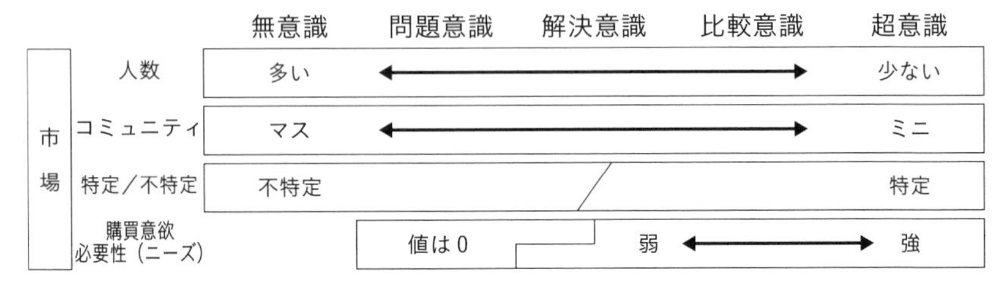

人数

対象の人数は表の左に行くほど多くなり、右へ行くほど少なくなります。超意識は購入してしまえば超意識ではなくなるので、理論的には常に0人になりますが、現実には超意識のままでいる人（買いたいけど買えずにいる人の他、雑誌を定期購読している人など）は割と多いようです。極めて大雑把な話になりますが、プッシュ広告の成約率を1割程度とし超意識はすべて成約に至るとすれば、その人数は比較意識の1割程度になります。比較意識と解決意識、解決意識と問題意識にはさほど大きな差は無さそうです。その差は小さければ1割程度、大きくても半分程度ではないでしょうか。無意識と問題意識の差は、商品によって大きく違い過ぎるので一概にはなんともいえません。無意識層の人数は国内だけを考えれば最大1億人程度です。

仮に10人に1人が問題に気付いていて、その内の半分がその問題を解決する気があるとしても、実に人口の95%は〝市場外〟です。プル広告を知らない人は、人口の95%を無視して商売をしているのです。

コミュニティ

「広告はコミュニティに打つもの」であって、メディアに打つものではありません。この本でのコミュニティとは、本来の「地域社会」という意味ではなく、メディアの中の消費者の一集団を指し、テレビなら1つの番組、電車やバスの車内広告なら1つの路線（に付いている消費者）のことです。Facebookはメディアで、その中のグループがコミュニティ、YouTubeはメディアで、1つのチャンネルがコミュニティです。

プル広告は、主としていくつかのマスコミに打つことが多いでしょう。小規模な商売の場合は、いくつかのミニコミだけでことは足りるかもしれません。自分が囲い込んでいる客だけを対象とする場合は、自分のコミュニティだけにプッシュ広告を打つことになります（例：DM）。

表の左へ行けば行くほど、広告はマスコミと親和性の高いもの＝間口が広く、興味のない人に対しても配慮されているものが要求されます。反対に右へ行くほどミニコミと親和性が高いもの＝そのコミュニティやメイン・コンテンツとの関連性が強いものが要求されます。

特定か不特定か

広告を展開するにあたっては、広告主から見て相手が「特定」なのか「不特定」なのかが重要です。特定できるのは市場内であり、市場内にはプッシュ広告を展開します。不特定は市場外であり、市場外にはプル広告を展開します。市場外にいる人はほとんどすべて無意識層です。それ以外は少数の問題意識層と、更に少数の潜在的高意識者*です。その人たちが今いるコミュニティのメイン・コンテンツと商品の関連性が強いほど商品に対する意識も高い（近い）ので、プル広告は商品と関連性の強いコミュニティに出した方がプルし易いわけです。例えば、タイヤの広告なら自動車のコミュニティに出すといったことです。市場内には解決意識以上しか存在しません。

購買意欲

購買意欲があるのは、意識レベル表では解決意識から右側だけです。無意識層には購買意欲自体が存在せず、問題意識の購買意欲は0です。「買わなければならないかも」と、買うことに意識はあるかもしれませんが「買いたい」とは思っていません。解決意識には、購買意欲のある人と無い人がいます。問題を解決する気になっても誰だって最初は一切金を掛けずに解決しようと思うものです。でも「買った方が早い」と思った瞬間から、購買意欲が芽生えます。購買意欲がある程度高まれば市場に参加するはずなので、潜在的比較意識の購買意欲はさほど高いとはいえませんが、潜在的超意識は買うタイミングを待っているだけですので、購買意欲はMAXです。

対象による広告形態の変化

次に、意識層ごとに広告の形がどう変わっていくのかを見てみます（表2-2）。

＊意識は高いものの別のコミュニティにいるなど、今現在は市場に参加していない高意識者のこと。

表2-2　意識レベル表（広告形態）

広告形態	無意識	問題意識	解決意識	比較意識	超意識
プル広告	宣伝の メイン・ターゲット		集客の メイン・ターゲット		告知
プッシュ広告				販売の メイン・ターゲット	
長さ／情報量	短い／少ない	←→		長い／多い	短い／少ない
ベネフィット	少ない	←→		多い	無し
伝えたいこと	多い	←→			少ない

対象の範囲

プル広告はすべての意識層をターゲットにすることができます。宣伝のメイン・ターゲットは無意識層ですが、集客のメイン・ターゲットは解決意識層です。通常、宣伝と集客の要素を合わせ持たせることで全域をカバーします。超意識層だけがターゲットである告知も、展開する場所は常に市場外ですからプル広告です。

プッシュ広告は解決意識以上が対象ですが、市場に来てくれた客に渡すものであるため、現実的には比較意識層だけが対象となります。このことから、他の商品と差別化することがプッシュ広告の最も重要な役割であることがわかります。

長さと情報量

意識の低い人たちへの広告は長くできません。一般に、活字の広告なら文字数が多くなるほど読んでもらえませんし、CMならば尺が長くなるほど最後まで見てもらえません。

反対に意識の高い人、自分のコミュニティに来てくれた人を相手にするときには、相手は自分から情報を取りに来てくれたのですから、たくさんの情報を出す必要があるので長くなります。ただし、超意識に対してはもはや何をする必要もなく、ただ入手方法を案内すればいいだけなので短いものになります。

ベネフィット

広告で伝えるべきものは、一口で言えばベネフィットです。ベネフィットとは、買う人にとっての利益、買い手にとってのメリットのことです。消費者が広告に許す接触時間は意識の高さと比例するので、左へ行くほど伝えられるベネフィットは少なくなり、プル広告では通常1つです。

あなたが伝えたいこと

ところが反対に、広告主は意識の低い人にこそたくさんのことを伝えたいわけです。これが「広告のジレンマ」です。焦ってはいけません。ばったり出会った人とじっくり話をしたいのなら、まずは腰を落ち着けねばなりません。「今度、ウチへ来てくれよ。じっくり話そうじゃないか」 これがプル広告の役割です。ばったり出会った人にいきなりあれもこれも畳み掛ければ、結局1つも伝わらないということになります。

広告における演出と芸術性の変化

次に、制作する上で求められる演出力の違いを見てみます（表2-3）。

表2-3　意識レベル表（演出）

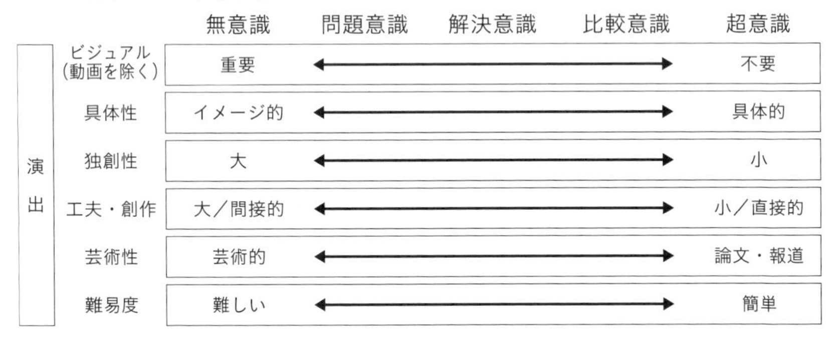

		無意識	問題意識	解決意識	比較意識	超意識
演出	ビジュアル（動画を除く）	重要	←→			不要
	具体性	イメージ的	←→			具体的
	独創性	大	←→			小
	工夫・創作	大／間接的	←→			小／直接的
	芸術性	芸術的	←→			論文・報道
	難易度	難しい	←→			簡単

ビジュアル

広告は、とにかく見てもらわなければ始まりません。動画以外のプル広告では、他所を見ている客の目を引き付けるためにビジュアルが重要です。しかし動画は、間接視野にある場合には目障りで不愉快な光の点滅でしかないので、目を引くことはできません。広告動画は見てもらうのではなく、観賞してもらう必要があります。ゆえに、テレビや映画、パブリック・ビューイングといった、消費者がすでに画面を見ている状態である動画専門メディアでなければ有効ではありません。

一方、プッシュ広告は向こうから見に来るのですから目を引く必要がありません。「なんの販促資料なのか」がわかればいいだけなので、ビジュアルは「タグ」の役割程度しかありません。ターゲットの意識レベルが上がれば上がるほど、ビジュアルの必要性は下がっていきます。ただし、紙の質なども含めた「見た目の質」は会社の信用や威厳に関わります。インターネットでさえも、ビジュアルが悪いと胡散臭いと思われ信用されません。

なにをすれば良いのかわからない人は必ず他人の真似をします。それも“今流行っているもの”を真似します。するとありきたりのよくあるものになります。それは詐欺師やいかがわしい会社も同じなので、ありきたりの見た目、流行りの見た目はそれだけで信用されません。信用はさて置いても、目を引くことも差別化もできません。商業広告は、内容はもちろんビジュアルさえも人真似ではうまく行きません。

具体性

無意識層にはどうアプローチすればいいのかといえば、商品・ベネフィットと関連性のある多くの人が興味を持つものを見せることで、商品・ベネフィットをイメージさせる、という手法を取ります。このように、一度別のものに置き換えることを「抽象化」といいます。表には「イメージ的」と書いてありますが、意味は同じです。

プッシュ広告では具体的なベネフィットを並べ立てる方法が取られます。具体的にこの商品がどういう商品なのかを伝えるのがプッシュ広告の使命だからです。

独創性

意識が高い客は、たくさんの情報を要求します。客はすでに自ら情報を取りに来ているわけですから、興味を引くための演出は必要なく、ひたすら多くの情報がわかりやすく並んでいる必要があります。一番わかり易いのは、同じ情報がいつも同じ場所にあることです。表の右へ行くほど独創的である必要はなくなり、利便性を優先させます。ただし、差別化ポイントだけは、独創的に書かれている必要があります。

反対に、無意識層を対象にした場合、まず意識を向けてもらうところから始めなければなりません。人は同じものには興味を持たないので、常に新しいことをしなければなりません。

工夫・創作

右へ行けば行くほど興味を引く必要はないので、シンプルでストレートな「告知」もしくはただの通達になっていきます。左へ行くほど興味を引くために「好きになってもらうための工夫」が必要になります。

芸術性

芸術と論文とは「なにかを伝えよう」という同じ土俵の上にあります。図2-3のように、同じ線上の右と左の端に当たります。右・左を分けるのは結論を出すか出さないかです。論文では証拠を並べて「だから結論はこうなる」と具体的に論証します。しかし、芸術では証拠を〝作ったもの（偽物）〟に置き換えて並べるだけで、結論を論証するのではなく、感じてもらうことに専念します。

右に行けば行くほど具体的にベネフィットを示すのに対し、左へ行けば行くほど、ベネフィットそのものを示すのではなく、ベネフィットを感じさせる状況やストーリーを描くようになります。無意識層の客はその商品はおろか、ベネフィットにさえ興味が無いからです。

相手が興味のある話から始めて、ベネフィットを感じさせ、そのベネフィットの関連性をたどって話題を本題へ誘導（リード）する。プル広告は自己表現ではないので芸術ではありませんが、「抽象的に表現する」ところは芸術と同じです。「表現はすべて芸術だ」とするなら、プル広告も芸術です。従って、プル広告を作るには、芸術のセンスや方法論、抽象的な表現力も必要です。

一方、報道は論文的です。結論と証拠しかありません。情報をそのまま垂れ流すことしかできないし、そうしなければいけないのです。そして、それは誰がやっても同じ、人間力（ソフト）は介在しないということです。しかし、左に行けば行くほど、垂れ流しではいけない＝演出されたもの、番組（エンターテインメント）になり、その演出の仕方は人によって変わる、つまりソフトが重要になってくるということです。番組的ではなく「番組」です。狭い意味での「番組」とは「ショー・アップされたコンテンツ」という意味です。プル広告は尺が短いというだけで番組そのものです。広告の「告知部分」以外の部分を「番組部分」といいます。通常の番組に「告知部分」を付ければ広告になります。広告動画を作るとは、まず〝番組〟を作り、それを極限まで短く切り刻み、告知部分を付けるということです。

この項目を「具体性」と分け演出の下に持ってきたのは、ここでは演出をしてはいけない報道との違いをはっきりさせたかったからです。

広告制作の難易度

たくさんのことを伝えたいのに、許される時間は短い。イメージが大事で、オリジナリティが絶対に必要。多くの人から好かれるように作らなければならず、そのためには芸術的であることも必要。つまり、プル広告の方が圧倒的に難しいわけです。短いのだから簡単かというとそれは逆です。広告の世界では「短いものほど難しい」というのは常識です。左へ行くほど作れる制作者の数は少なくなります。

5つの意識レベル表完成図

この本では表2-4で完成図とします。他にいくらでも必要に応じて項目を重ねることができますので、ご自分の環境・状況に合わせて、どんどん重ねたり抜いたりしていただくと良いと思います。

表2-4　意識レベル表（完成図）

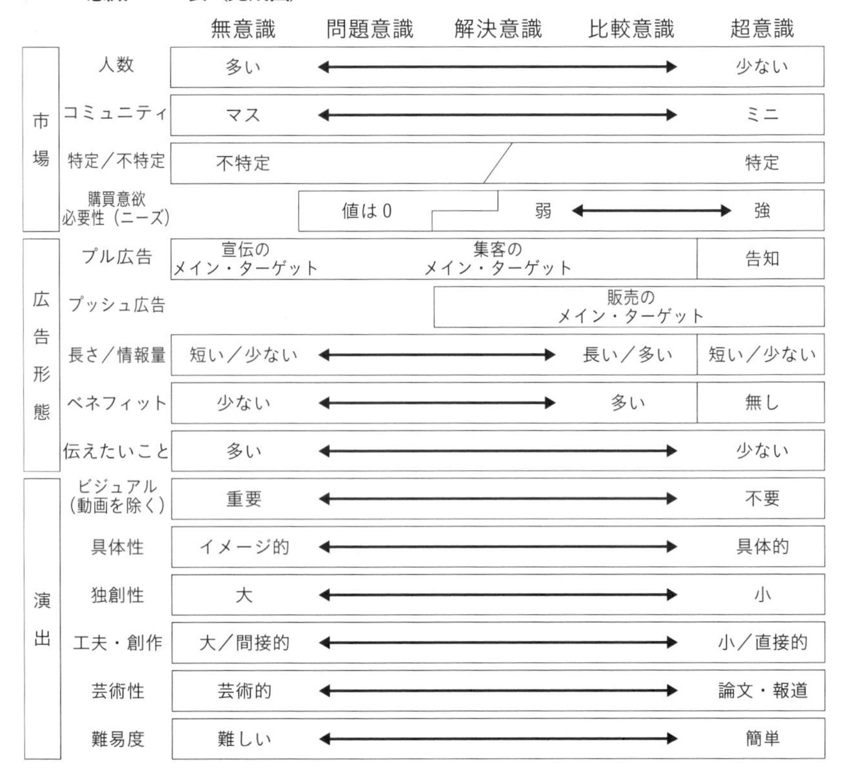

広告の基本構成

キャッチ、リード、ボディ

広告に限らず、あらゆるエンターテインメントのコンテンツは、キャッチ、リード、ボディ（本題）という3つの部品からなっています（図2-1）。どの部品を使うか使わないか、その順番をどうするかを考えることを「構成を組む」といいます。構成を組むことも演出の一種であり、演出は必ず結論より先に来るものなので、演出とはキャッチとリードを考えることだといっても過言ではありません。従って本題・結論が最後に来ることがエンターテインメント系のものの特徴となります。

図2-1 広告の基本構成

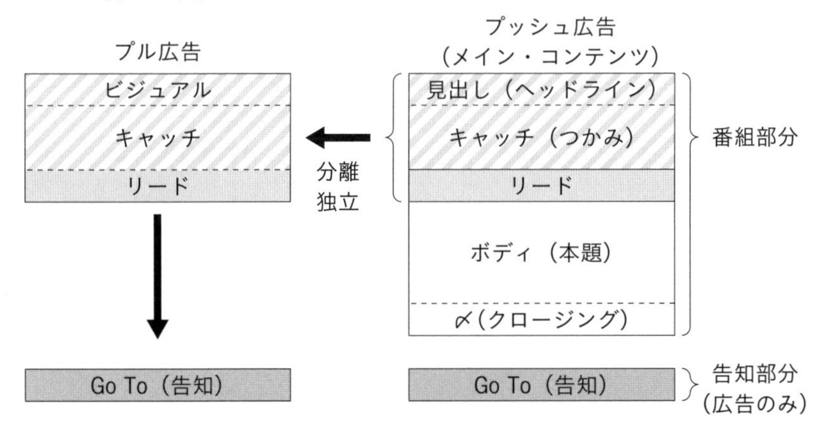

人は情報が同時に表示されていても同時には受け取れず、1つずつ順番に受け取ります。表示する方は同時のつもりでも、受け取る方には時間差が生じ、そこには客がたどるべき道筋ができます。この、客がたどる道筋のことを「導線」といいますが、導線はある種のストーリーとして〝つながって〟いなければなりません。時間が流れている動画では、この導線こそがストーリーとなります。

映画がそうであるように、結論そのものよりもそこに至る過程の方が大事だからこの形になるのです。エンターテインメントは旅と同じで、そこに至るまでの過程こそが〝面白い〟ことであるわけです。もう一度言います。〝面白い〟とは、伝えている情報そのものではなく、そこに至る過程の問題であり、〝どんな風に〟そこに至るか、です（〝どんな風に〟は後半の動画編でもキーワードとして出てきますので、頭の片隅に残しておいてください）。

論文系のものでも結論より論証こそがメインである場合や、結果に至るまでの過程・様子をこそ伝えたいドキュメンタリーといった、主観でなにかを伝えたい場合にはこの形になるのが普通です。脚色の類の演出はできないものでも、主張なのですから結論を強調する演出はあって当然です。

《 補足 》

キャッチ、リード、ボディといった言葉は、コンテンツの系統によって指すものが違います。新聞では結論部分をリードと呼んでいるようですが、その後に来る本文記事（詳細説明）に導いているわけではありません（新聞においては、リードは単に〝先頭にあるもの〟という意味なのでしょう）。

事実を客観的に伝える報道では、脚色はもちろん、付加価値を付けることで強調する演出もしてはいけません。従って自動的に結論が先に来ることになるので、キャッチ→リード→ボディの形にはなりません（図2-2）。

報道系と番組（エンターテインメント）系では、形や機能だけでなくあらゆることがまったく別のものであり、むしろ180度逆である場合が多いことに注意が必要です。

図2-2 報道・データベースの基本形（参考）

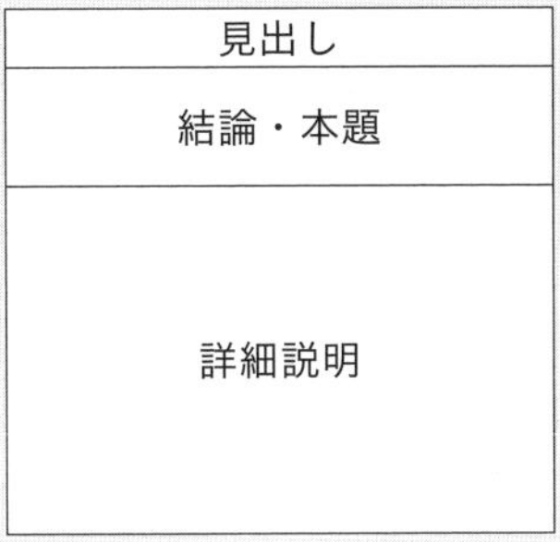

見出し
結論・本題
詳細説明

プッシュ広告はサブ・コンテンツである「広告」ではなくメイン・コンテンツになる「販促資料」です。そのため、同じくメイン・コンテンツである通常の番組と、形はまったく同じです。図2-1を見れば、番組が作れなければ広告も作れないことがよくわかるでしょう。あらゆる番組（コンテンツ）は、後ろに告知部分（CTA：Call To Action）を付けるだけで形としては広告になります。

プル広告はキャッチとリードが独立したものです。そして最後に本題がある場所を閲覧者に示します。プル広告にはボディ（本題）が無いのですからメイン・コンテンツとするには機能不足ですが、そもそも広告でありサブ・コンテンツなのですからそれで良いわけです。これも「告知部分」ではありますが、プル広告の場合には飛んでいく行先を示すことだけに役割が限定されているので、ここでは「GoTo」という名前にしました。なにせ本題が無いのですから、〝あなたが伝えたいことを伝えるものではない〟わけです。

番組部分、告知部分ともに長さに規定はないので、番組部分がどんなに長くても、その後ろに告知部分を付ければ全体が広告となります。また、番組部分が無く告知部分だけでも、そこに通達事項（メッセージ）があれば広告として成立します。それが「告知」です。

キャッチ

番組（コンテンツ）は見てもらわないことには始まりません。意識を向けてもらうことをキャッチといいます。漫才でいうところの「つかみ」に当たります。メイン・コンテンツにおいては対象の好奇心をつかむ、引き込むということですが、サブ・コンテンツでは目線を向けてもらう、発見してもらうことの比重が大きくなります。

見出し（ヘッドライン）

メイン・コンテンツは、対象の意識が他所に行っているわけではないので、視線を引く必要はありません。従って、ビジュアルやデザインは内容をより分かりやすく伝えることに全力が注がれます。
「見出し（ヘッドライン）」はプッシュ広告にのみ入り、冒頭に置かれますが、それには2つの役割があります。1つはその名のごとく、読み始める位置を示すこと（動画を除く）です。文字数、行数が少ない場合や、読み始めの場所を素早く見つけてもらう必要がない場合には、省かれることもあります。もちろん、動画には読み始めの位置などありませんので、動画のタイトルやサムネイルにはこの役割はありません。

もう1つの、そしてメインの役割は、読み手の好奇心を刺激し本文へ誘うことです。本題のハイライト的なことを書いて内容を暗示するとともに、読み手の予想や常識を覆すような、あるいは覆されると思わせるようなことを書いて詳細をよく知りたい、このコンテンツを読みたいと思わせます。すでに対象の意識レベルがかなり高く本文へ誘う必要がない場合は、タグの役割をして対象を絞り込みます。絞り込むというと違和感を覚えるかもしれませんが、より多くの人に見させたいなどと思うのは間違いで、現実にできることは見てくれる人の内から脱落者を少しでも少なくすることだけです。すべての番組（コンテンツ）はインバウンドなのですから、やって来るたくさんの人の内、合わない人を篩（ふる）い落とす装置だと考えることができます。勉強と同じで、自発的に知りたいと思わない人にいくら押し付けても伝わることはありません。そこで番組（コンテンツ）は、自発的に知りたいと思わせ、知りたいという欲求を高めてから伝えるのです。相手に構わず、ただ一方的に伝えるだけの報道とはそこが違い、それが演出というものです。

ビジュアルでのキャッチ（アイ・キャッチ）

一方サブ・コンテンツであるプル広告は、まずは発見してもらわなければなりません。そのためには、ビジュアルで目を引く必要があります（動画を除く）。反面、文字数は少ないので見出しは必要がなくなります。あるいは、キャッチ・コピー（役割については後述）を見出しだと考えることもできますが、少なくとも読み始めの位置を示す役割は不要となります。

他所を見ている視線を捉えようとすることを、通常のキャッチと区別してアイ・キャッチといいます。印刷系のプル広告では接触時間がほんの一瞬ですので、キャッチの役割のみならず、広告全体の役割の大きな比重をアイ・キャッチが占めることとなります。
「これはなんだろう?」と思わせることがアイ・キャッチであり、それはほぼそのまま印刷系のキャッチであるともいえます。この役割で一番強力なのは、写真及びイラストといった静止画です。それも人間の顔、特に目です。だからポスターは人の顔が圧倒的に多いのです。次点は子供と動物です。写真とイラストは、どちらが強いかは状況や絵柄によりますが、写真に軍配が上がるでしょう。

アイ・キャッチで大事なのは、キャッチ・コピーを読ませるために目を引くのであって、目立つのではないということです。発見してもらえさえすれば良く、他より目立つ必要などないどころか、むしろ発見さえしてもらえるのならばなるだけ目立たない方が良いのです。インターネットで赤と黄色に点滅するバナー広告がありますが、目立ってはいるものの誰もコピーを読みません。そもそも、点滅がきつくてコピーがよく見えませんが、例えよく見えたとしても誰もそんな広告を快く受け入れるわけがなく、読もうとさえ思いません。プル広告はサブ・コンテンツにしかなりえず、ゆえにメイン・コンテンツの閲覧を邪魔してはいけません。邪魔をする目立ち方を「悪目立ち（わるめだ）」といいます。悪目立ちするものはメイン・コンテンツにとって害虫・寄生虫に等しいため、そんなものが消費者から好感を得られるはずもなく、逆宣伝にしかなりません。広告は〝目立ったもの勝ち〟ではありません。広告を見てもらうための神髄を知りたい方は、イソップ寓話の「北風と太陽」を勉強すると良いでしょう。

キャッチ・コピーを読ませるには、アイ・キャッチ（図柄）とキャッチ・コピーが道理でつながっている必要があります。図柄を見て「これはなんだろう?」と思った閲覧者は、その説明を求めてキャッチ・コピーを読むのですから、キャッチ・コピーは図柄の答えや説明書きのような立ち位置になります。基本的には、図柄はキャッチ・コピーを映像化したものであるはずですし、被写体はペルソナか解説者（広告主の代弁者）であるはずです。

これは、シーンの中の各カットは〝道理で〟つながっていなければいけないという、動画の〝モンタージュ〟という概念とまったく同じものです。ここでの〝モンタージュ〟は「道理や脈絡でつないで一体化させる」という意味で、簡単にいえば「分離させない」ことです。

キャッチの本体

意識レベル表をよく見て、対象がどのあたりなのかだけではなく、客が広告に接する状況も考えて内容（ネタ）を考えます。間口は広ければいいというものではありません。対象が意識表で左の方になるほど間口の広いネタが必要になりますが、反対に、対象が右の方である場合やニッチな市場を狙う場合には、間口が狭いながらもマニアックで求心力の強いネタが必要になります。一般に、求心力を強くするほど間口は狭くなります。

プル広告とプッシュ広告が連動している場合、キャッチはプル広告がすでにしているので、プッシュ広告にはタグとしての見出しがあればよく、キャッチは必要がなくなり、あってもせいぜいプル広告を受けるくらいになります。また、レストランのメニューなど、プッシュ広告にはキャッチする必要がない場合も多く、いきなり本題から始まるデータベースのようなものも多くなります。

動画のキャッチ

動画は本質的にアイ・キャッチはできません。余所を見ている人＝画面を見たくない人にとっては目障りな光の点滅でしかないため、「これはなんだろう?」とは思ってもらえないからです。YouTubeでは、代わりにサムネイル（静止画）にアイ・キャッチをさせています。動画は、自発的に画面を見ている状態の人にしか、見続けてもらうことはできないのですが、その状態というのは観客が先を期待している状態、動画の時間の流れの中で、「このあと、どうなるのだろう?」と思っている状態のことです。視聴者にこう思わせることを現場では「後ろへ引っ張る」といいます。時間の流れとはつまり、ストーリーです。番組には必ずストーリーがあり、観客はそのストーリー世界の中に引き込まれ、先を期待することで没入するのです。動画のキャッチは目を引くのではなく、ストーリーの中へ引き込むことです。時間が流れていてこその動画ですから、動画を考えるときは常に時間の流れを意識していなければいけません。「これはなんだろう？（刹那的）」ではなく、「このあと、どうなるのだろう？（時間が流れている）」です。

« 補足 »

逆立ちする男と客寄せパンダ

アメリカの看板・ポスターの制作者のこんな話があります。「衆目を集めたければ男を逆立ちさせればいい。しかし、私が男を逆立ちさせたポスターを作るのは、逆立ちしてもポケットに入れた小銭が滑り落ちないGパンのポスターを作る時だけだ」　確か1990年頃でしょうか、朝日新聞のコラム「天野祐吉のCM天気図」に載っていた話だったと思います。

商店街でいきなり男が逆立ちしていたら、確かに衆目を集めるでしょう。しかし、逆立ちを客寄せに使えるのは、逆立ちが商品やベネフィットと密接に関係がある時だけだ、と言っているのです。

人間は記憶するとき、なにかに関連付けて記憶します。商品やそのベネフィットと関連性がないと「逆立ちした人がいた」ことだけは印象に残っても、それがなんの宣伝だったのかは誰も思い出すことができません。それが、逆立ちしてもポケットに入れた小銭が落ちないGパンのパフォーマンスだったら、関連性をたどってGパンを思い出せるのです。「印象に残る」とはそういうことです。

そして、パンダが日本にやってきた頃から、関連性のまったくない、ただ衆目を集めるためだけのネタを揶揄して「客寄せパンダ」と呼ぶようになりました。パンダは確かに人を集めるものの、パンダと関連性のある商品なんておおよそ思いつきません。このような関連性のない幼稚なキャッチを「パンダで人を集めているようなものだ」と嗤った言葉が「客寄せパンダ」です。

リード

キャッチの次にはリードが来ます。キャッチで引き込んだ客を本題へと導く役目を持っているからリードといいます。先にも書きましたが、新聞のリードとは名前が同じなだけで、場所も機能も何もかもが違うものです。綴りは、犬のリードと同じLeadです。

リードは極めて短く、どのエンターテインメント・コンテンツでも外形的にも機能的にもまったく変わりはありません。その役割は「前（キャッチ）と後ろ（本題、プル広告ではGoTo）をつなぐ」ことだけで、要は「キャッチを受けて次へ振る」だけのジョイント部品です。リードする先が通常は本題であるのに対し、プル広告ではGoToになります。普通は1〜2行程度の文章ですが、1〜3個程度の単語だったりすることもあります。キャッチがない場合でも、いきなり本題で始まるわけではなく前置き程度はあるのが普通ですので、そこから本題へ展開するために一言程度のリードは必要になります。

リードは橋渡しやブリッジの一種といえますが、ただ渡すとかつなぐというのではなく導くことが重要であり、「しっかりと前を受けて次へ送り出す」という機能が必須であることがブリッジとは違います。また、リードと呼ばれるのはキャッチと本題（GoTo）の間にあるものだけです。

「短いものほど難しい」 実はこのリードこそが一番のミソ、最も難しく腕が問われるところです。キャッチを受けて次へ振るのですから、「キャッチ」と「本題」を筋道や脈絡でつなぎ一体化させるための部品です。まさにモンタージュするための部品ですから、モンタージュという概念を心得ている必要があります。

いかに何気なく、それでいて極めて短く、いかに自然に本題へ持っていけるか。長くなればどうしても不自然になります。閲覧者が、気付いた時にはいつのまにか本題に巻き込まれているようでなければなりません。

キャッチ・コピーはリードでもある

印刷系のプル広告では、まずビジュアルが視線を引くことは先に説明しました。その後、「内容へ引き込む」という本当の意味でのキャッチはキャッチ・コピーが引き受けます。キャッチ・コピーは通常図柄のキャプション（説明書き）のような立ち位置になりますが、謎が明かされるのではなく、さらに謎が深まるようなものにします。これは〝後ろへ引っ張る〟ためです。そこで答えを出してしまっては、閲覧者は満足してしまい先へ進んでくれません。深く引き込むと同時に、次へ送り出しているのです。閲覧者は謎を解こうと、さらに次の手掛かりを自発的に探すことになります。この〝次へ送り出す〟ことが「リード」です。

現代の広告では、キャッチ・コピーはその名の通りキャッチも兼ねているので目立っていますが、キャッチ・コピーの一番大事な役目はリードです。たった1行でキャッチしてリードもしてしまうという究極の離れ業ですが、だからこそリードの役割が見落とされがちです。それほど、リードというものは広告の中で存在感を消していなければいけないものです。

プル広告のポスターなどには、キャッチ・コピーや告知部分とは別に、小さな字でゴニョゴニョと書いてある部分がある場合があります。これを習慣上「ボディ・コピー」と呼んでいるようですが、実際にはこのコピーは本題（ボディ）などではなく、キャッチ・コピーがリードするのを補助するものです。難解なキャッチ・コピーを解説しつつ、さらに告知へとリードする機能を持ちます。キャッチ・コピーだけでは意味がわからない人の理解を補助するものですから、意味がわかる人には読んでもらわなくても良いわけです。だから小さい字で書かれ、読んでもらおうともせず、主張もしません。キャッチ・コピーを見出しだと考えれば、〝ボディ・コピー〟はキャッチの本文＋リードということになりますが、あくまでも補助であり本来は無くても良い部品なのですから、キャッチ・コピーだけでしっかりリードできている必要があります。それにしても、キャッチ・コピーは〝ボディ・コピー〟にリードしてはいませんし、ろくすっぽ読んでさえもらえない部分をボディと名付けたのは、一種のユーモアなのでしょうか?

リードの重要性

大手の広告でさえ、リードがキチンと機能していないものがしばしばあります。リードがまったくなくキャッチとGoToが分離してしまっている支離滅裂なものや、リードらしきものはあるものの機能不全のもの（キャッチとリードはつながっているもののGoToは分離している）など、もろに制作者のスキルが出てしまうところです。お好きな広告のキャッチと本題（プル広告ではGoTo）のつなぎ目、リードの前か後ろに「ところで」という接続詞を入れてみてください。話を転換する接続詞ですから、これが上手くはまってしまうようであればつなぐことができていない証拠です。

人は関連性で記憶します。普通は逆立ちしている人を見ても、Gパンを思い出したりはしないはずです。しかし、前項の補足を読んでしまった今は、公園かどこかで逆立ちしている人を見かけたらGパンを思い出してしまうでしょう。「○○を見ただけで××を思い出す」わけですから、特に商品が食べ物や飲み物だと、相当売り上げが変わってくると考えられます。しかし、リードが機能不全だと、キャッチのネタとGoToそれぞれが孤立分離してしまい、キャッチが「人目を引くためだけのネタ」つまり「客寄せパンダ」になってしまいます。これは広告の効果の減衰のみならず、責任問題にまで発展する危険性を孕んだ重大な問題です。

以前、胸の大きい女性がことさら胸を強調したかのようなポーズの絵で献血を呼びかけるポスターがありました。一般男性から「TPOをわきまえていない」と非難され、女性弁護士からは「女性の胸を、人目を引く道具としか見ていない」＝「胸だけが女性の価値だと思っている」といったことで痛烈に批判され、大炎上しました。しかし、これが「乳がん検診をしましょう」というポスターだったらどうでしょう？　このポスターはその絵柄なども それに相応しいというようなものではなかったので一概になんともいえませんが、少なくとも乳がん検診のポスターが胸を強調する図柄であっても、非難されるとは思えません。献血と胸にはなんの関連性もなく、このキャラクターを知らない人には胸を「客寄せパンダ」にしているように見えてしまったので批判されたのです（実際には単に胸が大きいキャラクターなのであって、胸を強調したつもりはないのでしょう）。ただでさえ嫌われている広告は、キャッチと本題がうまく一体化されていないと不快感を増幅して反発心を煽り、クレームを呼び起こしてしまうのです。

ボディ（本題）

キャッチ、リードと来ればボディというのが筋でしょうが、著者は大抵日本語で本題といいます。ポスターなどに小さい字で書いてある、本当はボディではないボディ・コピーと紛らわしいからです。

まさに本題こそが、その番組（コンテンツ）が伝えたいことそのものです。しかし、広告が伝えたいこととは、決して「買ってくれ」というお願いだとか値段とか商品名だとか、あなたが伝えたいことではありません。広告とは「好きになってもらうこと」だとわかっている人は、伝えるべきことは「客が商品を好きになる要素」であることがわかるわけです。それをベネフィットといいます。ベネフィットとは客にとっての利益のことです。自分にとっての「良い事」を聞いて嫌がる人はいないはずです。ただし、その商品のベネフィットは誰にとっても「良い事」であるとは限りません。また、その商品に対して必要性（ニーズ）のない人にとっては聞きたくもないのだということを忘れてはいけません。

長さに制限のないプッシュ広告ではベネフィットはある程度たくさん並べた方が有利です。対象は興味を持って自分から情報を取りに来ているのですから、できるだけたくさんの「良い事」を教えてあげた方が喜びます。

たくさんあるうちのどれか1つでもヒットすれば良いので、下手な鉄砲方式が良いとされています。売り手が「これがいちばん良い事だろう」と思って1つに絞っても、その客には良い事ではないかもしれないからです。
基本的にベネフィットには証拠が必要です。「この新聞には上質な知識がたくさん詰まっています」というなら、どの様に上質なのか、どの程度詰まっているのか、具体的な証拠が添えられて論理的に説明されている必要があります。また、きちんと世間に権威が認められている賞を除いては、自分の商品が受賞したとか〝ナンバーワン〟になったといったことは客にとってはなんの利益もありません。たとえ世間に知られている賞の受賞であっても、ヘタな書き方をしてただの自慢になってしまわないように注意しなければなりません。ましてや金を払えば誰でも貰える賞とか、調査会社にでっち上げさせたナンバーワンといったものは、自慢にさえならないどころか信用を落とすだけです。

プル広告には、本題はありません。本題があるところへの案内板、招待状がプル広告です。

差別化

本題では、ベネフィットを含む商品の実態を伝えます。特に他とは違うベネフィットに力を入れます。人は必ず、他とは違うところを好きになるからです。他とは違うことをアピールすることを「差別化（する）」といいます。日本では昔から「差別化」は、プル・プッシュ共に広告の中で最も重要なポイントとされてきました。「広告の目的はなにか?」と聞かれて「差別化すること」と答える人は素人ではないはずです。
プッシュ広告は、ライバル商品とは違うユニークなベネフィットを前面に押し出すことで差別化します。ほぼすべての対象が比較意識であることを考えれば、差別化することこそがプッシュ広告の最重要任務といえます。しかし、プッシュ広告は商品の実態を伝えることしかできないので、他社のものとまったく代わり映えのしない商品は差別化することはできません。そこを無理に違うものかのように誤解させようとすることは、消費者を騙すことでしかありません。

商品そのものの情報だけでは差別化できない時は、プル広告のように商品とは〝少し離れた〟ところのユニークなベネフィットを伝えます。例えば、野菜を売るのに生産者の顔写真やひと言を添えたりします。「こんな人が作りました」「私がお相手します」といったことも、その商品の実態の一側面です。キャラクターを描くことが得意な動画はプッシュではほとんど役に立ちませんが、この場合には有効に使えることもありそうです。ただし、架空のキャラクターやタレントといった第三者を引っ張り出しても、それは商品の実態ではないため、プッシュでは意味も効果もありません。時折プッシュ広告にもイメージ・キャラクターが登場するのは、プル広告との統一性を確保するためです。

プル広告は自分自身がユニークなものであること、自分自身を差別化することで商品を差別化します。商品が代り映えのしないものであればこそ、ユニークな宣伝で商品を差別化しなければなりません。

どのように差別化するかというアイデアのことを、英語ではUSP（Unique Selling Proposition）といいます。宣伝はプレゼントであるといいましたが、どんなプレゼントにするかというアイデアのことです。簡単に他所が真似できてしまうアイデアは、すぐにユニークではなくなってしまいます。なぜユニークである必要があるのかといえば、話題性のためです。従ってUSPはプル広告（宣伝）でこそ重要ですが、プッシュ広告（販売）では取り立てて奇抜なアイデアは必要ありません。

プル広告の典型的な例として、ソフトバンクの白い犬のCMを挙げておきます。携帯キャリアのサービスは他社とまったく代り映えしませんが、白い犬のお父さんを使って宣伝することで、自社を〝他とは違う特別なもの〟にしたわけです。

ところが、CMとしては圧倒的な独り勝ちであったにもかかわらず、当時のその携帯キャリアは事業を始めたばかりでインフラ整備が追い付いておらず、かなり電話がつながらない状態だったため、そのシェアは2割に届かない程度だったようです。成約数や率では広告を評価できないという良い例でもあります。

広告の成功と売り上げは、比例はするもののその係数はマチマチで、すごく成功すればすごく売れるということではありません。いくら成功しても商品に難があれば売り上げはいくらも伸びませんし、広告はお粗末でも（嫌われるものでさえなければ）商品が良ければ爆発的に売れることもあります。売れるか売れないかはあくまでも商品と消費者の必要性（ニーズ）の問題なのです。

とはいえ、現在のその携帯キャリアの成功がそのCMを抜きには考えられないことを思えば、プル広告の大成功はプッシュ広告とは比較にならない、桁違いのものであることは間違いありません。

クロージング

話を終了させ区切りを付けることを「〆（しめ）」といいます。英語ではクロージングです。クロージングは本題の一部です。状況次第ではクロージングを省き、一気に告知になだれ込んでしまう手法もありますが、告知へ行く前には一度〆ておくのが基本形です。頭からこのクロージングまでを「番組部分」といいますが、番組部分は番組部分だけで完結していると考えた方が、後々応用が利きます。

プル広告には本題はありませんが、やはりGoToに行く前に〆ておくのが基本形です。しかし、一気に告知に流れ込んだり、告知の後にまたキャッチの世界へ戻ったり、告知をキャッチの途中に出したりと、プル広告の形は自由奔放です。

モンタージュ的に「つなぐ」というのは道理や筋道、関連性といったものをつなぐことであって、必ずしも文章やストーリーをつなぐわけではありません。広告の場合は導線が途切れていない、分離していないということで、〆たところで分離してしまうわけではありません。

告知部分（CTA）

日本語では「告知部分」、英語ではCTAといいます。Call To Actionの略です。そこには商品名や値段、番宣ならメディア日付時間、サイトなら購入ボタン、プル広告なら本題の在り処といったものが書かれます。商品の「入手方法」や「入手条件」といった売り手の都合が書いてあるところです。告知部分というと超意識向けの広告である「告知（もちろん、これは広告の中身が告知部分しかないから『告知』というのです）」と紛らわしいので、ここではCTAと表記しますが、他では「告知部分」と「部分」を付けることで明確化します。

Call To Actionは「行動を促すところ」と訳されますが、実際にはそんな穏やかなものではありません。「売り手が自分の都合を押し付けるところ」です。この商品が欲しければ百万円払えとか、駅裏の店まで取りに来いとか、この番号に電話しろだの、番組のタイトルはこうだとか、×時にならなきゃ放送しないぞとか、全部売り手側の勝手な都合です。

あなたにとってはCTAこそが消費者に押し付けたい、受け取らせたいものでしょうが、消費者にとっては欲しいものでもなんでもありません。むしろ見たくもないものです。そんなものを頭から押し付けられたら客は逃げるに決まっています。だから、これを快く受け取ってもらうためにキャッチ・リード・ボディといった七面倒くさい「演出」をして、これらの〝売り手の都合情報〟を欲しいと思わせるわけです。欲しいと思ってもらえなければ、このような勝手な都合など飲んでもらえるはずがありません。演出は必ず先に来ます。CTAを頭から出せばすべてが台無し、キャッチもリードもボディもなんのためにあるのかわかりません。だから、絶対に最後まで出してはいけません。

「最後に少ししか出さないのでは、相手は受け取れないのではないか」などという心配はいりません。相手は「くれ」と言って手を出しているのですから、ポンと出せば即座に受け取る、というより奪っていきます。これが「伝わる」ということです。

テロップをずっと出していればいつか受け取ってもらえると信じている

人が多いようですが、それは絶対にありません。逆に長く出せば出すほど、相手の不快さが上がっていき、益々受け取ってもらえなくなるだけです。

相手が自発的に「くれ」と言ってくるように事前工作をする。欲しがるモチベーションを作ってあげる。それが番組部分の役割であり、番組部分を構築することを演出といいます。演出の無い広告はただの告知であり、それは宣伝になっていません。売り手の勝手な都合にいくら長く接していても購買意欲が上がるわけはないので、「総接触時間が長いほど購買意欲が上がる」というのは告知には当てはまりません。そもそも告知には購買意欲を上げる機能すらありません。告知は短いから存在が許されるのであって、長ければ嫌われるだけです。

プル広告の告知部分

プル広告の最後の部分も告知部分です。ですが、プッシュ広告の告知とは性質と役割が違うので、区別するためにこの本ではGoTo（ゴー・トゥー）と呼ぶことにしました。プル広告の告知には、プル先へ行くための手掛かりが書いてあるだけです。プル先も「売り手の勝手な都合」です。だから「告知部分」であることに違いはありません。また、広告の責任の所在も売り手の勝手な都合ですから、ここに書かれます。プル先と責任の所在は兼ねられていることも多くなります。

この部分だけは文字で表さないと広告だとさえ認識してもらい難く、従って言葉（文字もしくは音声）がまったく無い広告は現実的には無用です（ロゴマークは記号なので文字の一種とします）。

基本形総括――プル広告の具体例

「青春とは」

「汗」

「青春とは」

「涙」

「青春とは」

「友情」

「青春スポ根アニメをBS2で大特集!」

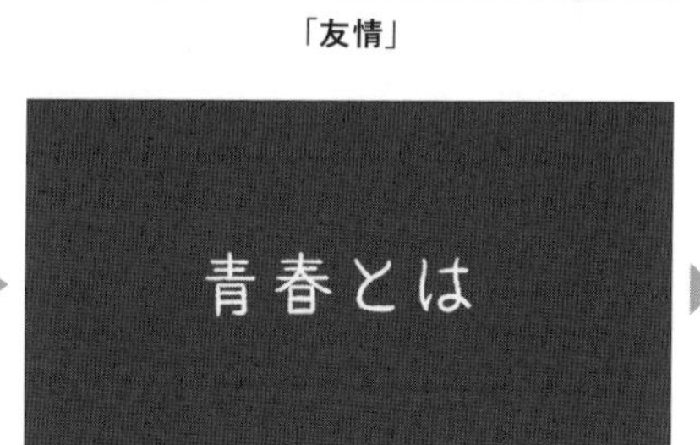

「青春とは」

「BS2」

著者が30年近く前に、番宣（プル広告）として作ったものをうろ覚えで再現したものです。「青春とはなにか?」みたいな話でキャッチしています。「青春スポ根アニメをBS2で大特集!」がリードです。GoToは2つのタイトルとその日付時間のテロップです。「この日この時間のBS2へ行ってね」ということです。その後は〆です。オチでもありますし、この番組の結論でもあります。最後にこの番組だけの結論を出して、落として〆るという少し変わった形です。意外な結論は〝面白いこと〟ですし、広告の代名詞でもある「告知」の後に面白いことを出すことで、宣伝臭を消し後味を良くする効果があります。また、少し変わった形にするだけでも、より印象深いものになります。これは時間が流れているメディアならではの手法ですが、その中でも原則として時間を戻れない動画でこそ特に有効です。

「青春スポ根アニメをBS2で大特集!」の1行で、青春とBS2にどんな関係があるのかを示すことで2つをつなぎ合わせています。これがリードの役目です。試しにこの行を隠してみてください。青春とBS2になんの関係があるのかわからなくなりますね。このように、商品とまったく関係のないことでキャッチした場合には必ずリードが必要になります。いきなり商品そのものでキャッチしたときにはリードは不要ですが、まったく興味があるかないかわからない視聴者を、いきなり商品でキャッチできるでしょうか?　そのため通常プル広告では別のもの、みんなが興味を持っていそうな話題でキャッチするわけです。

しかし、番宣は大抵番組の映像しか使えないことや、視聴者はすでにテレビを見ているのだから放送予定にはある程度興味があるはずといった理由から、番組そのものでキャッチすることが多くなります。それでも成立するのは、商品（本編）と広告の展開先が同種のメディアだからです。しかし、それでは番組以上に面白くなることはなく、番組本編がつまらなければ助からないので、著者はこのような他のことでキャッチするものを作っていたわけです。番組の映像しか使えないことは変わらないので、番組の映像を使って番組とはまた別の面白動画を独自に作っていたのです。

column

素人限定の特殊な形

まったく動画を作ったことがない、どれが録画ボタンかもわからないような人が、「SNSに自撮り動画を上げたいから、どうしたらいいか教えてくれ」と頼んできた場合には、「一番初めになにをやるかを言ってしまいなさい」と指導するしかありません。キャッチもなにもせず、いきなり本題から入れということです。なぜなら、素人にキャッチだのリードだのといった演出ができるわけがないからです。ヘタな動画で一番まずいのは長いことです。少しでも多くの人に見てもらうためには、できるだけ短くする以外に方法はありません。「最初になにに付いて論じるかを言い（見出し）、一言自己紹介をして、できるだけ要領よく本題を言い、さっさと〆て（クロージング）、最後に『〝いいね〟お願いします』などと言う（告知）」 形としては、「本題→告知」です。これが一番短い演説であり、素人だけの特別な形です。もちろんなんの効果も無く、動画にする意味さえありません。やる人の自己満足を満たすためだけのものです。…だって、「あなたには無理だから教えません」と言うわけにもいかないでしょう?

当たり前の話ですが、ネットで拾った情報をくれぐれも真に受けないでください。ネットに載っているのは、まったくの素人向けの情報ばかりです。特に動画（一般番組）は、ちゃんとわかっていてちゃんと説明できる人など、プロにだって滅多にいやしません。いても、ネットで安易に発信したりはしません。

某テレビ局で、マーケティング部の副部長なる人（つまり素人）が番組制作担当者（つまりプロ）を集めて、「視聴者は最初の5秒で先を見るかどうか決めるんだ。だから、番宣は冒頭でタイトル日付時間をテロップしなければならない」などと言っていましたが、とんでもないことです。動画の世界には、〝冒頭5秒で云々〟は絶対にあり得ません。5秒では動画にならないからです（理由は後半で）。5秒で決められてしまうのであれば、アバン・タイトルやコールド・オープニング*は成立しません。（そのテレビ局の番組制作マニュアルにさえ、「テロップは極力出してはならない」旨が明記されているのですがねぇ……）。

情報を見分けるには、発信者の経験値に注目するのが良いでしょう。「一流のステージで、10年以上（理想は20年以上）の実経験」がある人なら、まぁそんなにデタラメは言わないはずです。なんの世界でも、一人前のプロになるまでに10年程掛かり、他人に教えられるようになるためには更に10年程掛かるものです。

＊アバン・タイトル、コールド・オープニングは、共に一番初めにタイトルを出さないオープニングの作り方のこと。

第3章
広告プラン

広告を作る前に

広告プランの戦略と戦術

前章は広告の形の基本形を取り上げましたが、本章は広告の計画の基本形を説明します。広告プランには戦略的なものと戦術的なものがあります。戦略的なものは「どのような客をどのコミュニティからどこへプルするか」など、広告プロジェクト全体の計画です。一方、戦術的なものは「この広告を具体的にどんなものにするのか」という、1つの広告の計画です。どちらも企画やプランニングと呼ばれます。

「ネットで動画が流行っているから、とにかく動画でなにか広告を作ろう」これでは上手く行きません。メディアを決めるのは最後です。あのコミュニティにこんな広告を打とうと決めてから、あのコミュニティなら動画になるとか、ポスターが良いだろうなどと決まるのです。例えば電車の車内に広告を出そうと決めたのならば、ポスターにするのがいいでしょう。通勤電車の車内の目障りなところで動画を流しても、乗客には迷惑なばかりで喜んでもらえるわけがありません。広告ディスプレイといったものは、ペーパーレス化のためにディスプレイにしただけで、動画を出せるからといって動画を出さなければいけないわけでも、いつでもどこでも動画なら見てもらえるわけでもありません。ポスターのような静止画を、少し輝度を暗めにして出した方がよっぽど多くの人に見てもらえるでしょう。

自分がなにをすべきかを考える

そもそも「広告を作ろう」の前に「宣伝をしよう」から始まるはずです。宣伝をするにあたって一番初めに考えなければいけないことは、「本当に宣伝をするのが今一番やらなければいけないことなのか」です。広告をしないことも、広告プランの一種なのです。

広告とは不特定多数＝新規客に向けるものですが、新規客を呼ぶことしか考えていないのはよくある間違いです。どのような商売でも、売り上げの割合で見てみれば新規客の割合は驚くくらい小さいはずです。宣伝をする前に自分の商売にとって急場は新規客を呼ぶことなのかどうかをよく見直してみることが先決です。新規客を呼ぶのはとても難しく、ものすごくコストが掛かります。極めてハイリスク・ローリターンであることを覚悟しなければいけません。コミュニティが細分化している現代では、手間ものすごく増え、顧客獲得単価は呆れるほどに高くなっています。新規客は高い金を出して買うものなのです。来るか来ないか当てにならない新規客に頼った商売は安定しません。自分はどういう客を相手にしてやっていきたいのかを十分に考え、今来てくれている客を大事にし、今来てくれている客と同じタイプの〝近いところにいる客〟を優先して増やしていくことを考えるべきです。人は「ないものねだり」に走りがちですが、今支えてくれている客を切り捨てるようなことはもちろん、忘れるようなことも絶対にあってはなりません。

売り上げを上げたいのなら

とにかく売り上げを上げたいのならば、真っ先に考えるべきことは「休眠客の掘り起こし」です。すでに接触経験のある客＝顧客を呼び戻す方がはるかに簡単で金もほとんど掛かりません。「顧客の囲い込み」とやることはまったく同じであり、インターネットが最も得意とすることでもあります。ほとんどの会社はそれさえ上手くできておらず、たぶん9割以上の会社にとっては「新規客を考える前に顧客を顧みる」ことの方が正解です。

それが終わったら次は、〝自ら来てくれる客〟をターゲットにします。インターネットは、客の方から自分で探して来てくれるところです。とりあえず呼ぶことは後回しにして、受け入れ態勢の整備を完璧にします。意識レベルを上げる必要はないのですから、購買意欲を上げることに専念します。

今大事なのは、訪問者をできるだけ確実に取り込むこと、つまりプッシュ広告（自サイト）を見直し成約率を最大化することです。成約率は状況や商品、訪問者の数などによって大きく変わりますので、成約率そのものが大きいか小さいかはどうでも良く、〝最大化すること〟こそが重要です。そのためには「正しいターゲットに、正しいベネフィットを、効果的に伝える（誰になにをどう伝えるかを最適化する）」ようにします。来ている客がなにを求めているのかを考え、それに合わせたベネフィット、できれば自分の店だけが満たすことができるユニークなベネフィットをアピールします。

どの業種であれ活動しているのかいないのかがわからないのは最悪で、とにかく頻繁に更新することが大事です。基本的には、「毎日こんなに盛り上がっています」ということを前面に押し出すべきです。インターネットは待ち受けるところではなく、情報を発信するところです。

新規客を呼ぶなら

受け入れ態勢がきちんとできたら、初めて他所からプルすることを考えます。しかし、関係のない人がわんさと押し掛けて来ても意味がありませんので、まずはできるだけ自分の業種と近いコミュニティを探し、〝既に市場に参加している客〟が自分のサイトにも来てくれるように手を打ちます。例えばあなたがゴルフ・ショップであるなら、ゴルフ好きが集まっているコミュニティを探します。〝既に市場に参加している客〟とは、既にゴルフをやっている人のことです。ゴルフに興味の無い人に興味を持ってもらうのはハードルが高い上、既にゴルフをやっている人が世の中にはたくさんいるのですから、まずはそちらを狙うのが当然の順序です。〝既にやっている人〟は解決意識以上であるわけですから、意識レベルを上げる必要はありません。宣伝をする必要は無く、集客だけをすれば良いのです。従って、そこに打つ広告は告知レベルのもので十分だということになります。

気を付けなければいけないことは、広告の内容ではなく、提示のされ方です。そのコミュニティに合った広告とは、内容だけのことではなく、そこの構成員から受け入れられている、許されている提示がされているということでもあります。告知そのものには特に嫌われるという要素は無いわけですから、メイン・コンテンツの閲覧を阻害しないような提示さえされれば嫌われることはありませんので、最低限の効果は期待できるわけです。

ただし、SNSといった広告の存在自体が構成員から許されていないコミュニティでは、広告という形ではなく1人のメンバーとして参加した上で宣伝する、など特殊な手法が必要になります。その際にも宣伝のスキルが必要（宣伝だと思われない宣伝をしなければなりません）になりますので、宣伝というものを正しくしっかり理解しておくことが重要です。

とにかく大事なことは、不特定多数を相手にする宣伝を考える前に、解決意識以上である〝既に市場に参加している客〟を相手とする〝集客〟を考えるということです。客を増やしたいときには、必ず意識レベルの高い方から順にアプローチしていきます。市場外の客のほうが圧倒的に人数が多いためにそちらに気を取られがちですが、多数の人を説得するより少数の人を説得する方が簡単なのですから、すでに市場内にいる客を相手にする方が、圧倒的に効率が良くなる上、高いスキルも必要とされません。

それでも足りていなければ宣伝をする

それでも訪問者が足りないというのであれば、そこで初めて宣伝しよう＝無意識層を相手にしようと決意します。まずどんな宣伝にするかを考えるわけですが、それはつまり消費者にどんなプレゼントをしようかと考えることです。イベントにしようか、小物にしようか、情報にしようか。なにをプレゼントするかが決まったら、それを外部の人みんなに知らせます。それが広告（プル広告）です。もちろん、プレゼントが情報であるなら、広告で直接渡すことができます。プレゼントとして一番多く採用されるものは商品情報なので、「広告が伝えるものは商品情報である」ということは大基本ではあります。物が無かった時代には、商品そのものが誰もが興味のある憧れの的だったから商品情報がプレゼントになったのですが、物が溢れる昨今では商品情報などが多くの人に喜ばれるわけはありません。プル広告、特に動画ではもう少し考えなければいけないわけです。

column

ありがちな間違い

広告プランにありがちな間違いを紹介しましょう。飲み屋だとします。「今現在は中年男性で店はにぎわっているけど、女性客が少ないのでもっと女性が来るような広告を打ちたい」 気持ちはわかるのですが、完全にターゲットを履き違えています。中年男性向けの「商品」を女性に売り付けようとしているのです。

中年男性でにぎわっているのであれば、中年男性には魅力的な店だということです。逆に女性が少ないのは、女性にはあまり魅力的な店ではないのです。広告だけで無理に女性を呼べば、一度は来るかもしれませんが「こんな店ヤダ」といって二度と来ません。ところが、一時的にでも女性客で混むようになると店の雰囲気が変わるので、今度は今まで来ていた男性客も来なくなります。女性客が居つくようにするためには、内装やメニューなども女性にとって魅力的な店にするしかありませんが、そうするともちろん男性客は来なくなります。

まだキャパシティに余裕があり、もう少し売り上げを上げたいのならば、当然中年男性客を呼ぶべきです。それも一気にではなく、じわじわと増えるようなやり方を模索するべきです。常連客を1人ずつ増やす、という感覚です。そのためには口コミが一番ですが、マニアックでコアなコミュニティに広告を打つ（目立たない地味な広告展開をする）ことも有効です。一気に客が増えると常連客が来なくなってしまい、しばらくすると広告を出す以前よりかえって客が減ってしまうこともあります。あるいは、客の数を増やすのではなく、利益率の高いメニューを増やして客単価を上げるのが良い場合もあります。

広告プラン図

広告を打とうと決めたら、まずはどこへ展開するのか、全体像から考えます。図3-1に、広告戦略を簡潔にモデル化した概念図を示しました。

仮として「渋谷にある居酒屋」の広告プランを考えています。大きな丸は各メディアを、その丸の中にある小さな丸は各コミュニティを示します。一般に広告を載せるメディアとしては「テレビ」「インターネット」「電車」「バス」「駅」「新聞」「雑誌」などがあり、それらメディアの中に、それぞれのコミュニティが存在します。そして、その各メディア・各コミュニティから、中心にある「渋谷の店・サイト＝自分のコミュニティ」にプルするわけです。図では、その「プル」を黒と白抜きの矢印で示しています。

従来の基本的な考え方では、プル広告で広く、意識レベルの高い人も低い人もできるだけ多く集めます。次にプッシュ広告で購買意欲を上げて買ってもらおうとします。このやり方は、大量の客を引っ張ることで大量に買ってもらえますが、大量の客の意識レベルや購買意欲を上げること（これを「教育」ともいいます）は難しく大きなパワー（金と人）を必要とします。更により多くの人に買ってもらうためには安く売らなければならないため、薄利多売の考え方であり、パワーのある大企業のやり方です。

一方インターネット時代の考え方は、プル広告では最初から意識レベルの高い人だけを集めるようにし、更にプッシュ広告で意識レベルの低い人を切り落とします。意識レベルの高い人だけを少数集める、というより客を選定するといった感覚です。少数を教育するのは負担が軽く、意識レベルの高い人は高く買ってくれるからです。インターネットは消費者の方か

図3-1　広告戦略概念図

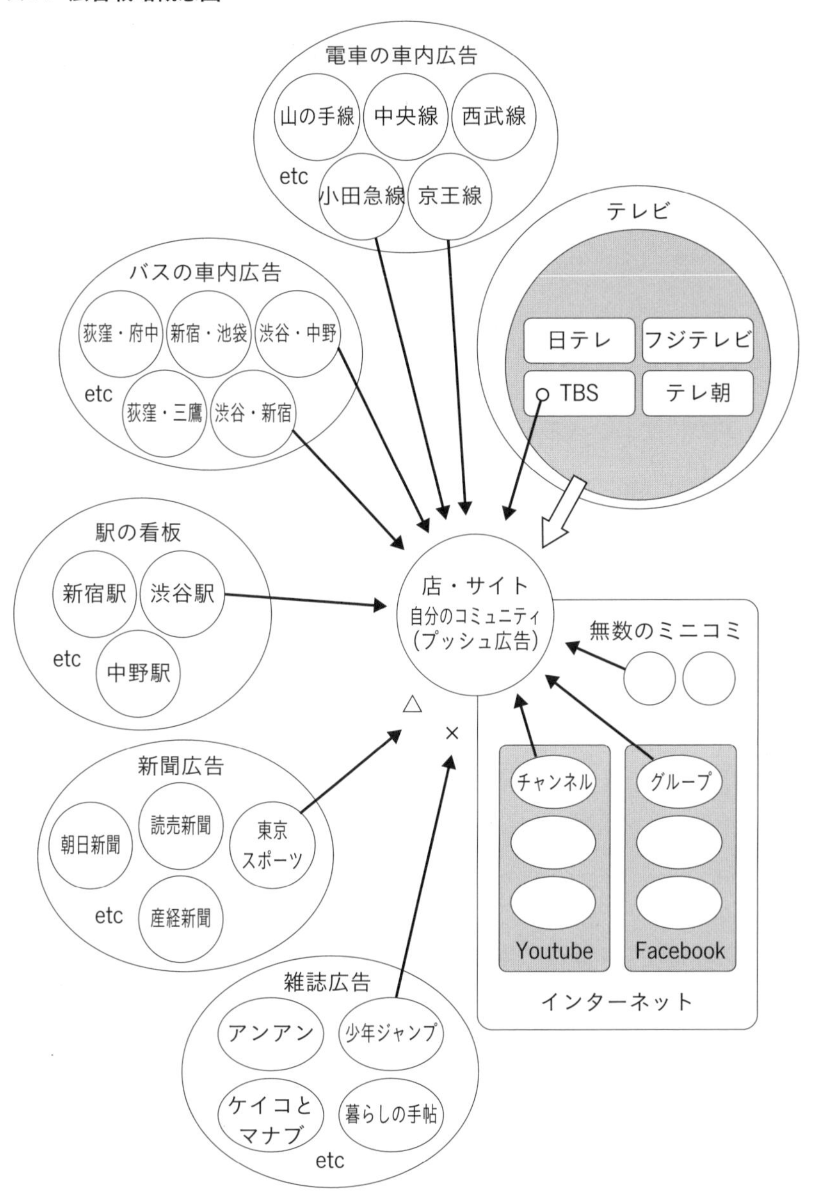
電車の車内広告
山の手線
中央線
西武線
etc
小田急線
京王線
テレビ
日テレ
フジテレビ
TBS
テレ朝
バスの車内広告
荻窪・府中
新宿・池袋
渋谷・中野
etc
荻窪・三鷹
渋谷・新宿
駅の看板
新宿駅
渋谷駅
etc
中野駅
店・サイト
自分のコミュニティ
(プッシュ広告)
無数のミニコミ
△
×
新聞広告
朝日新聞
読売新聞
東京
スポーツ
etc
産経新聞
チャンネル
グループ
Youtube
Facebook
インターネット
雑誌広告
アンアン
少年ジャンプ
ケイコと
マナブ
暮らしの手帖
etc

ら検索して来るところなので、意識レベルの高い人だけを集めるのに向いていますし、少数といってもインターネットでは全国や世界から集まってくるので、中小企業には十二分な数なのです。故にインターネットでは中小企業の躍進ばかりが目立つわけです。

この2通りのやり方から自分の会社に合う方法を選び、あるいは混ぜ合わせてそれに合った広告を展開します。

各メディアの概略

メディアの特性①：バス・電車の車内広告、駅の看板など

電車の車内広告は、渋谷起点の路線のうち、小田急線や京王線を選びました。山の手線は高いからやめておこうという勝手な想定です。実際に山の手線の車内広告が高いかどうかは知りません。

バスの広告も渋谷起点の路線です。バスの場合、バス会社ではなく路線が1つのコミュニティであることに注意してください。例えば新宿―渋谷という路線の場合、3社くらいでバスを走らせています。客は大抵どの会社のバスが来ても乗れます。ですから、「バスの路線」というコミュニティは、胴体は1つで頭が3つあるキングギドラのようなコミュニティだといえます。広告はバス会社に申し込むのでしょうが、バス会社に広告を打つのだと勘違いしないでください。あくまでも「路線に広告を打つ」のです。

メディアの特性②：新聞・雑誌

これが居酒屋の広告だとしたら、新聞や少年漫画雑誌に広告を出すのはおかしいわけです。飲み屋の広告を少年漫画雑誌に出しても意味がありません（図で×のところ）し、新聞に出すのもお門違いです。完全にターゲットを間違っている例です。しかし、もし釣り師がやっている釣り仲間が集まる店であるなら、スポーツ新聞の釣りの欄や釣り新聞に広告を出すのは大いに有効です（よって図では△です）。その時はもちろん「釣り仲間が集まる」ということをメインに据えるわけです。このように誰になにを伝えるかは

相対的に決まるので、広告プランは大事なのです。

メディアの特性③：テレビ

従来、動画の配信（放送）が寡占されていた時代は、先ほどのバスのようにテレビ全体が頭が4〜5つある一つのコミュニティで、ほぼ全国民がこれに属していました。従って、CMはどこの局、どの番組に出しても大差なく、基本的にはまんべんなく放送するものでした（白抜き矢印）。

しかし動画配信が個人レベルにまで解放された現在では、1つの番組が1つのコミュニティです。しかもその構成員は今やかなり少数（とはいってもかなりの人数ですが）で限定されています。自分たちのターゲットはどの番組に集まっているのかを考え、そのターゲットの現在の状況に合ったキャッチでプルすることが重要です。年寄り向けの番組にスポーツカーのCMを付けても意味がありません。視聴率は関係ありません。「自分のターゲットがどの番組を見ているのか」が重要なのです。

メディアの特性④：インターネット

インターネットでは、文字、静止画*、動画、音声という4つのメディアを使うことができます。4つのメディアを、その特性に従って使い分けることができて初めてインターネットを有効に利用することができます。そのためにはそれぞれのメディア、特に動画を良く知る必要があります。動画投稿サイトも動画専門メディアであるとはいえ、テレビと違い動画（と音声）しか使えないわけではありません。このテレビと違うポイント、4つのメディアをどう使い分けるかとオンデマンドであるという点に留意して考えるべきです。

＊動画の世界では、写真・図・グラフ・絵を総じて静止画といいます。動画を語る上では、これらを分ける意味はありません。本書でもインターネットで使えるメディアは4種とします。

広告はコミュニティに打つもの

以上各メディア・コミュニティの特性を踏まえた上で、自分はどのコミュニティに広告を打つべきかを考えます。どの表現媒体（メディア）（ポスターか看板か動画か）にするのかはどのコミュニティに広告を打つかによって変わるため、二の次です。例えば新聞に動画は出せませんが、テレビには動画しか出せません。自分の狙いたいコミュニティが動画専門メディアである場合にだけ、その広告は動画にしなければならないということです。

世の中にはメディアがたくさんありますが、その中から自分のターゲットができるだけ多く集まっているコミュニティを選び出し、そのコミュニティに広告を打ちます。広告は決してメディアに打つものではありません。客をどこから引いてくるのか、そのコミュニティを明確にするためにはターゲットを正しく認識する必要があります。そのためにはペルソナ（理想的な1人のターゲット像）を設定し、ペルソナのような人がどこに集まっているかを調査（リサーチ）します。このリサーチが宣伝・広告において最も重要なリサーチです。

調査（リサーチ）し、どのコミュニティに打つのかが決まれば、どこに引いてくる（プルする）のかを考えます。まずはとにかくサイトへ引くのか、それとも店に直接来てもらうのでしょうか。それによってプル広告の内容も変わってきますが、今の時代の商業広告なら通常はサイトになるでしょう。どの企業もサイトを持っていて、サイト上での取引が主流になっている現在、自サイトに来てもらうことこそが商業広告の使命のすべてといっても過言ではありません。プレゼントをすることで興味を持ってもらい、「どんな商品なのだろう」「どんな人たちなのだろう」と覗きに来てもらえば良いわけです。この目的を履き違えないことが肝心です。

商品を売るのはその後の話です。自分のサイトに掲示するのが、プッシュ広告です。インターネットは双方向である上、一等地や駅前といった場所の概念もない、販売をするのに理想的な環境です。そこに誰でも自分の店を持てるのですから、他所の店で販売（余所のコミュニティにプッシュ広告を出す）してわざわざ嫌われる必要はありません。

広告を打つ際のその他の注意点

広告プランは人任せにしない

広告を考えるときは「ターゲットはどこにいるのか」を真っ先に考え、「その客をどこへ誘導するのか」という導線を設定します。これが「広告プランを練る」ということです。

広告プランを練るのは、自社の宣伝部の仕事です。広告代理店は「広告枠」という〝物件〟を管理する不動産屋、あるいは旅行を代わりに手配する旅行代理店のような商売です。「どこへ行くか、どんな旅をするのか」はあなたが決めることです。代理店に丸投げすれば、予算の限り、行きたくもないところへ行かされ、少しでも高いホテルに泊まらされ、面白くもないオプション・ツアーに参加させられる羽目になります。彼らは彼らの商売をしているのであって、決してあなたの味方ではありません。あなた（の宣伝部）がやるべきことを理解し、最低限なにをどうしたいのかという明確な意図を持っている必要があります。

メディア管理者の問題

インターネット時代の現在には新たにもう1つ、極めて重大な要点が増えました。それはメディア管理者の素人化です。現在ではブラウザに広告ブロッカーを付けるのは当たり前になっていますが、そもそもメディアにおいて広告提示の仕方がこんなに凶悪なものになっていなければ、広告ブロッカーなど必要が無かったのです。しかも、インターネットからの悪影響が波及する形で、インターネットのみならずあらゆるメディアで管理者が素人化しました。その結果、いくら良い広告を作っても無理やり押し付ける提示の仕方になってしまい、消費者に見てもらえなくなっています。

自分の広告をどんなものにするのか、それをどのように提示すれば見てもらえるのか、それをわかっている人が細かく指導、監視する必要があります。この〝わかっている人〟は、広告主と利害を共有する立場でなければ正常に機能しませんので、広告主が用意する必要があります。

宣伝戦略上の細かな要点

プルする数が多ければ多いほど、売り上げは上がりますが、意識レベルの低い客が多くなるので、プッシュ広告の成約率は下がります。しかしプロレベルではそれはまったく気にする必要はありません。プル広告では質より量で少しでも多くプルすることが基本戦略となり、できるだけ間口が広いネタにするのが基本戦術となります。できるだけ多くプルするためには、できるだけ多くのコミュニティに展開する必要があります。多くのコミュニティに同時に展開した方が、相乗効果で効率が良くなります。向こうで広告に出会った客がこちらでも同じ広告に出会うと「この商品、流行っているのだろう」と思うからです。「総接触時間が長い方が、広告効果が上がる」というのは、こうして色々なところで少しずつ接触回数と接触時間を稼いだ方が有利であることをいうのであって、同じコミュニティでしつこく広告を繰り返したり、1回の接触時間が長かったりすることではありません。

テレビCMで言えば、同じ番組の間に何度も同じCMを流しても意味はなく、むしろ逆効果です。できるだけ多くの違う番組、違う時間帯、違う放送局に散らして新鮮な客との接触機会を稼ぐ方が有効です。そのためにも、プル広告は常にできるだけ短くすることを心掛けます。特に予算などの都合でレベルの高いものを望めないのならば、短くすることが最優先です。面白いならばまだしも、程度の低いCMが長いのは視聴者にとっては拷問でしかなく、そのメディアの客を蹴散らすことにもなります。30秒まで一律料金であるなら、15秒にして放送枠を倍にした方が、広告主にもテレビ局にも有益なのです。

インターネットで、どこのサイトに行っても同じ広告が明らかに付いて回ってくる（ストーカー広告）のが本当に頭に来るように、人は不愉快なものに対しては接触時間が長くなればなるほど許せなくなります。1回目ではブロックは免れても、2回目3回目で必ずブロックされます。広告ブロッカーはブラウザだけではなく、心にもあることを忘れてはいけません。心のブロッカーに引っ掛かれば、以後永久に無視され続けます。自ら永久に市場を狭めたのです。気に入ってはもらえなくても、できるだけ邪魔をせず短いことだけが、つまり消費者への配慮だけが免罪符になります。

高額商品やニッチな商品は、もともとニーズが少ないために、広いところからむやみにたくさん引くほど、プッシュ広告の成約率の低下は激しくなります。成約率の低下自体はどうでもいいことですが、プル広告は広告費が高いため非常に効率の悪い広告プランだということになります。効率を良くするためには、展開先をターゲットが多く集まるコミュニティだけに絞り込み、間口が狭く求心力の強いプル広告（それはとても個性的なものです）にします。原則としてコミュニティは小さいほど広告費は安くなりますが、顧客獲得単価は高くなりますので、ニーズのある人の割合が多く、それでいてできるだけ大きいコミュニティを見つけることが理想です。

プル広告が質の高い（絞り込んだ）プルをするほどプッシュ広告の成約率は高くなり、質より量でプルをするほど、成約率は低下します。成約率は高ければ良い低ければ悪いという単純な話ではなく、その時の状況次第で取り得る成約率の中で最大化されるようにさえ書かれてあれば、あとは気にする必要はありません。また、広告（特にプル広告）は単方向であり反応がわからないのですから、こうすれば好きになってもらえるとか、そんなことをすればどれだけ嫌われるかなどは、データで測れるわけがありません。職人技ですから、上級者の知識とそこから来る感覚（つまり経験）でしか判断できません。

広告の効果と費用対効果の問題は、システムの問題ではありません。コストは安くて効果は高い、そんな夢のような広告など、あればみんながすでにやっています。そんなもの探して見つかるものではありません。誰かが開発するかもしれませんが、そうしたら大流行するので同じことをすれば良いだけのことです。広告は内容や文言を真似するわけにはいきませんが、システムは同じことをしてもまったく問題ありません。「できるだけターゲットが多くいるコミュニティからプルして、自分のコミュニティで販売する」という広告の方程式は変わるわけがありません。あなたが探すべきものは新しい画期的な広告の方法などではなく、「ターゲットが多くいるコミュニティ」です。リアルだろうがバーチャルだろうが関係ありません。ターゲットがどこにいるのか、なにを望んでいるのかを調べることが市場調査です。見つけたら、そのコミュニティに合ったプル広告を出します。そして現在ではどんどんコミュニティが細分化しているわけですから、より多くプルしたければより多くのコミュニティに展開するだけです。

プランニング

次節から、「とある地方にある無名な美容院の広告を作る」設定で、広告の〝計画〟の立て方を解説します。普通の美容院なら広告動画は必要ありませんが、この本は広告動画の本なので今回はポスターとCMを作ることにします。宣伝は複数のメディアに同時に展開するのが効果的なので、とても現実的なサンプルだと思います。

動画には必ずストーリーが必要ですが、広告動画においてストーリーを作る際一番簡単な方法は、まずポスターを考えそれに時間的な前後を付けてストーリー化する方法です。広告は〝紙〟が基本でもありますので、まずは紙の広告（ポスター）作りを通して基本的な考え方を解説していきます。

実際に広告を作るにあたって、考えなければいけないことはたったの3つしかありません。クライアントはこの3つの項目をチェックします。じつはこれは広告ではなく、コミュニケーションの基本です。映画だろうが番組だろうが、そして日常会話だろうが、他人になにかを伝えたいときにはいつでもこの3つを考えます。

①誰に（ペルソナ）
②なにを（ベネフィット）　｝伝えるのか？
③どう（演出）

プランニング①
誰に――ペルソナ

「誰に」とは対象のことです。これは業者任せにすることではなく、クライアントがしっかり考えるべきことです。

広告を計画するときには、まずターゲットを考えます。「なにを伝えるか」が先に決まっている場合もありますが、どちらも決まっていない場合は「誰に」を先に考えた方が「なにを伝えるか」がわかりやすくなります。

広告を作るとき、初心者は「なにを書こうか」をまず考えてしまいます。でもあなたが手紙を書く時のことを思い出してください。誰宛に書くのかで書く内容は変わるはずです。奥さんに手紙を書くならこれを伝えたいとか、娘に手紙を書くならあれを伝えたいとか、相手によって伝えるべきことは変わってきます。

この商品はどんな人たちが買うのだろう？　あるいはメーカーはどんな人たちに買ってほしくてこの商品を作ったのだろう？　商品を買ってくれるだろう人たち、基本的には商品のターゲットこそが広告のデフォルトのターゲットです。それをまずははっきりと特定し、認識することから始めます。そしてターゲットが絞れたら、それをさらにペルソナ（理想的な1人のターゲット像）に落とし込みます。

ターゲットとペルソナは違うものですので、ここからはターゲットとペルソナの両方を指す場合にだけ対象という言葉を使うこととします。

ペルソナの設定の仕方

ターゲット・エリアを考える

まずは「その美容院に来る客が住んでいる範囲」を考えます。美容院の客といえば、周辺に住む人でしょう。原宿などにあるカリスマ美容師の店ならば全国から、あるいは東京近郊全域から客が来るかもしれませんが、今、ここでの設定は地方の小さな無名の美容師の店です。ですから、客は地元の人です。歩いて来られる範囲に住んでいるか、地方ならば車で来られる範囲に住む人です。地方ではどこへ行くにも車でなければならず、女性でも車を持っているのが普通です。

地図を広げ、コンパスで自分の店を中心に適切な大きさの円を描きます。車で来られる範囲ならば、半径5〜10キロ程度でしょうか。この円がターゲット・エリアです。この中でターゲットが集まりそうな施設や店などを探します。これをやるだけで、自分がどこでなにをやるべきなのかが本当に具体的に見えてきますので、店舗で商売をしている方にはお勧めします。

CMの場合にはターゲット・エリアの決まり方が違います。地域の店舗のCMが有効なのはテレビの地方局やCATVといった〝地域のテレビ〟に限定されてしまうため（まさか地方の1美容院のCMを全国放送しても意味がありません）、ターゲット・エリアも自動的に〝地域のテレビ〟が放送されるエリアになってしまいます。今回は、「ポスターとCMを打つ」という前提で考えるので、CMを打つことにしても違和感のない立地になるように、店は県庁所在地の大きな駅のそばにあり、高速のインターチェンジも近く交通の便も良く、駐車場もあるということにします。

ターゲットを考える

次にターゲットを考えます。美容院に来る人なので、ターゲットは普通女性です。「県内の女性全部」などと言い出す人がいますが、広告においては「欲張り」が一番悪いことで、ターゲットは徹底的に絞り込まなければいけません。なにもターゲット以外には効果がないということではありません。多くの人に伝えようとすると、中途半端で結局は誰にも伝わらないものになってしまいます。伝えようとする相手を徹底的に絞り込むことで、逆に多くの人に伝わるようになるものなのです。
　敢えて男性を狙う手もありますが、今回はオーソドックスに女性にします。ターゲット・エリアが店近辺に限定されていて、大きな大学があるなどで女子大生がたくさんいる街に店があるなら、20歳前後の学生を対象にします。大学がないなら、主婦がメインになるでしょう。今回はCMを打つため、ターゲット・エリアは県内全域です。そのため、最も数が多い普通の人ということで、ターゲットは会社員の夫を持つ主婦にします。基本的には「ターゲット・エリアで最も数が多い、集めやすそうな人たち」を考えます。だいたいこの程度まで絞り込まれた見込み客の層が「ターゲット」です。

ペルソナを考える

　ターゲットが絞られているほど訴求力が強くなるだけでなく、制作者が作り易くなります。多くの人に気に入ってもらうのは難しいですが、相手が少ないほど少しは簡単になります。この理屈でいけば、一番簡単なのは相手が1人の場合です。ですから、ターゲットは1人にまで絞り込みます。この1人にまで絞り込んだターゲット＝こんな客に集まってほしいという架空の客キャラクターのことを「ペルソナ」と呼びます。広告では複数形がターゲット、単数形はペルソナと考えてもいいでしょう。ただし、厳密には「ペルソナ」は〝絞り込まれた〟1人ではありません。
　ターゲットが10人いる場合、1人に絞り込むというのは、9人を切り捨て1人だけ残すということですが、ペルソナは10人全部の特徴を反映させた11人目を作るということです。ターゲットが若い女の子10人だとしましょう。若い女の子というのは占いが好きなものです。しかし1人に「絞られた」その人は、たまたま占いは嫌いかもしれません。ペルソナの場合は、その10人のうち5〜6人以上が占いを好きならば、必ず占い好きということになります。つまり、「ターゲットの特徴全部を併せ持ったみんなの代表、典型例としての架空の1人」ということです。
　原則1人であることが特徴で、これには2つの意味があります。1つ目は、制作者が作り易いということです。トイレット・ペーパーを売るとして、主婦百人が納得するような広告を作るのは難しいですが、あなたの母親を納得させるように作るのなら、なにを書いたらいいか発想しやすいでしょう。一度母親宛に手紙を書いて、母親にしか通じない部分を他人にも通じるように直せばいいわけです。

2つ目。元来宣伝・広告というものは大勢のチームでやるものです。ターゲットが誰なのか、チーム全員で意識を共有する必要があります。ターゲットは「若い女性」としたとき、ディレクターは18歳の女学生だと思ってアイデアを考えてきたとしましょう。ところがプロデューサーは23歳OLを想定していたら、話が嚙み合いません。こういうチーム内でのブレをなくすために、ターゲットをきっちりと1人の人格に仕立て上げる必要があります。ですから宣伝チームが大きくなるほどペルソナは細かくしっかりと設定します。

日本式の宣伝では「ターゲット」は普通に使いますし、1人にまで絞り込むこともありますが、「ペルソナ」という言葉は使われませんでした。原稿を書くときに、頭の中に1人の視聴者を思い描きながら書くということは当たり前にしますし、NHKでは「番宣はいつ何時放送されるかわからないのだから、小さな子供がお母さんと一緒にご飯を食べているときに放送されることを想定して、モラル（エロ・グロ）の判断をしろ」と言われていました。しかし、この親子に名前を付けようとは思いも寄りませんでした。日本では小学生の作文の時間にほとんどの人がすでにこの手法を自然に身に着けているので、大人になってからわざわざ話題に出すこともないからでしょう。ちなみに、話題に出すときには1人であっても〝ターゲット〟という言葉を使いました。

美容院の話に戻ります。年齢を設定します。店に今来ている客は35歳くらいが中心というのでしたら、35歳とします。逆に、もうこれ以上35歳くらいの客を増やすことは望めそうもなく、最近は街に年寄りが増えてきており、その年寄りを狙いたいというのであれば75歳とかにしてもいいでしょう。今は35歳にしておきます。

「若い美人にだけ来てほしい」などというのは論外です。そもそも若い女性はあまり金を持っておらず、すぐに転居してしまうことが多いので優良客にはなりにくいのです。「若い女性がたくさん来ればそれを目当てに男性客も来るのではないか」などといった発想は、ディスコ（最近はクラブですか）などの「出会い狙いの店」だけの話です。美容院はもちろん、飲み屋やレストランなどでも、もちろんテレビ番組でも、それはありません。

他にも必要に応じて、子供がいるかいないか、いるとしたら1人か2人か3人か、夫の職業はなにかなど、思い付いたことをなんでも設定します。

実を言うとこのペルソナという概念は、小説やシナリオを書くときのいわゆる〝裏設定〟とまったく同じです。事実、宣伝は物語であり、そこに主人公の相手役を設定するということなのです。広告の目的は「好きになってもらうこと」だといいました。あなたが男性ならば、恋愛ゲーム（もしくは恋愛小説）で相手役となる女の子を設定していると思ってください。ペルソナのキャラクターはあなたの好みで決めれば良いわけです。「毎朝遅刻しそうになり、パンをくわえたまま走り出し、曲がり角で誰かとぶつかりそうになる女子高生」でも良いのですが、そんな人は現実世界にはそう多くはないので難しい商売になりそうです。なるべくたくさん居そうな人を設定する方が楽でしょう。

最終的には恋愛ゲームと同じように、育ちや学歴、名前も決めます。リアリティを出すために「鈴木裕子さん」とかの有りそうな名前だったり、「東京花子さん」などの無さそうな名前だったり、「NH　K子さん」のような会社名をもじった名前だったり、なんでも構いません。商品が洋服だったらスリーサイズも決めるのでしょう。できるだけ詳細に決めた方が、イメージが湧きやすくブレを小さくできます。1人で全部をやる小さな広告プロジェクトであるなら、ブレもあまりないので、さほど詳細に決める必要はありません（ただし、1人の中でもブレることはあります）。これが「必要に応じて」ということです。動画を作る場合には容姿や服装までキッチリと決めることになる場合もあります。動画では、そのペルソナに出演してもらうことになるからです。

県内に住んでいて、会社員の夫がいる専業主婦の〝広（ひろ） 告子（つげこ）さん〟35歳。共学の4年生大学卒で商社でのOL歴3年で寿退社。結婚歴10年。子供は2人、8歳と6歳。趣味は買い物と公園での井戸端会議、家庭菜園。

今回のペルソナは、こんなところでしょうか。ポイントとしては、その人の行動の規範となるものを設定することです。女性の場合、年齢、既婚か未婚か。既婚なら子供はいるかいないか、いるなら何人か、子供の年齢。未婚なら、彼氏がいるか募集中か。普通は募集中にします。趣味はいつも決まりごとのように決めるものなのですが、女性の場合はあまり行動の規範にはなっていないようなので、重要ではなさそうです。しかし、発想の基とするために設定しているのですから、冗談半分でも良いのでなんでもかんでも思い付くままに、なにか設定しておく方が良いでしょう。傾向としては、女性の場合は未婚なら異性関係、既婚なら子供関係が、男性の場合は、仕事と趣味が行動を決める大きな要素になります。

なんでもかんでもペルソナを設定することにどんな効果があるのでしょうか。たとえば「小銭が大好きなパタリロ」をペルソナとするなら、CMの最初で小銭が落ちた音を鳴らせば強力なキャッチになる、というアイデアが湧いて来たりするわけです。ペルソナがパタリロなのだから、このキャッチはパタリロにしか効果がない、ということにはなりません。このように〝ユニークなアイデア〟の基とするためにもペルソナを設定します。

ターゲットの居るコミュニティを考える

このようなペルソナは一体どこにたくさんいるでしょうか。やはり主婦といえばスーパーでしょう。今回はポスターを、スーパーをはじめ県内の主婦が集まるところに貼り出すことにします。同時にCMも作るのですから、ポスターを貼り出す期間はCMが流される期間に合わせます。

CMの方はいつでも適当に流れれば良いのではなく、主婦が見る番組の合間や後に流されるようにします。商品が美容院ですから、できれば中でもファッション関係の番組が良いですが、ファッションに興味のある人もない人も、誰でも髪は切らなければなりません。つまり誰にでも必ずニーズがあるということなので、女性が多く見る番組であればその内容にはあまりこだわる必要はありません。折角作ったCMですから、できるだけ多くの動画メディアで流した方が効率も良くなります。同じようにできるだけ自分のターゲットが多く集まっているコミュニティで流されるように手配しますが、特にインターネットでは地域を考えましょう。一地方の美容室のCMが、地球の裏側で流れても、金だけ取られてなにもなりません。

プランニング②
なにを――ベネフィット

ベネフィットは通常利益と訳されますが、マーケティングにおいては「買い手の利益」のことを指します。利益というと金銭的なものを感じますが、買い手は払う方なので、受け取るのは金銭的な利益ではなく、「いいこと」や「それを買う理由」、「得」といったところです。一番しっくりくる言葉は外来語の「メリット」です。ベネフィットを一言で言うと「客にとってのメリット」という理解で良いでしょう。

日本では「宣伝で広告が伝えるべきこと」を「ウリ」といいます。「この商品は、なにをウリにしようか」や「この商品はどうウろうか」などと使われます。販売することである〝売る〟と音はまったく同じ（表記も通常は同じ）ですが意味は違います。普及させるとか広めるといった意味で、それはやはり多くの人に好きになってもらうということです。「伝え広めること」と「販売すること」でどちらも「売る」という言葉が使われているために、宣伝と販売の区別が付かない人が後を絶たないわけです。

ウリは「特徴」と「ベネフィット」の中から選び出されます。例えば美容師が「全国コンクールで優勝した」のはウリにはなりますが、これは特徴であってベネフィットではありません。ベネフィットはあくまでも「客にとってのメリット」です。「全国コンクール優勝」は客にとって利益にはなりませんが、好きになるポイントではあります。このような特徴から、ではそれによって消費者はどのようなメリットを得られるのかを考え、捻出するのがベネフィットです。

原則としてプッシュ広告が伝えることは「ベネフィット」であり、プル広告が伝えることは「ウリ（ベネフィットもしくは特徴）」ということになります。この「ベネフィットではないウリ（特徴から選び出されたウリ）」のことを本書では「商品から少し離れたベネフィット」という表現をすることもあります。この「ベネフィットではないウリ」も買い手によってはベネフィットと捉えることもあるので、「（プル・プッシュ共に）広告が伝えることはベネフィット」としても良いのですが、プル広告はベネフィットだけではないということは覚えておかなければなりません。つまり、ベネフィットしか知らないとプル広告は作れません。
「誰に」に比べれば少し難しいので、プロと相談して決めるのが良いでしょう。

ベネフィットの捻出

ベネフィットの出し方、日本式

ベネフィットの出し方ですが、日本式は少し難しいです。まず、修行して職人（プロフェッショナル）になります。そして、資料を読み商品をじっと睨んでいると、次第になにをウリにすればいいのかが見えてきます。睨んだだけではわからない場合は、家に持って帰るなどしてしばらく商品を使ってみます。著者の生家では、ナショナルのモニター品（開発中の試作品も含む）が溢れていました。家電のほぼすべてがモニター品で、半年から数年くらいの周期で新しいものに入れ替わります。父はそれを使い、家族の感想も聞いたうえでCMの仕事に臨んでいました。

弱音を吐けば「田舎に帰れ!」「他にやりたい奴はいくらでもいるんだ!」などと言われます。師匠や先輩の仕事をずっと見て修行すれば、数年である程度はできるようになってきます。こうして手に入れた「感性」によって、通常わずか10年ほどで、見ただけ、聞いただけで脊髄反射で答えを出せるようになります。日本の広告は職人技の極致です。

しかし、だから日本人は教えられないのです。大体誰だって、師匠から教えられた言葉は「見て盗め!」だけです。日本は教科書を作る能力ではアメリカに遠く及びません。ノウハウを売る習慣が無いからです。しかし、それはそれで長所もあります。金儲けのために嘘や知りもしないこと、怪しい受け売りを教える〝サギ師匠〟はいませんでした。

ベネフィットの出し方、アメリカ式

アメリカ式です。商品を睨むのは同じですが、職人になる必要はありません。紙と鉛筆を用意し、まずは商品の特徴を50個くらい書き出します。この時、1つ書いたら行を変え、箇条書きのように一列に並べます。特徴というのは難しく考えることはなく、見たままを書けば良いのです。例えば四角いとか、丸いとか。今回の美容院でやってみましょう。

店は大きな駅のバス停の真ん前
駐車場完備（市営駐車場もあり）
店は清潔でファッショナブル
カフェのような待合室
店員はイケメン揃い
店員は陽気でおしゃべりもうまい
厳しい店内研修
店長は東京のカリスマ美容院で修行してきた
今でもカリスマ美容院と連絡を取り合っている
店長は地元出身者
店長は料理もうまい
店長は普段から客に色々な相談をされる人柄

次にそれぞれの右に「から」もしくは「だから」と書き足し、続く文章を考えて書きます。4行目以降はみなさんもやってみてください（表3-1）。

表3-1 アメリカ式ベネフィットの出し方（穴埋め）

店は大きな駅のバス停の真ん前	だから	歩かなくて済む
駐車場完備（市営駐車場もあり）	だから	車で行ける
店は清潔でファッショナブル	だから	居心地が良い
カフェのような待合室がある	から	
店員はイケメン揃い	だから	
店員は陽気でおしゃべりもうまい	から	
厳しい店内研修	だから	
店長はカリスマ美容院で修行してきた	から	
今でもカリスマ美容院と連絡を取り合っている	から	
店長は地元出身者	だから	
店長は料理もうまい	から	
店長は普段から客に色々な相談をされる人柄	だから	

表3-2が模範解答です。答えはそれぞれ1つだけではありませんので、大喜利だと思って楽しい答えを色々考え出しましょう。楽しいベネフィットの方が楽しい広告を作り易くなります。

表3-2 アメリカ式ベネフィットの出し方（模範解答）

店は大きな駅のバス停の真ん前	だから	歩かなくて済む／迷わない等
駐車場完備（市営駐車場もあり）	だから	車で行ける
店は清潔でファッショナブル	だから	居心地が良い
カフェのような待合室がある	から	(喫茶店にいる気分で) くつろげる
店員はイケメン揃い	だから	目の保養ができる
店員は陽気でおしゃべりもうまい	から	楽しいひと時を過ごせる
厳しい店内研修	だから	施術も接客も一級品
店長はカリスマ美容院で修行してきた	から	腕前は折り紙付き
今でもカリスマ美容院と連絡を取り合っている	から	最新ファッション情報も豊富
店長は地元出身者	だから	信用も抜群
店長は料理もうまい	から	今夜の献立の相談もできる
店長は普段から客に色々な相談をされる人柄	だから	なんでも相談できる

この、「だから」以降の文がベネフィットです。アメリカ式では重要かどうか、使うかどうかは関係なく、とにかく機械的にひたすらたくさん出す

だけ出します。特徴を出す時点では、まだそこから使えるベネフィットが出てくるかどうかがわからないので、とにかく思いつく限りたくさん書き出す必要があります。修業は数こそ力なのでこれは修行には最適なやり方ですが、実際の制作現場では毎回こんなことはできません。つまり、この方法は修行のやり方なのであって、これを使わなければベネフィットを出せないようではプロとしては通用しません。ベネフィットはたくさん出すことが大事なのではなく、どのベネフィットを使うかを判断できること、臨機応変に必要なベネフィットを思い付けるようになることが大事です。

「ウリ」は、アメリカ式では「ベネフィット（Benefit）」「効果（Advantage）」「特徴（Feature）」の3つに分かれるのですが「効果」は考える必要が別段ありません（表3-3）。日本語の「特徴」という言葉には「Feature」も「Advantage」も含まれるからです。混乱するだけなので著者は「Advantage」は勧めませんが、どちらでもわかりやすい方を使えばいいでしょう。

表3-3 「ベネフィット」「効果」「特徴」の違い

特徴 (Feature)		効果 (Advantage)		ベネフィット (Benefit)
店は大きな駅の バス停の真ん前	だから	駅・バス停から近い	から	歩かなくて済む
駐車場完備	だから	車を止めておける	から	車で行ける
カフェのような 待合室がある	から	喫茶店にいる気分に なれる	だから	くつろげる

実際に広告を書く時には、この中から適切なものを選んで使います。アメリカ式でもさすがにどれが使うべきベネフィットなのかまでは教えてくれません。ベネフィットを選ぶスキルは必要です。プルとプッシュでは当然選ぶべきベネフィットも全然違います。適切なベネフィットを選び出すにはプル・プッシュの連携やターゲット、展開するコミュニティやライバル商品との相関関係など、広範な条件から総合的に判断する必要があります。プル広告はただでさえ難しいので、ネタについては制限なく自由に選

びますが、プッシュ広告は必ずプル広告がどのようにプルしてくるのかに合わせなければなりません。ペルソナも同様です。プル広告のペルソナとプッシュ広告のペルソナが食い違っていたら、それは大事故です。

もちろん著者はアメリカ式を使ったことはありません。今回初めて使ってみましたが、本当に簡単で楽です。なかなか適切なベネフィットがピンと来ないようなときには、これを知っていれば楽できた場面もあったかもしれません。なんでも知識というものは、知っていた方が絶対に有利です。

リサーチの仕方

これは架空の美容院なので、著者は説明の都合も踏まえた想像だけで書いています。ですが実際には、商品にまつわることのすべてはリサーチして揃えるものです。どういう情報を揃えるべきかを解説します。

まず、美容院の場合は客が店に来られなければ始まらないので、絶対にロケーション（所在地情報）は欠かせません。なんというバス停の前なのかだけではなく、なんというバス会社の、なんという路線か、また近くのランドマークも必ず必要になります。なんとかインターチェンジの北隣りなどと表記して、ペルソナが地図を見なくても来られるようにします。地元の人なら「あ、あそこか」とわかるようでなければいけません。ペルソナが車で来ることを前提としているのだから、駐車場情報も必須です。駐車場がなければ近くのコイン・パーキングを案内します。

店名や住所・電話番号・値段・店長店員のフルネームなどといった当たり前の情報はここには書いていませんが、当然忘れずに調べておきます。値段ももちろんリサーチはしておきますが、特別に安い場合を除いてベネフィットにはなりません。

なかでも徹底的に探すのは、特に差別化できる情報です。「他の店とはここが違う」というところがないとかなりきつい戦いになります。しかし美容院にはなかなかありません。「おしゃべりがうまい」とか「地元出身」などというのは、当たり前すぎてウリにできると思わない人も多いかもしれませんが、これらは立派なウリです。こうした「一見当たり前のウリ」は店側では気付かないことも多いので、第三者である広告制作者が気付かなければいけないところです。誰でも自分の良いところや悪いところなど、よくわかってはいないものです。徹底的にリサーチして、差別化を図るのは広告制作者の責任です。クライアントから言われた通りのものしか作れない、あるいは作らせてもらえないのでは、プロである意味がありません。誰にでも作れるものしか作れない人のことは、プロとはいいません。

また、「真心を込めて施術しています」などというものはベネフィットにも差別化ポイントにもなりません。逆にそんな当たり前のことをわざわざ言ってしまっては、普段心を込めていないことを言葉で誤魔化そうとしているのかと勘繰られてしまいます。

あとで捨てても構わないので、上手くベネフィット化できないことも、出せるだけ出しておきます。たとえば「清潔でファッショナブル」「オシャレな店」などというのは特徴であってベネフィットではありません。ファッショナブルな内装などを見せたって「なら行こう」という客はいませんが、特徴として写真で見せてあげると少しですが差別化の役に立ちます。ベネフィットではありませんが、差別化ポイントになる特徴ではあるのです。ただし、これをウリとするには少し弱いでしょう。

制作者は差別化するポイントがないのならば、制作テクニックを使って差別化します。この例でいえば、4番目以降はすべて差別化用のネタです。

言葉のテクニック

「若い」という言葉は「未熟」に通じるので避けます。「若い」というデメリットを「イケメン」というポジティブな言葉に言い換えることでメリットに変えてしまうという、テレビでも広告でも頻繁に使われる基本技です。ただし、嘘は絶対にいけません。居もしないのに「イケメン・スタッフがお出迎えします」などといっておいて、「イケメンに基準はないから嘘にはならない」などと言い訳しても、客は二度と来ません。ネガティブ・イメージの言葉をポジティブ・イメージの言葉に置き換えるのは良いのですが、弱点をあたかも長所であるかのように反対のことをいうのは、単なる嘘でしかありません。騙されて買ってしまう人もいるのですが、そういう人はネットで暴露・拡散します。そうなると本当は長く売れる商品であっても、あっという間にまったく売れなくなります。

騙すのではなく、弱点も見方を変えれば長所になる場合は、それをアピールするのは大抵効果が高い良い手になることが多いです。俗にいう「逆転の発想」です。この辺のことを混同している人がかなり多いようです。

例：良く効くけど効くのに時間がかかる頭痛薬
×早く効きます
→弱点を言葉でカバーしたつもりかもしれないが、単なる嘘でしかないため逆効果。客は早く効くと思って飲むので「この薬はちっとも効かない」と感じ、二度と買わない。
△穏やかな効き方
→ポジティブ・イメージの言葉。早く効くことより、体に負担が少ない薬を欲している人もいる。ただし、不明瞭な言い方が不都合なことを隠している感じを与えるため、あまり信用されない。
○早く効くとは言えませんが、いつの間にか直っていると思うような、体に負担の少ない薬です。
→消費者は時間が掛かることを承知で飲むので、正しく評価してもらえる。このように正直に告白した方が、信用を得られ広告の効果もずっと高くなる。「商品の実態をより正確に伝えている」ということ。

「厳しい店内研修」は、実はどこでもやっていることでも、客はそれを知りません。「この店はわざわざそれを謳っているのだから他所はやっていないのだろう」とか「やっていてもこの店は特に厳しいのだろう」と思うものなのです。どこでもやっている当たり前のことでも、言った者勝ちということもあります。騙しているわけではないので、マイナスの要素はありません。ただしこのような他所でもすぐ真似できることは、差別化ポイントとしては弱いのでメインのネタとしては使えません。
「カリスマ美容院」はわかりやすいでしょう。「東京と同じカットができる」というのは、地方では有効かもしれません。カリスマ美容院に興味がない、あるいは知らない人からは「厳しい店で修業したのだろう」と思ってもらえるだけでもいいのです。
「地元出身」は地域によっては強力に効果があるところがあります。少なくともすぐ逃げてしまうような無責任な店ではないだろうという信用は、少しは稼げるはずです。他にまったく差別点がなければ、地元の人なら地元の人がやっている店を選ぶでしょう。逆に「東京から来た」が有効な地域もあります。
「料理もうまい」 美容院と全然関係ありませんが、これは有効です。商売とは関係のない趣味などでも、同好の士は案外いるものです。なんといってもなにかに秀でた人というのは、それだけで魅力があります。実はポイントは「人」なのです。美容院なら、客は髪を切りに来るのではなく、マスターに会いに来るのです。どこかで切らなければならないのならば、あの人に切ってもらおうと考えるのです。特に動画ではキャラクターがキーポイントになるので、人柄を把握し、その人柄ならではのエピソードをリサーチしておくことは必須です。それがなければ動画は作れないと考えてください。ここではペルソナの「趣味：家庭菜園」から逆算して美容院の特徴として「料理もうまい」を発想しましたが、現実ではリサーチしなければなりません。本業と関係のないことは根掘り葉掘り聞かないと、なかなか教えてもらえません。ドラマにできるネタを聞き出すリサーチ力、インタビューする力は動画制作者には絶対に必要です。広告制作は「リサーチが命」です。

こうして出したベネフィットをペルソナと絡め合わせて「どう伝えるか」を考えていきます。

プランニング③
どう伝えるか——演出

「誰に」「なにを」が決まったら、次に考えることはそれを「どう伝えるか」です。ここで再確認すると、「新規客を引っ張って来る」ことが今回の目的でした。そのために、広告を他所のコミュニティに出すわけです。となるとつまり、これはプル広告だということを認識してください。プル広告では、商品を売ってはいけません。今回はあくまで、自分が運営しているサイトへ「行きたい」と思ってもらうだけです。それ以上を決して欲張らないことです。美容院には髪を切るタイミングでなければ来てもらえませんが、サイトにはいつでも来てもらえます。サイトには髪を切りに来るわけではないので、客がサイトへ行きたくなる別の理由を作ってあげなければいけません。

演出はさすがにプロに任せるべきところです。全体の方針、方向性や狙いなどはしっかり監視しつつも、具体的な方法論には素人は口を出してはいけません。

どこからどこへプルするのか

離陸地点を考える

美容院の場合はインターネットでサービスを売り買いするわけにはいかないので、最終的には実店舗へ来てもらわなければなりません。ですが、客としてはいきなり実店舗に行くより、先にサイトで様子を知っておきたいと思うでしょう。自分のサイトは、あくまでもプル広告で引っ張ってくる着陸地点として設定する必要があります。この別名を、ランディング・ページといいます。着陸地点にするということは、離陸地点も作り、そこから客に離陸してもらうことが必要です。その離陸地点がターゲットにしたコミュニティであり、プル広告はその発射台です。ポスター、チラシ、テレビCM、同じインターネット内ならば他のサイトにバナーやリンクを貼ったり、SNSにブログ記事のようなものを投稿したりして、これら発射台から飛んでもらい自分のサイトに着陸してもらうのです。それができていなければ、サイトだけをどんなにオシャレに作っても、来るのは自分で必死に探し回っている人だけです。

この離陸地点は、インターネット内に限定する必要はありません。今の時代、インターネットは絶対に無視はできませんが、そもそも双方向であるインターネットと単方向であるプル広告は相性が悪いので、リアル世界にも注目するべきです。地域密着型の商売ならなおさらで、美容院の場合、世界中の人が集まるコミュニティに広告を出したって意味がありません。リアル・バーチャルはどちらでも良いので、ペルソナのような人達が集まるコミュニティを見つけることが大事です。

地域密着型の店なら、ターゲット・エリアをポスティングで絨毯爆撃するのが定番ですが、ポスティングもかなり嫌われる行為です。そのため、消費者がもらって喜ぶような工夫があると良いでしょう。ただし過度な割引は厳禁です。持続不能な割引は荒らし行為でしかありません。地域によっては、フリーペーパーも有効かもしれません。割と有効とされている手に、新聞折り込みがあります。配る地域をかなり細かく選ぶことができますし、新聞を取っている家庭にしか配られないので、客層が割と良いという利点があります。たとえば一人暮らしや若い人、貧乏な人や学生は新聞を取っていないことが多いので、そういう客層を避けることができます。しかし、逆に言えばそういう客層には宣伝できないということです。今回はペルソナの夫が会社員という設定ですから、新聞を取っている可能性は高いので、選択肢に入ってきます。

ターゲット・エリアの中でペルソナが集まりそうな場所も調べます。地域のコミュニティ・センターとか、コンビニ、スーパー、ファミレス、喫茶店、郵便局。首都圏なら最寄り駅に看板を出すのはとても有効です。あとはバス停や車内広告ですか。…というように、まずはターゲット・コミュニティを選び出します。できるだけたくさんのコミュニティで、一斉に広告した方が効果的です。できれば各コミュニティに合わせて、内容をそれぞれ変えるのが理想なのですが、通常そうもいきません。そのため、どこかメインのターゲット・コミュニティを決め、そこに合わせたものを作り、それを使い回します。今回のペルソナとベネフィットから考えると、スーパーをターゲット・コミュニティにしたポスターが一番良さそうです。スーパーに貼るためのポスターを考え、そこから動画に発展させていきます。

着陸地点を考える

自サイトはプッシュ広告ですから、第2章の意識レベル表を見ればわかるように、ビジュアルはさほど重要ではありません（まったくとはいいませんが）。美容院などファッション系の場合はシャレたものにする必要はあります（オシャレにしないとファッション・センスを疑われます）が、すっきりしていて見やすい、入りやすい、どこになにが書いてあるのかがわかりやすいことが最重要です。

実際に店に行かなくても、店を訪れたように店の様子がよくわかることも重要です。サイトには店内の写真を載せるでしょうが、これは動画ではなくプロの写真にすべきです。動画はあくまでも動作を見せるものです。動きのないものを見せると現実感、生活感が際立ってしまい、リアルすぎてショボく見えます。髪を切っているところでも、よほど特殊な動きでもない限りは動画で見せる必要はありません。顔写真もちゃんとプロに撮ってもらいましょう。これもまた動画ではなく、写真にすべきです。動画は写真の上位互換ではありません。写真と動画は表現の仕方も伝えるべきこともまったく違う、まったく別のものです。

何枚もの写真がパラパラ入れ替わったりする簡易動画みたいなものは、客には入り口がわからずかえって煩わしいだけです。きちんとした動画がサムネイル表示で置いてある分には構いませんが、サイト中が落ち着きなくコロコロ映像が移り変わったりしているものは、居心地が悪く、目に煩わしいだけです。見たくもない動画が自動で再生されるのも迷惑でしかありません。そういう面倒臭いギミックはいりません。

その他自分のサイトになにを書けばいいのか、といえばこれはそのままプッシュ広告の書き方です。具体的なライティングについてはこの本では扱いませんので、自分で書きたい方は別途勉強してください。注意点はあなたが伝えたいことではなく、客が聞きたいこと、差別化ポイントを書くことです。

とあるダイビング・ショップのサイトで、Cカード（いわゆるダイビングのライセンス）講習の項目に「10日間、たっぷり勉強してもらいます。他所でやっているようなインスタント講習はやりません」と書いていたショップがありました。「ウチは真面目で、いい加減なことはしない責任感の強い店です」ということを伝えたいのはわかります。しかし客はたっぷり勉強などしたくはありません。なるべく楽をしたいのです。しかも「他所はヌルいインスタント講習をやっています」と教えてしまっています。これでは誰でも他所へ行くでしょう。こういうのを「客に来るなと言っている」といいます。あなたが伝えたいことと、客が聞きたいことは違います。

なお、自分の販売サイトに他所の広告を載せるなど問題外です。閲覧者には、どれだけ浅ましいのかとしか思われません。自分はそのサイトで一体なにをしたいのかをよく考えましょう。

販売サイトではなくブログなどに広告を掲示する場合は、PCなら右下にバナー程度のものをせいぜい3つまで（スマホなら下部に1つまで）、自分のコンテンツは大抵単色であることを考え色も2色程度にし、くれぐれも自分のコンテンツが喰われないようにすることをお勧めします。自分のコンテンツに客が来なければ広告収入もありません。どんなに人気のあるユーチューバーでも、案件動画はロクに見てもらえません。

「お客さんのことを考えろ」の2つの意味

この項では「演出」をキーワードにしていますが、ここまで演出のことなどなにも書いていないじゃないかと思ったら大間違いです。ここに書いたことこそが演出の正体です。演出とは一般には「いかに効果的に伝えるか」だと解釈されています。そして、最も効果的な方法はコミュニティによって変わります。当然最も効果的な内容もコミュニティによって変わります。缶コーヒーの広告を主婦が集まるコミュニティに出す際、「仕事の合間にこの1杯!」などというキャッチ・コピーにしてもまるで響きません。広告の文言がとても効果的であることを〝響く〟といいます。主婦相手なら、「洗濯の合間に、ホッと一息」や「育児の隙でも、おいしいコーヒーは飲める」の方がずっと良いでしょう。「誰になにを伝えるのか、その人はどこにいて、なにをしているのか（他所のコミュニティにいる人は必ずなにかをしている最中です）」を考えないと「どう伝えるのが最も効果的か」はわかりません。

演出とは、「客のことを考えること」です。昔から日本の商売で盛んに言われて来た言葉、「客のことを考えろ」には、実は2つの意味があります。1つは文字通り「客そのもののことを考える」ことです。ペルソナが正にこれです。

もう1つの意味とは「客の立場になって、客の気持ちになって、商品を考える」ことです。これは「客のニーズを、気持ちを、状況を考える」ことです。ニーズや気持ちや状況を考えるためには、客の立場になってみる必要があります。つまり、客の気持ちを忖度するということです。客から見れば商品も広告も、あなたの会社から提供されたサービスであることに変わりがありません。広告はあなたの会社が商品に先駆けてローンチする商品です。無料の「フロント・エンド」です。つまり広告にも「ニーズ」があり、客のニーズにそぐわないものは無料であっても受け取ってもらえません。先に、広告は「客の聞きたい言葉を書くもの」と書きました。「聞きたい」というのは「ニーズ」です。つまり、客が「見たい、聞きたい広告」でなければ受け取ってはもらえません。

だから、一流のCMはウケを狙うのです。面白おかしいだけではなく、感動的だったり、雰囲気が良かったりと「ウケる」というのは色々な意味でも使われます。シリアスな映画が「客にウケた」といえば「大笑い」という意味ではなく「高く評価された」「受け入れてもらえた」という意味です。

商品も「斬新なアイデアが客にウケた」など「受け入れられた」ことを「ウケた」と表現します。「ウケる」は、受け取る、受け入れるということです。広告も受け取ってもらえなければなにも伝わらないので、「ウケてナンボ」の世界です。ウケようとさえしていないもの、自分が言いたいことを独り善がりで喚いているだけのものは、広告として失格です。消費者からすれば広告というだけで「見たくないもの」なのですから、必ずできるだけ短くし、できるだけ邪魔をしないようにして、「まぁ、そのくらいならそこにあってもいいよ」と思ってもらえるようにしなければなりません。「そこに存在することを許してもらえるものにすること」 これが広告演出の第一歩です。

プッシュ広告でもウケを狙え

プッシュ広告はウケを狙っていないじゃないかというのは間違いです。プッシュ広告では、客がすでに商品に興味を持ち、その情報を仕入れたくてあなたのコミュニティに来ているわけですから、頭の中は商品のことで一杯です。商品の情報こそがニーズなわけです。だから、商品の話をするのが一番ウケるのです。遠慮する必要はなく商品の話を思いっ切りすればいいのですが、この時もただ一方的に話せばいいのではありません。相手の様子を見ながら、相手が楽しんでくれるように話せなければ優秀なセールス・マンとはいえないように、パンフレットや販売サイトでも相手を楽しませることを忘れてはいけません。相手が知りたがっていない情報や自慢話を押し付けたりすれば、反感を買います。知りたがっている（であろう）情報を知りたがるタイミングで教えることが大事です。そのタイミングを操作するために、キャッチやリードといったものがあるわけです。読んでいて楽しい商品情報、読むに値する記事であることが大事なのです。

そして逆にプル広告では、あなたの商品情報などは客の興味の対象ではないので、そんなものの話をしても「空気を読めっ!」と思われて無視されるだけです。だから「みんなが興味のありそうな別のこと」で入るのです。

テーマを考える

5つの意識レベル表でもわかるように、演出が大きく必要なのはプル広告です。プル広告は他所のコミュニティに出すわけですから、基本的にターゲットはまったく商品に興味がありません。でもどの程度興味がないか、そのコミュニティと自分の商品との距離感次第で演出度合いが変わります。商品が美容院の場合、ファッション雑誌に広告を打つのならば髪型もファッションの内なので、さほど演出は必要ありません。「この服装に似合うヘアスタイルなら当店で!」みたいなことでいいでしょう。しかし、今回のペルソナは2人の子供を持つ主婦ですから「流行の服装」といわれても今一つ反応は鈍そうです。主婦ですからスーパーには頻繁に来るでしょう。スーパーに「流行の服装に似合うヘアスタイルは当店で!」なんて書いたチラシを置いたって、誰にもウケません。スーパーに来ている客の頭の中は「今夜の献立」で一杯です。「流行の服装」など欠片もありません。

今回、説明用のサンプルとしてこんなものを考えてみました。「今夜の献立から最新ファッションまで!　なんでも相談できる女子力博士　伊藤美容院。『お弁当にも最適!　今月のレシピ』プレゼント!　〇×インターチェンジ横。〝美容院〟〝女子力博士〟で検索」

プル広告の内容、情報量はこんなものです。スーパーに来ている主婦にはこれだけ伝えれば十分、というより告知部分が少し多いくらいです。長々とたくさんのことを話し掛けても聞いてはくれません。時間にするなら番組部分だけで5秒程度（告知部分も含めて10〜15秒程度）までだと思ってもらえばいいでしょう。スーパーにおかずを買いに来た2人の子持ちの主婦相手に、気取ったキャッチ・コピーではそれこそ空気が読めないというものです。地元に密着した小規模な店の場合、生活に密着した普段使いの言葉だけのコピーの方が嫌味も無く、大手のような芸術的なキャッチ・コピーは逆効果です。

大事なことは、誰になにをどう伝えるのか、相手はどういう状況でこの広告を見るのかを考えることです。「スーパーに今夜のおかずを買いに来た主婦」に「美容院」に興味を持ってもらいたいのです。しかし、主婦は〝今夜のおかず〟のことで頭が一杯なので、美容院の話をしても聞いてはくれないでしょう。キザなセリフなど嘲笑されるだけです。しかし献立や弁当の話ならば聞いてもらえるに違いありません。「商品とは別のところで興味を引く」ことが「キャッチ」です。しかしここで問題が発生します。美容院と献立になんの関係があるのか、ということです。献立と美容院をつながなければいけません。それが「リード」です。今回は献立とファッションを女子力で一括りにしました。この「なんでも」は「女子力に関することならなんでも」であることは誰でもわかるでしょう。動画化する際は「なんでも相談できる」か、もしくは「女子力博士」がテーマとなります。「カッコ悪い」と思っている人も多いでしょう。その〝カッコ良さ〟を客が求めているかどうかを考えて欲しくて、わざとカッコ悪いものにしました。あくまでもサンプルですから、大事なところはどこなのかを強調したのです。「広告がカッコ悪いから行かない」という客はどの程度いるでしょう。いないとは言いませんが、たぶんそれは若い人でしょう。35歳の主婦が美容院にカッコ良さを求めているでしょうか。カッコは悪くても伝えたいことがちゃんと伝わってさえいれば、絶対にある程度の反応はあります。いくらカッコ良くても、ニーズと適合していないせいでまったく反応が無いということは実によくあります。〝カッコ良い〟は、どこまで行っても独り善がりでしかありません。

何事も出来上がったものだけを見れば大したことないと思いがちですが、この本をここまで読んできたあなたなら、これがリサーチからペルソナ、ベネフィットを丹念に考えた上に成立しているものであることと、ひらめきだのセンスだのの問題ではないということがわかるはずです。「すごい料理人だ」ということをきちんとリサーチしていること。ペルソナが「2人の子供を持つ主婦」だからこそ、しかもスーパーに来ているからこそ今夜の献立や弁当への意識が高いであろうこと。「今夜の献立を提案してくれる」というのは、主婦が「聞きたい言葉」「望むもの」であるはずです。「女子力博士」のような非日常的な言葉は、キャッチ程ではありませんが少しだけ興味を引く力があり、「フック（する）」などと呼ばれることもあります。

ちょっとした引っ掛かりとなり読み流させないという効果があります。こういったところにはひらめきも必要です。

主婦は美容院のことはそんなにしょっちゅう考えるわけではないでしょう。それに対し、今夜の献立のことは毎日考えます。だから「今夜の献立」と関連付けておくとしょっちゅう思い出してもらい易いのです。〝印象に残す〟とはこういうことです。「印象に残る」とは頻繁に思い出すということですから、よくあることと関連付けておくというのが2通りある印象に残す方法の内の主流です。もう1つは強烈なインパクトを与えることですが、余程のことでないと効果がない（〝白い犬〟くらいの衝撃が必要です）のと狙ってやるのはとても難しいため、そう滅多には使えません。そして、美容院と今夜の献立というトンチンカンな組み合わせが、ユーモアを醸し出しながらきっちりと他店と「差別化」しています。

客は、他の条件が同じならなにもない店よりは献立をもらえる店を選ぶでしょう。他所と同じ広告では、ほとんど誰も来てくれはしません。客にしてみれば、わざわざその店へ行く理由がないからです。なによりも一番大事なことは「無意識層は商品にはこれっぽっちも興味がないということをわかっている」ということです。だから商品とは別でペルソナには絶対に興味のあるところに、その店へ行く理由を作ってあげるのです。そしてそれをなんとか美容院につなげます。

「美容師なのに料理も上手いのだろう」というところまでは誰でもわかってくれるでしょう。しかし、どの程度上手いのだろうとか、女子力博士ってどんな人なのだろう、そんな謎を持たせるのが狙いです。謎があるから「検索してみよう」と思うわけです。「もっと知りたい」と思うことが興味を持つということです。ランディング・ページには「どれほどすごい料理人なのか」を忘れずに書かなければいけません。さらに編物検定1級など、女子力に関わる実力や実績はすべて明記しておきます。また、今月のレシピのことも忘れずに書きます。

そして実店舗にはB5片面ペラ1枚のものでいいので「今月のレシピ」を用意します。これはサービスだけではなく、客とのコミュニケーションを取るためのネタにもなります。これが溜まったら本にするのも良いでしょう。本は売れることが大事なのではなく、料理の本を出している美容師というユニークさが話題になったりすることもあります。このようにして宣伝というものは広がっていくのです。一にも二にも、宣伝で大事なのはユニークさをアピールすることです。

商売はずっとやっていくのでしょうから、一度やってみてもし失敗してもそれで終わりではありません。普通一度目は必ず失敗するものです。改善しながら、上手く行くまでリトライするしかありません。みんなそうしているのです。嫌われるようなことでなければ間違うことを恐れる必要はありません。ただ、改善点を間違うことだけは絶対に避けたいところです。「成約率が低いから」といって広告を作り直しても、貼った場所が悪かったのなら、金だけ掛かってまた同じ間違いを繰り返すことになります。広告がまとも（コミュニティやペルソナと適合しているもの）であることをあなたがわかってさえいれば、反応が無いのは消費者が広告に接触できていないからだとわかります。そんな場合は貼る場所を変えてみれば良いだけです。

プル広告の出来不出来は、波及速度が変わるだけで、成否には関わりません。良いもの（面白いもの）は話題性が高いので波及が速く広くなり、プル数そのものが多くはなりますが、ニーズの無い人も多く見ることになるので成約率（プルできている率）は下がっているはずです。反面、大したことのない広告でもちゃんと伝えるべきことが伝わっているのならば、ニーズの有る人は同じように反応します。ただ波及速度は速くはならないので、売上が急には上がらないというだけの話です。広告はまともなものさえ一度作ってしまえば、改善点とはならないわけです。

究極の奥義

広告の究極奥義とは、消費者の役に立とう、気に入ってもらおう、消費者を楽しませよう、とする心です。これを古来、日本では「おもてなしの心」といいます。だからこそ「おもてなしの国、日本」は宣伝・広告では世界の最先進国なのです。

広告はおもてなしだといったら、あなたは意外に思うかもしれません。広告は無料で提供される情報サービスです。まだ来てくれていない客を来てもらえるように、まだ買ってくれない客を買ってもらえるように〝接待〟するものです。

「嫌われてもあえてそれをやるのが広告だ」とか「広告なら嫌だと思われることでもやっていいんだ」と思うのは大間違いです。商売で客に嫌われて良いことなど、あるわけがありません。広告は嫌われて当然だと思っていること自体が間違いです。上等な広告は喜ばれるものですし、喜ばれるものでなければ受け取ってもらえません。ただでさえ嫌われているのですから、せめて精いっぱい嫌われないものにしなければ、受け取ってもらえるわけがありません。

日本人は主張や自己表現は苦手ですが、商売は大昔から上手いですよね？それは売り付けるのが上手いのではなく、好きになってもらうのが上手いのですよね？　相手の気持ちを付度し、相手の欲求（ニーズ）に応えるのが上手いのですよね？　相手の欲求（ニーズ）に応えること、それが演出です。

column

職人絶滅の構図

どうでしょう。たかが1つの広告やキャッチ・コピーを作るのに、やたらたくさんのことを考えなければいけないんだなぁくらいは感じて頂けたでしょうか？　しかし、実はプロはこの他にも、クライアントの好みの傾向や社会的立場、現在の市場の状況、社会情勢、社会倫理、更には自社とクライアントとの関係性といった、数え上げたらキリがない程のことを多角的に考えてコピーや広告を作ります。考えなければいけないことが多ければ多いほど、すべての条件を満たすものは限定されます。公約数的なもの、もうこれしかない、というオンリーワンで唯一無二のものに自動的になってしまうわけです。

ところが、なに一つご存知ないクライアントに限ってキャッチ・コピーやコンテを「3つ出してくれ。一番良いのをこっちで選ぶから」などと言い出します。なに一つ知らない人が、どうやって〝一番〟を選ぶのでしょう。プロに指図をするとか、プロが作ったものの良し悪しがわかるのならば、それはプロ以上のレベルだということです。ならば他人に発注せず、ご自分で作られてはいかがでしょう？　会社もその方が安上がりで済むので喜びます。

個人で受けている制作者にとっては迷惑な話で、昔ながらの職人気質の真面目な人は「それならば3倍のお値段を頂きます」などと言ってしまったりするわけですが、利口な人は1つだけまともに作り、後2つはダミーを3秒ででっち上げて提出するわけです（アメリカ式を使えばいくらでもベネフィット出せますし）。大手の広告代理店にとっては、迷惑にも負担にもなりません。まともな制作者が1つだけ書き、新人に練習で書かせたものを2つ付け足してやれば良いだけです。どうせ素人だからわかりゃしません。そこで今時の頭の良い業者は、3つともいい加減なものを渡します。それなら手間暇掛けてまともなものを作る必要さえなく、人材を育成する手間も労力も要りません。お追従で仕事を取り、言い訳で押し通す。必要なのは口の上手さだけです。

そして素人は素人好みのもの、意味もなくただ雰囲気が良いとかカッコ良い、それでいて当たり障りがないといった〝ありがちなもの〟つまりダミーを選び出すわけです。もちろん広告は箸にも棒にも引っ掛からないものはロクなものではないのですが、発注担当者にとって最優先事項は「責任を被らないこと」です。こうして広告のレベルも信用も、そしてもちろん効果も落ちました。更には、このお粗末なものを良い物だと言い出す提灯持ちが現れます。クライアントに媚びているだけではなく、お粗末なものが良い物だとされれば制作者は仕事が楽になり、代理店は人材を育成する手間が省けます。みんなが万々歳です。

今の若い制作者たちは、まともなものを作っているところを見ることさえできません。

テレビだったでしょうか。とある大会社の経営者か幹部と思しき方が、「広告効果が下がっているのは何故か?」と怖い顔をして語気を荒げておられましたが、

「申し訳ありません。それ、根本はあなた（クライアント）のせいです」

第2部 動画

基本的に、動画はプル広告（宣伝）でしか有効ではありません。広告プランを立て、自分のターゲット・コミュニティが動画専門メディアのコミュニティである場合だけに、広告を動画にすることになります。しかし、一口に「動画」といっても色々な種類があり、”みな同じ”ではありません。それぞれ目的もやっていることもやり方もルールも、なにもかもが違います。ドキュメンタリーの人にドラマは作れませんし、逆もまた然りです。

朝から晩までCMだけを流しているチャンネルは誰にも見てもらえないように、広告動画は単体では成立せず、他の有力な動画に貼り付ける必要があります。その際、常に「番組（一般番組）」にするのが基本ではありますが、その貼り付ける動画と同じ種類の動画にする方が良い場合もあります。いずれにしろ、「番組（一般番組）」とはなにかとその作り方を知っている必要があります。ところが、ドキュメンタリーの面白さと映画の面白さが違うように、面白さはジャンルによって違いますが、広告動画の面白さは貼り付ける動画の面白さに合わせるのが基本です。臨機応変に面白さを作り分けなければなりません。

まずは動画とはなにか、その正体と特性を知らなければ、動画を運用することはできません。

第 4 章
動画とはなにか

動画の種類

報道系動画と番組系動画

動画には「報道系動画」と「番組系動画」という2つの系統があり、更にそれぞれが2つのカテゴリーに分かれます。その系統、カテゴリーごとに目的ややっていることそのもの、見せ方やルールまでなにもかもが違います。それをまとめたものが表4-1です。この本ではこのうち、広告動画に関係する部分だけを紹介します。広告動画は番組系動画の中の「番組」に属し、バラエティ番組や紀行番組といったジャンルの一種です。

（全体的に詳しく知りたい方は拙著「動画の文法」をご参照ください）

表4-1 動画の種類

	動画の種類としての特徴						形態的特徴				
系統	カテゴリー	目的	対象	映像	制作視点	カメラ視点	テロップ	自己表現	ストーリー	演出	社会性
報道系動画	報道	伝える	現実	記録	客観	神様（客観）	○	×	×	×	○
	ドキュメンタリー				主観	観察者（主観）	×	○	△	△	○
番組系動画	番組（一般番組）	楽しませる	創作	制作	主観	視聴者（主観）	×	×	○	○	△
	ドラマ（映画）					神様（客観）	×	○	○	○	×

報道系動画

報道系動画とは「現実をそのまま伝える動画」のことで、現実世界にすでに存在する事象をカメラに収め、画そのものを見せるものです。カメラに写されているのは常に「どんな風に（状況・様子）」であり、動画はそれを他のメディアよりも生々しく伝えることができます。動画なので動いてはいますが、その動きに意味を必要としません。例えば、火事で炎が燃え上がっている様を見せるときに、静止画の場合と動画の場合でどう違うか、頭の中で比較してみてください。動きがある方が迫力はあり、臨場感は出ます。しかし、そこにはなんの事態の展開もなく、静止画であっても伝えていることはなにも変わりません。変化がないということは、時間が流れていることにも、動いていることにも意味がないということです。報道系動画は目の前にある現実をただ並べただけの映像であり、〝この画の次にその画がある〟ことになんの意図も意味も必要としません（必要とはしないだけであって、プロは意図を持った編集をします。それをコンセプトといいます）。前後の画とつながることによってその画に写っている以上のもの（目に見えないなにか）を伝えることはありません。ただ画そのものを見せるだけの動画であり、事前の計画をはじめとする〝ソフト（人間力・知識）〟を必要とせず、表現ではないので表現者としての監督はいません。つまり、取材力だけの勝負であり、動画としては〝誰がやっても同じ〟です。これは分業できることを意味します。実際、報道局には名ばかりのディレクター（表現者ではないという意味）がいて、スタジオで記者が持ってきたネタを電波に変換して送出する部分だけを請け負います。送出技術者の一種であり、いわばスタジオという装置の「人間インターフェイス」です。俗には「段取り屋さん（送出の段取りをする人）」とも呼ばれ、演出もしなければクリエイターでもありません。取材は記者が、〝動く挿し絵〟を付けるのは編集マンが、電波に変換するのはディレクターが請け負うという分業が行われているわけです。

テレビでは報道局が担当しますが、彼らはジャーナリストに分類される人たちであって映像のプロではなく、その動画は映像作品ではありません。わかりやすくするための演出はある程度許されますが、事実をそのまま伝えることが目的ですから脚色は許されないため、〝面白い〟ものにはできません。民間（テレビ局以外）でこれを担当する業者は「業務レベル」と呼ばれる記録映像の専門業者で、いわゆる〝街のビデオ屋さん〟です。機材（ハード）は揃えているものの「一般番組」を作るためのソフト＝スキルは持ち合わせていません。

報道系動画の構造的な特徴として、ただ事実を並べただけのデータベースに類するものですので、〝答え〟が真っ先に来てその後に詳細説明が来るという形になり、起承転結は必要とされません。ストーリーが作れなくても、映像理論を知らなくても作れる反面、ただ伝えるだけの手段でしかなく〝表現〟はないため、強く訴えたり印象的に伝えたりはできません。

まず台本を書き、その文章に挿し絵を付けるだけでも作ることができるので、アマチュアや初心者の動画はほぼすべてこれになりますが、厳密には、すべてを言葉で伝えてしまっているならそれは〝動画〟ではありません。伝えたいことが映像で伝えられていて、動いていることに意味があるものが上級の物です。

番組系動画

一方、番組系動画は「創作した動画」のことで、創作したストーリーを映像でつづるものです。ドラマ・映画のみならずバラエティ番組であっても、事前に綿密に筋書き（ストーリー）を計画しそれをつづるのに必要な映像を〝作り〟作品として仕上げます。それ故、目の前にあるものをただ撮るのではなく、必要とする画を撮るための状況をまず作り、それをカメラで撮影することが必要となります。これが「映像制作」と呼ばれる作業です。そしてその撮影のことを「本番」といいます。目の前にあるものをただ撮るだけである報道系動画の撮影のことは「取材」といい、映像制作とも本番ともいいません。報道系動画に「本番」はありません。「取材」と「本番」はまったく次元が違う別のことであるということは、報道系動画と番組系動画の違いを象徴する極めて重要なポイントです。例えば、業務レベルの業者に番組を作らせると取材しかなく本番がないため（専門家を連れて来て実演させ、それをただ撮るだけ）、面白いものにはなりません。これが典型的な「番組になっていない」といわれるものです。また映像制作で作られた映像のことを

「制作映像」もしくは「作った映像」といい、「本物映像」に対して「嘘映像」と呼ばれることもあります。

報道では情報そのものが伝えたいことなので、それ以外のことは不要な事であり、〝面白い〟とは情報の質と量だとしていますが、そのような報道的思考は番組（エンターテインメント）系には当てはまりません。例えば、始まった途端になにが始まったのか即座にわからなければいけない、などというのは報道の話であり、番組（エンターテインメント）の世界では「ネタバレ」でしかありません。。

画を並べることでストーリーをつづることは、単語を並べることで文章を作るのと同じように、そこには必ず〝文法〟が必要です。その画の次にこの画が来るからこそ、そこには写っていないストーリーが描き出されるのです。これを画が「つながっている」とか「モンタージュ」といいます。

1コマ目は静止画なら「Aさんはこんな顔です」という画ですが、ここでは動画なので現在進行形となり、「Aさんがなにかを見ている」という画になります。そのため次の画がAさんの主観となります。主観でビーフシチューの画が来るから「Aさんがビーフシチューを見ている」ことになり、ここで初めてビーフシチューはAさんの目の前にあるということになります。

だからこの2つの画は同じシーンだということになるのです。また、ビーフシチューを見ているということはビーフシチューに興味があるということなので、Aさんはお腹が空いている、おいしそうだなぁと思っているという表現になります。

これが逆に「ビーフシチューがあります、Aさんがなにかを見ています」では、Aさんとビーフシチューが同じ場所にあるという証拠がどこにもないため、Aさんがビーフシチューを見ていることにはならず、この2つの画は〝つながり〟ません。このように〝画の順番〟を決める法則が〝動画の文法〟であり、「どの様な画をどの様な順番でつなぐか」によって事前に意図したストーリーを紡ぎ出し、視聴者に目には見えないストーリーやテーマを感じ取ってもらう（これが〝表現〟）のが番組系動画です。そしてこのように映像がつながることでテーマといった目には見えないものを表すことを「映像表現」といい、必ずカットは複数になります。このシーンを1カットで表すならば、Aさんの目の前にハンバーグがある状態の引き画になりますが、それを映像表現とはいいません。

見た目だけの表面的なものではなく、もっと深いところ、〝映像の向こう側〟で感じ取ってもらうからこそとても印象的で訴求力が強くなるのです。一般にメディアの王様といわれているのは、この番組系動画のことです。報道系動画でも広告にならないわけではありませんが、動画で広告をしたいのならば、番組系動画にしなければ動画にする意味がありません。また、報道系動画と番組系動画は担当する業界・会社もまったく違うように、やって良いこと悪いことといったルールや作り方、常識さえもまったく違う、まったく別の世界です。〝文法〟を知らなければ〝表現〟ができないので番組系動画は作れません。

テレビでは、番組系動画は番組制作局（以後番制）が担当し、民間では「放送レベル」と呼ばれる業者が担当します。放送レベルの制作会社は、基本的に機材は所持しておらずソフト（監督（ディレクター）＝クリエイター）だけの会社です。放送用の機材は桁違いに高額なので自社で所有することはなく、その専門の操作員（カメラならカメラマン、編集なら編集オペレーターなど）共々その都度雇って使います。つまり放送レベルの制作会社は映像制作をするのではなく、それ以前の「どんな番組を作るのか計画を立て、それを遂行する」会社であって、だからソフトしかありません。なんの世界でも監督とは、〝二度作られる〟内の一度目を担当し、二度目の時には横で見ていて指示を出します。みなさんは〝二度目〟しか目の当たりにしないので、監督というものはただ見ているだけの人だと思っている人が多いようですが、映像制作は単なる手足に過ぎず、一度目も二度目も一貫して計画を立て遂行する主体・頭脳こそが監督です。ですからもちろん、〝誰がやっても同じ〟ではありませんし、これを分業することもできません。

「一般番組」と「ドラマ」

広告動画は番組系動画の中の「一般番組」に属します。正しくは単に「番組」ですが、プログラムとの区別を明確にしたいときには「一般番組」と呼ばれます。種類としての特徴を見るとわかるように、一般番組とドラマはまったく同じものであり、ただ一点、カメラの視点設定が違うだけです。ドラマは芝居ですが、その芝居を直接観客に見せれば演劇になり、それを観客・視聴者の主観視点でカメラに収めれば、それはもうドラマではなく一般番組（劇場中継）になります。公開スタジオ番組でお笑いタレントが演じるコントも、客の目の前で〝演劇〟をしているわけですから、それを観客の視点でカメラに収めれば一般番組（バラエティ番組）になりますし、観客を入れずに客観視点で撮ればドラマになります（客観視点は誰の視点でもないということから俗に「神様の視点」とも呼ばれます）。あらかじめ筋書きがあり、出演者には決められた役どころがあり、どこでなにを言うかも決められています。一般番組はショーであり、筋書きやセリフなどが決められていないショーなど、ショーになるわけがありません。故に、そういったものは「番組になっていない」といわれます。広告動画やバラエティ番組を作ることは、ドラマを作ることと、やっていることはまったくなにも変わりません。

その他の動画

報道系動画でも番組系動画でもなく、「その他」に分類される動画もあります。環境ビデオやイメージ・フィルムといったものです。これらはその昔は「実験映画」といわれたもので、今でもジャンルとして確立しているとはいえそうもありません。

近年急速に台頭したいわゆる“インターネット動画”も「その他」の一種でしょう。一口に“インターネット動画”といってもVlog（ヴィログ）と呼ばれるものや挿し絵付きラジオとしか言いようのないもの、ゲーム実況など色々な種類があります。現在“流行っている”のはこれらの動画であり、映画や一般番組はさっぱりです。これらは一般番組を模して作られたものがほとんどですが、アマチュアは映像表現ができないため一般番組にはなっていません。ジャンルとしても一貫性が無いので、1つにまとめることはできないでしょう。とにかく、現在流行っている“動画”は、従来の映画や番組とはまったく別のものである（もちろん広告動画とも）、という認識は重要です。

また、動く模様とでもいうべき「モーション・グラフィック」というものがありますが、これは動画ではなくデザインやグラフィック・アートといった静止画の仲間に入るものです。動いてはいますが、その動きに意図・意味がないため動作ではなく、現実や様子を伝えているわけでもありません。あくまでも〝装飾〟です。装飾はなにかを訴えるものではありませんから、訴求力はまったくありません。テレビ番組ではよくタイトル部分などの飾りとして使われますが、担当するのは映像制作会社ではなく、大道具や小道具といった舞台美術を担当する美術制作会社です。モーション・グラフィックだけで広告動画を作ろうとしても、飾りだけで中身が無いわけですから広告にも動画にもなりません。

広告で報道はできない
〜一般番組で報道をすれば「偽報道（ヤラセ）」

広告は必ず広告主の主観であるのに対し、報道は客観でなければならないため、広告内で報道（客観的事実として伝えること）はできません。不特定多数に開かれたメディアで、メディア主が自ら広告する場合に限り形式的にはできなくはありませんが、そのようなことをわざわざするのは必ず宣伝目的（そうでなければ素直にメイン・コンテンツとして報道すれば良いわけです）なので、やはり偽報道（ヤラセ）にしかなりません。紙の広告も収録した動画も、いくらでも加工・細工ができてしまうので、広告内のあらゆることは客観的な証拠にはなり得ません。

広告動画を含む一般番組でも、写っていることはすべてお芝居ということになりますので、報道は一切できません。報道は公平・中立・客観であることが、メディア主によって保証されなければならないので、すべての責任がメディア主に掛かります。メディア主以外が報道をすれば公平・中立・客観が誰にも保証されていないもの＝「疑わしい報道」にしかなりません。その番組が信用されないだけではなく、そのメディアの信用も失墜します。同じ理由で、あたかもテレビ局が制作した番組であるかのようなCMも許されません（情報発信者を偽装することになります）。

「この人はこのダイエット食品で20キロ痩せました」などというものも、恐らく「効用を謳っているのではなく、客観的に事実を伝えているだけだ」などと言い訳するつもりなのでしょうが（そもそも言い訳になっておらず完全な薬事法違反行為ですが、その点は置いておいて）、〝客観的に事実として伝えること〟が報道であり、CM内で報道をやればそれが事実であったとしても嘘事（お芝居）になるので、これは完全な「偽報道（ヤラセ）」になります。報道系動画で嘘を報道するのはヤラセですが、一般番組で報道を偽装するのも立派なヤラセです。だからワイド・ショーではヤラセ問題が頻発するのです。

ワイド・ショーは番制が担当する一般番組ですが、報道とクロスオーバーしている部分があります。これは制作主体がメディア主（テレビ局）だからできることであって、広告（CM）がニュースや情報番組を偽装してはいけません（パロディは除く）。そのような偽報道（ヤラセ）を流せばテレビ局の信用が落ち視聴者がいなくなるので、まともなテレビ局では放送を断られます。

よくニュースやワイド・ショーにエヅラ（画面の見た目）が似ているCMで

「※これはCMです。」などというテロップが出ていることがありますが、このテロップの意味は「これは偽番組・騙し広告です。みなさん、騙されないでください」ということです。元来テレビ局側が情報発信者を偽装させないために出させているものですが、そもそもパロディでもないCMを報道や番組と誤解させるような作りにしているということは、視聴者を騙そうとしていることに他なりません。もちろんそのようなテロップを出せば「ウチは視聴者を騙す会社です」と自ら暴露することになります。テレビ局側としてはその広告主が信用を落とそうが自社に責任が掛かりさえしなければ良いと思っているので、そんなテロップを出しさえすれば放送を許す傾向があります。しかし、実際には騙そうとするCMを流している時点ですでに信用は地の底です。

騙そうとするわけではなくあくまでパロディとして、パロディはパロディだとはっきりわかる演出がされている場合に限っては、こんなテロップを出しても信用を落とすほどではありません。しかし、テロップを出すこと自体が決して喜ばれることではない点を頭に入れておく必要はあるでしょう。近年は、あろうことかテレビ局までもがこの報道と一般番組を混同している（としか思えない）ために、テレビもCMもここまで信用を無くしました。近年ヤラセが騒がれないのは、視聴者が頭から信用しておらず相手にしていないためです。他のマスコミも、今更テレビのヤラセを取り上げても、「またか…」と思われるだけでまったく話題にもならないので見向きもしません。クレームが来ないからといって受け入れられているわけでも、ましてや信用されているわけでもありません。

ワイド・ショーなどで出演者が商品を使ってみせるようなことは、実演販売の実演と同じで加工・細工ができない〝生放送〟だから証拠能力があるのです。生放送だけに許されることを収録番組が真似ることは放送倫理上完全にアウトであり、広告主の信用が下落するだけではなく、放送を許したテレビ局の信用も失墜します。放送を許したということは、その偽報道（ヤラセ）行為が事実であると保証したことになるからです。

番組（一般番組）とはなにか

「番組」と「芸術」の違い

「番組」とはなんでしょうか。「番組」という言葉は元来「上演する演目の順番」のことで「番」は「出番」「順番」の「番」、「組」は「組み合わせ」のことです。相撲の「取組」と同じようなことです。英語でいうならどちらも「プログラム」になるのでしょう。そこから転じて、一つひとつの演目そのものも指すようになったのですが、それは日本では「コンテンツ」と呼ばれることもあります。「コンテンツ」という英語は「中身」「内容」を指す言葉で、外側が「コンテナ」でその中身が「コンテンツ」です。

テレビ屋（放送レベルの動画制作者）がいう「番組」はプログラムという意味ではなく、創作物であることを意味し、同時に動画の品質・分類を意味します。「番組にする」とか「番組になっていない」などと使います。「番組にする」はそのまま「ショー・アップする」と言い換えられます。ただ情報が並んでいるだけではなく、興味を引くような工夫が凝らされている、正しく演出されている、ということであり、これが〝面白くできている〟ということです。同時に、求められる機能を満たしているということでもあります。求められる機能を満たすためには「基本形に準じた形になっている」もしくは「理に適った形になっている」ことが必要です。この「番組」のことを、プログラムの方ではなく動画のカテゴリーであることを明確に区別するために、ここでは「一般番組」と呼んでいます。広告動画は、この一般番組に分類されます。

「作品」という言葉は芸術でよく使われますが、芸術は自己表現ですから、観客の気持ちや都合は考えられていません。それを考えてしまったらどんどん芸術ではないものになってしまいます。逆に「一般番組」は、視聴者がすべてです。ディレクターの自己表現ではありません。そのディレクターなりの伝え方は当然あるでしょうが、伝えようとするもの自体がディレクター本人のなにか、主義や主張や思想や気持ちなどであってはなりません。ここが報道と混同されるところです。報道ももちろん自己表現ではありませんが、一般番組はディレクターが〝自分なりの伝え方で（つまり主観で）〟伝えるところが報道とは決定的に違うところです。だからディレクターが変われば違う番組になります。「一般番組」は職人（プロフェッショナル）が作るもので、職人は芸術家（アーティスト）ではありません。ですから「一般番組」は芸術ではありません。商品、もしくは製品というのが近いでしょう。商業映画とドラマは、芸術の要素がゼロではないというだけで、芸術だと言い張るのは正直苦しいと思います。そっち方面の人は、その辺のバランスの取り方に苦労しているのでしょう。

陶芸に例えればわかりやすいでしょうか。陶芸家が作る「芸術品」は陶芸家自身が気に入ったものだけが世に出ます。芸術性が第一であって、器としての機能性は二の次です。でも、職人が作った日常的な陶器は機能性がすべてであり、誰が作ったか、制作者が気に入っているかどうかはどうでもいいことです。一般番組が、誰が作ったかはどうでもいいと思われている理由は、自己を表現するものではないからです。しかし、誰が作ったかで面白いか面白くないかが変わるわけですから（ここが芸術であるかのような部分）実は重要なことなのですが、報道系動画しか知らない人はこれが理解できず、誰が作っても同じだと思っているわけです。ましてや分業制で大勢で作ったものなど、全員の公約数的な、つまり誰でも考えつくお決まりのものにしかならないため、面白い＝ユニークなものには絶対になりません。広告も含めた「一般番組」というものは、機能性、つまり伝えるべきことをきちんと効果的に伝えるように作られているか、がすべてです。「番組になっていない」とは「製品としての基準を満たしていない」「効果的に作られていない」という意味です。

難しいことではありません。第2章の広告の基本形のところを見返してみてください。告知部分以外の部分は「番組部分」といいます。広告から告知部分をなくしたものが番組だと前半でいいました。前半全部をかけて説明したように、番組では「客をキャッチし、本題へ導いて、伝えたいことを受け取ってもらう」ことができればいいのです。「番組にする」とは「キャッチ・リード・ボディ」がそれぞれ機能を発揮するように作ることです。基本形というのは「最も多くの場合において、機能性が最も発揮される形」なのですから、基本形に準じたものであれば間違いはないはずです。そのためには、相手を考え、相手の嗜好に合わせ、どうキャッチするのか、どう本題へ導くのか、どんなベネフィットを伝えるべきなのか、コミュニティとベネフィットに最適なメディアを選ぶ…といった前半で説明したことが必要になってきます。広告動画を解説する本なのに、前半の広告部分がやたら長いのはこういうわけです。前半を全部理解していないと、広告はもちろん、実は一般番組も作れないのです。

上記のことを計算して、一字一句に至るまでディレクターが創り上げたものが「一般番組」です。つまり、すべて計画された〝作り事〟でできています。計画されていないショーなんて、面白いものになるわけがありません。もちろん、撮影の段階で計画よりも面白いハプニングが起きれば、それを取り入れるのは良いのです。しかし、最初になにも計画しないで、行き当たりばったりに出演者のリアクションだけに頼り切っても、面白くなる保証はどこにもありません。構成表は最低限の〝面白い〟を保証するものであり、この時点で面白くないものには、GOサインは出しようがないはずです。

一般番組はドラマと同様、紙の上で作るものです。企画を立て、リサーチをし、リサーチの情報を基に構成表を書きます。ここまでが〝ソフト〟の部分であり、この構成表こそが〝一般番組〟です。この状態で完璧でなければいけません。この段階ではただの妄想なのですから完璧なのです。台本は撮影する際の出演者への、コンテはカメラマンへの指示書に過ぎません。その後の「収録」「編集」「MA」といったことは「ハード」の部分であり、紙に書いた〝一般番組〟を具現化するだけの作業に過ぎません。単なる方式変換です（実際に撮影をしてみれば理想通りにはいかず、理想とはやや違ったものになってしまうものですが）。

「全てのものは二度作られる」の言葉通り、番組もまさに二度作られるものです。最初は構成表（完成予想図）として、紙の上で。二度目はそれを単に具現化するための収録・編集・MAといった作業を経て出来上がります。この一度目の作成こそがまさに「ソフト」の部分であり、これを「創作」といい、これがディレクターのメインの仕事です。二度目の作成、「作業」の部分では、放送レベルではそれぞれの専門職がやってくれて、ディレクターは計画通りのものに仕上がるように監督をするだけです。だからディレクターの日本語名は「監督」です。作業に入る前の段階で、既に紙の上か少なくとも頭の中に完璧な完成形が出来上がっていなければ「監督」できません。

リサーチ（取材）と本番の違い

最近は、リサーチ（取材）と本番の違いがわからない人が多いようです。報道系動画しか知らない人ばかりになり、報道系動画には本番はなく、彼らにとっては取材がそのまま撮影することだからです。番組系動画では、撮影は本番でしかしません。リサーチとは「ディレクターが台本を書くために情報を集めること」です。この段階で映像を撮ってもそれは「取材映像」であり、台本を作るための「資料」でしかありません。本番とはあくまでも「リサーチで得られた情報を基に、制作者が吟味・再構成したもの」であり、その情報発信者はディレクターです。本番とは、平たく言えば「台本・コンテに書かれたもの」であり「ディレクターが作ったもの」です。世間で拾ってきた情報をそのまま垂れ流すのは報道であり、それは「番組になっていない」のです。

美容院の広告動画だとしましょう。店長が出てきて勝手にしゃべる。なにをしゃべるのかは店長次第。言ってみれば店長の生の言葉。それを録画するのは「リサーチ」です。そしてそれは記録映像でしかありません。この言葉をディレクターが書き起こし、吟味・再構成した上で、では店長にはこう言ってもらおうとディレクターがセリフを書いて店長役の出演者（本人）に言わせて撮ったものが「本番」であり、「作った映像」です。視聴者からは「店長の生のトーク」のように見えますが、実はディレクターが店長に〝言わせたセリフ〟です。とはいえ、「ディレクターが整理整頓した言葉を店長が言い直したもの」ですから「店長の言葉ではない」「嘘」ということにはなりません。

なおその際、素人のセリフはキーワードだけの一言二言程度にして、ほとんどをナレーションとしてプロのナレーターがしゃべるようにするのがプロの基本技です。素人が考えた要領を得ない文言を、素人がたどたどしくしゃべる様子など、それを見せられる視聴者にとっては最早拷問でしかありません。業界には「素人にしゃべらすな」という言葉があります。これはプロの鉄則であり常識です。うまいしゃべりは見ている人の心にまで染み入るように届きますが、ヘタなしゃべりは見ている人にとって聞き苦しく、不愉快でしかありません。その動画が面白いか面白くないかはある程度見てみなければわかりませんが、始まったとたんにしゃべりがヘタ、声が聞き苦しいと、視聴者はその瞬間に見るのが嫌になってしまうのです。この本の第8章の実例解説で、著者がナレーションをしているワークショップの動画を解説しますが、ご覧いただければナレーションがヘタなことが、その先を見ようという気をかなり阻害していることを感じて頂けると思います。ユーチューバーだって、みんな素人なのだから内容は似たようなものですが、声が良く、しゃべりがうまい、いわゆるイケボの人は圧倒的に人気があります。反対に内容は面白いのに声が悪いと人気がなかなか伸びないのです。しゃべりがヘタだと、面白いことを言っていても面白いと思ってもらえません。しゃべりのうまい／ヘタは、その動画を先まで見てもらえるか、それともすぐに見るのをやめてしまうかを左右する圧倒的に重要なポイントです。

また、ドキュメンタリー仕立ての場合は先にセリフを用意しておくことが難しいので、取材映像を本番として使うことが多いのですが、それはそのまま使うのではなく、必要な部分だけを恣意的に切り取っています。セリフの合間なども細かく間合いを詰めたりしてできるだけ「うまいしゃべり」に加工します。場合によっては単語レベルでつなぎ合わせ、実際には言ってもいない発言を作り上げたりもします（大抵は長い文章を中抜きして短い文章にするくらいですが）。ドキュメンタリー仕立ての場合は「本番」を撮れないことが多いので、「取材映像」を素材として「本番」を編集で作り上げるわけです。すべてが「本物」ではない「作り物」「偽物」「再現」です。作った映像だけでできている、それが一般番組です。これはドラマや映画も同じです。映画・ドラマは「本人出演者さえ本物ではない（芸術は一切本物を使ってはいけないからです）」のと「必ず本番がある」というだけで、ほかにはカメラ視点以外に違いはありません。

ドラマはストーリーを自由な発想で作ることができますが、一般番組（特にCM）はテーマが決められています。決められたテーマがあって、そこから伝えるべきベネフィットを抽出し、そのベネフィットを抽象的に伝えるストーリーを作ります。ストーリーを作る際にはまず〝最初の状況〟を設定するのですが、ドラマの場合にはそれが現実を模したものになり、一般番組の場合はスタジオのセットといった現実には無い独特なものになります。あとはどちらも、そのストーリーを出演者が演じていくわけですから、カメラの視点以外はドラマとなにも変わりません。

参考までにドキュメンタリーは…

先に「ドキュメンタリー仕立て」の説明をしましたが、「（報道系動画の）ドキュメンタリー」と「ドキュメンタリー番組」と「ドキュメンタリー仕立ての一般番組」は違うものです。「ドキュメンタリー」は、まず自分の訴えたいことがあり、その証拠として映像を並べます。これは科学の実験報告の論文のようなものです。〝本物映像〟でないと証拠能力がないので必ず本物映像を使います。ドキュメンタリーはあくまでも報道系動画であって、現実をそのまま伝えるものです。

ドキュメンタリーを含む報道系動画は本物映像を並べるだけで作れますので、映像制作をする必要はありません。ただし、「科学の実験報告論文」

は専門家しか読まないのと同様、本物映像を並べただけのドキュメンタリーも一般向けのものではなく、一般の人へ向けた解説などはありません。一般の人にもわかるように解説を付けるならば、その部分には本物映像などありませんので作らなければなりません。しかし、純粋なドキュメンタリーには制作映像を使うわけにはいかないので、原則として解説部分がないのです。一方、テレビ番組では解説しないわけにはいかないので、制作映像で作った解説部分を組み込むことになります。それが「ドキュメンタリー番組」であり、カテゴリーとしてはドキュメンタリーと一般番組の中間に位置します。

一般番組をドキュメンタリー仕立て（ドキュメンタリー風）にすることはできますが、本物のドキュメンタリーにはなりませんし、部分的に一般番組になったりドキュメンタリーになったりとジャンル・カテゴリーを途中で切り替えることもできません。本物映像を素材として使用することはできますが、番組系動画はすべての画が〝作った映像〟であることが定義である（本物を使えば〝表現〟ではなくなる）ため、本物映像を一般番組に組み込んだ瞬間にその画は〝作った映像〟となってしまい、「本物映像で代用した（芸術的価値を下げる）」ことにしかなりません。報道系動画では本物映像と制作映像を共存させることができますが、番組系動画ではすべてが制作映像となってしまうため、共存はできません。

広告としての動画の特性

動画の長所と短所

動画でありさえすれば見てもらえるわけではありません。動画はむしろ欠点ばかりが多く、難易度の高いメディアです。その代わりうまく作れば、他のメディアは足元にも及ばない強力な長所が2点だけあります（表4-2）。

表4-2　動画の長所と短所

長所	短所
動きを伝えられる	アイ・キャッチできない
最強のネタを伝えるのに最適	落ち着ける環境が必須
	閲覧が面倒臭い
	消えてなくなる

まず、動画はアイ・キャッチができません。つまり、消費者の目を引くことができません。YouTubeで動画を再生するページに行くと、右側にずらっとオススメ動画が並びますが、まともなユーチューバーのものは、必ずサムネイルという表紙のような画面が作られているはずです。動画では目を引けないので、静止画と文字でアイ・キャッチをしているのです。マウス・オーバーするとちょっとだけ再生されますが、もし常時あれだけの動画が再生されていたらどうでしょう。気が狂うほど目障りでしょう。動画は直視していないときには目障りな点滅でしかありません。従って動画が視聴者を増やすには、内容に基づく評判に頼る以外にありません。「内容

が話題になる」ということです。サムネイルも内容に基づき評判になることを想定したもの（話題となりそう＝興味を引きそうなネタ）を発信しているのです。さらに広告動画の場合は通常、サムネイルで選んでもらえるはずもないので、衆目を集めるメイン・コンテンツに貼り付ける（他所の動画にコバンザメのように貼り付ける）という形でしか存在できません。独立した動画として存在できず、他の動画を見たついでに見てもらうということです。だからテレビ局は〝番組〟を放送しているわけで、もしCMだけを流して見てもらえるのならば高い金を掛けて番組を作ったりはしません。広告動画は「すでに画面を見ている人に対してだけ有効」です。そして、画面を見ているということは、そこにはすでに見たいもの（メイン・コンテンツ＝番組）があり、広告動画は常にお邪魔虫（サブ・コンテンツ）でしかないということを意味しています。それがいやなら広告動画自体を、衆目を集められるほどの面白いもの（メイン・コンテンツとして自立できるもの）にするしかありません。が、面白いかどうかは見てみなければわからないので、やはり他所の動画に貼り付けなければ見てもらうことはできません。

また、人は落ち着いた環境でなければ、動画を見ようと思いません。歩いているときに動画を見ている人は、まずいないでしょう（いるならやめてください。社会の迷惑です）。電車の中ではみんなスマホを見ていますが、あれはSNSなどを見ているのであって、動画を見る人はあまりいません。いたとしても必ず自分の安全が確保されている状態のはずです。動画は没入感が強く没入している間は無防備になるので、落ち着いた環境で自分の身の安全が確保されていないと見ようとは思わないものです。没入したいからこそ、家のテレビをどんどん大きくするのです。没入してもらえるからこそ、訴求力も強く印象的なのです。だから動画は、没入しにくい環境に置いても意味がありません。動画も広告動画も、動画専門メディアに置かれてこそ初めて有効となります（ショート動画は少し事情が異なります。印象的に伝えることはできませんが、無条件で見てもらえるので周知だけはできます。しかし、だからといって広告ばかりになってしまえばショート動画自体を誰も見なくなるでしょう）。

動画は閲覧するのに時間がかかります。文字と違って斜め読みができません。自分のペースで閲覧できません。つまり面倒臭いのです。広告だとわかっている、つまらないとわかっている、見る必要がない動画をわざわざ見る人はいません。極めて特殊な一部のものを除き、動画での商品の取扱説明書など、消費者にとっては迷惑でしかありません。

しかし、人がある動画を「本気で見よう」とするときは、初めから動画を見るつもりで時間を用意して接触するので、ある程度の尺（15〜20秒程度）であれば見てもらえるのです。そうしなければ、その動画が見続けるに値するものかどうかがわからないからです。YouTubeでは15秒までに半分ほどが離脱しますが、そういう人たちは初めからほとんど見る気などありません。これはインターネット（もしくはYouTube）特有の現象であって、動画の特性ではありません。

そして再生してもらえたとしても、動画は消えてなくなってしまいます。テロップもせいぜい5秒程度で消えてなくなります。なので、文字で伝えるのならば、動画ファイルにせずサイトに活字で大きく書いておいた方がずっと利口です。訪れた人全員に必ず読んでもらえます。そして半永久的にそこから消えてなくなることもありません。文字は動かない方が読み易いに決まっています。

サイトでもプレゼンでも、文字、静止画、音声、動画、全部使えます。文字で伝えた方がいいことは文字で、イラストで伝えた方がいいことはイラストで伝えるのが一番良いに決まっています。テレビといった動画専門メディアでは、動画しか使えないので仕方なく文字も静止画も動画ファイルにしているだけです。本来の順序では、動画で伝えた方がいいこと、あるいは動画でしか伝えられないことがあって初めて「動画を作りたい」ということになるはずです。「動画で伝えた方が良いこと」というのは、たった2つしかありません。前項で「動画は2つの種類がある」という話をしましたが、それと直結する話です。

1つ目は動きそのものを伝えたい場合です。「どんな風に」です。この「動きそのもの」や「どんな風に」を写したものが「記録映像」であり、それを整理整頓して並べただけのものが報道系動画です。例えば踊りや紐の結び方を伝えるには、文字や写真やイラストより動画が良いでしょう。ただし、これも時と場合により、報道系動画の場合はいつだって動画が最強というわけではありません。ワン・ステップずつじっくり見たい人には、動かない連続写真の方がいちいち巻き戻す手間がなくて便利かもしれません。踊りの教科書として伝えたいのならば動画と連続写真の両方がある方がより良さそうです。ニュースで犯人の顔を見せるには写真の方が良く、だからテレビ・ニュースでも写真かストップ・モーションにしています。つまるところ、誰に（ターゲット）、なにをどう伝えたいのかによるのです。報道系動画が動画という形を取っているのは、見せ方の1つでしかなく、必ずしも動画である必要はなく、動画で見せるのがベストであるわけでもありません。

そして、残りの1つ。この1つのことだけが特に重要で、動画が動画である理由、動画の存在意義です。番組系動画は「創作したもの」を伝える（=表現する）動画でした。なにを創作すればいいのか。それは人間なら誰もが最も興味を持っているもの、本能的に興味を持たざるを得ないものです。だから時代が変わっても絶対に変わることも廃れることもありません。この「地球上で最強のキャッチのネタ」を伝えるのが動画の役割なのですが、これを説明するには、まず「動画とはなにか」から順を追って説明していく必要があります。

動画とはなにか

動画はご存知のように細かい連続写真です。テレビの場合、1秒間に60枚の画があり、それが連続で表示されることで動いているように見えるだけです。ですから、その正体としては、写真と変わりありません。では、写真とはなにが違うのかといえば、時間の流れがあるということです。それは、「変化」があるということです（図4-1）。

図4-1　動画の時間軸

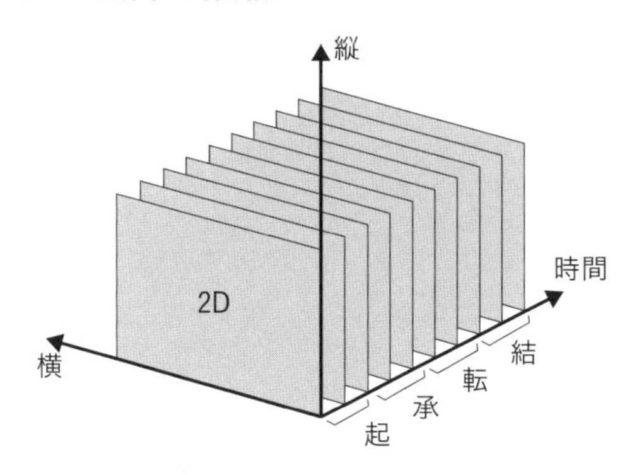

写真や絵画などは縦と横だけがあり、通常二次元や2Dなどと呼ばれます。それにZ軸方向に奥行きが付いたものが三次元、3Dです。動画は、1コマ1コマは2Dですが、Z軸方向が奥行きの代わりに時間となっている3Dです。

動画を扱うには、物事を時間軸方向（奥行き方向）に立体的に把握する力が必要です。目の前のことしか把握できない、いわゆる分裂的な感覚では動画を扱うことはできません。それは空間認知能力が必要ということですから、もしかすると運動音痴の人は向いていないという傾向があるかもしれません。簡単な言い方で表すと「先を読む」ということで、①最初の状況がこうで、②ああなって（事件が起き）、③こうなる（結論）、という3つ先まで考えるということです。

この時間軸の一番手前の周辺部分を「起」といい、その向こうを「承」、さらにその向こうが「転」であり、最後が「結」といいます。つまり、起承転結とは時間軸の部分部分の名前であり、時間軸そのものです。起承転結が無いということは時間軸が無いということです。動画の定義を「時間が流れていること」とするならば、起承転結（ストーリー）が無いものはもはや動画でさえないわけです。木の枝が風に揺れているのは、動いているのだから時間が流れているのかといえばそうではなく、その動きにはなにも変化も進展もないのですから、時間が流れていることに意味がありません。極めて短い時間が流れてはいますが、時間軸が「起」の部分だけでループしてしまっているわけです。いつまで経っても承や転に行かない、それが変化も進展もないということであり、ああもこうもなりません。事態が時間軸に沿って進展しないのならば、それは静止画だということです。

ある人が太っていた時の写真と痩せた後の写真を並べて、毎日運動をしたら痩せた…というのも確かに変化です。しかし、変化の過程がありません。2枚目にちょっと痩せたところ、3枚目にもうちょっと痩せたところの写真を加えれば、過程も見せることができます。その変化の過程をどんどん細かくしていけば、やがては動画のようになります。どんどん細かくしていくとそこに時間の流れができるということです。しかし、それだけではまだストーリー（番組系動画）ではなく、太った人が痩せていくだけの記録映像（＝報道系動画）に過ぎません。ストーリーにするためには「事件」を入れてあげます。「事件」とは「変化の切掛け」であり、「誰かがなにかをする」ということです。太った人はなにかをしたから痩せていくわけで、その原因となった「事件」があるはずです。すると「太っている人が運動をしたおかげで、痩せていく」という「事件（原因）と変化」が描かれることになります。「太っている」という最初の状況があり（起）、「運動をする」という事件があって（承）、「徐々に痩せていく」という変化が起こり（転）、「すっかり痩せた」という結果（結）が示される。これがストーリーです。

人はストーリーが大好きです。なにも変わらないものをずっと見ているのは退屈ですが、変化をしていく様を見ているのは、割と面白いでしょう。最低限ストーリーさえあれば、退屈なものにはなりません。

では「地球上で最強のキャッチのネタ」というのはストーリーのことかというと違います。「水戸黄門」は、ストーリーはあるけれどいつも同じです。考えてみれば「スター・ウォーズ」も、「トゥーム・レイダー」もストーリーは初めからわかっています。ではなぜストーリーが多くの人に好まれるのでしょうか。

実はストーリーは見る人を引き込むための1つの手段、面白く見せる手法の1つでしかなく、動画で〝伝えるべきもの〟がストーリーであるわけではありません。実は多くの場合ストーリーそのものは大して面白くはなく、ストーリーでしか表せないものを描くためにストーリーが必要なのです。ストーリーでしか表せないもの、それは「キャラクター」です。キャラクターは変化に対するリアクションによって描かれるものなので、ストーリーで表すのが最適です。

しかし、まだ答えではありません。ここまでしか考えが及ばず、答えを「キャラクター」だと思っている人は悲劇的な間違いをします。テレビ番組や一部の商業主義映画がそうです。今人気のある有名人を出しさえすればウケると思ってしまうのです。そもそもここでいう「キャラクター」は、「有名人」や「人気者」という意味ではなく、「人柄」のことです。

「水曜どうでしょう」という番組で俳優の大泉洋が人気となりました。だからといって、大泉洋を連れてきて「なにか面白いことを言ってください」といって観察し撮影しても、面白い番組にはなりません。大泉洋のおしゃべりは面白かったとしても、それは大泉洋の言動の記録映像でしかなく、番組として面白いのではありません。ではなぜ「水曜どうでしょう」は面白いとされるのでしょう。

動画はキャラクターを描くもの

あの番組が始まった時、彼はまだアルバイトの大学生か卒業したばかりくらいだったはずです。一方、藤村ディレクターは番組を任されるほどの一人前のディレクターであり、共演者の鈴井貴之は人気劇団の社長です。立派な社会人を相手に、アルバイトの大学生が「バカヤロウ！　ヒゲダルマ、キミはボクを殺す気か?」など、あんな態度であんな口を利くわけがありません。あの番組に写っている大泉洋というキャラクターは番組の中で作られたキャラクターなのです。映像に写っているのは、番組と大泉洋氏本人が作り上げた「キャラクター（別の人格）」なのであり、大泉洋というキャラクターを大泉洋氏本人が演じているだけです。ということは、それはスター・ウォーズのダース・ベイダーやルパン三世のルパンと同じだということです。ダース・ベイダーやその中の人を連れてきて観察していたって、面白い番組になるわけがありません。

つまり番組でキャラクターを作り、そのキャラクターをヒーローに祭り上げる（「キャラを立てる」といいます）ことをしなければいけないのです。そしてこれは、実は著者が「インスタント・ヒーロー」と呼んでいる広告の手法の1つであり、テレビ番組の最も基本的な作り方の1つでもあります。この手法は、大昔から印刷系でも映像系でもすべてのコンテンツで常に使われますが、広告ではそんなには使われません。最も強力な手法でありながら、キャラクターやそれを描くためのストーリーを創作しなければならず、しかもストーリーを伝えるにはそれなりの尺（印刷媒体では閲覧者に対する拘束時間）が必要になるので、尺が極端に制限されている広告では難易度が高くなりすぎるからです。ですが、動画は極めて短い時間でストーリーを伝えることができるので、まさにこの「インスタント・ヒーロー」をやるのに打って付けです。だからこそ、「キャラクター」こそが、動画で伝えるべきことになるのです。キャラクターを描くのも、それをヒーローに祭り上げるのも、どちらも意図的にやるには「ストーリー」を使う以外、たぶん方法がありません（意図的でなければ事件や事故を利用する方法があります）。テレビ番組ではなにかを紹介したり、リポートする場合にもほぼ常にこの手法が使われます。食べ物屋を紹介するのも、店や食事を紹介もしますが、実は店長か食べる人を面白く描くなどキャラクターを絡めているはずです。人間の興味の対象は常に「人」なのです。そしてCMでも、白い犬も初代のピップ・エレキバンも正にそうです。わずか15秒や30秒のストーリーでヒーローを仕立て上げました。

そしてそれは通販番組でさえ同じです。通販番組といえば高田（たかた）社長を頭に思い浮かべる方が多いでしょう。こちらはストーリーではありませんし意図的でさえありませんけれども、あの独特の声が差別化する役割を果たし、ハンデをものともしない真摯な努力や態度といったキャラクターを際立たせることになりヒーローになったのです。同じような通販番組の中でジャパネットだけが際立っていたのも、高田社長のキャラクターによるものであることは誰も疑う余地すらないでしょう。まったく同じことを他の人がやってもダメなことが、これを証明しています。

ストーリーやキャラクターを扱えるメディアは動画だけではありません。文章なら小説、絵なら漫画です。どちらも時間の流れがあるということと、そのために読むのに時間が掛かる＝アイ・キャッチできないという欠点を共有することにも留意してください。時間の流れで勝負しているのですから、即時性を求められるアイ・キャッチができないのは当然です。この中で一番短い時間でキャラクターを伝えられるのが動画です。

小説では、ストーリーを伝えるのも、キャラを立てるのもすごく時間がかかります。少なくとも単行本1冊くらいは掛かるでしょう。百歩譲って短編1本だとしても、読むのには小一時間ほど掛かります。ショートショートという小説もありますが、短すぎるので1本ではヒーローを仕立て上げることはできません。だから、ショートショートは常にストーリー（状況とその変化）だけを楽しむものです。

漫画は小説より単位時間内で伝えられる情報量が多いので時間は短くなりますが、それでも8ページのギャグマンガ1本だけではヒーローは作れないでしょう。20〜30ページくらいの短編ならなんとかなるでしょうか。キャラを立てることはなんとかできそうですが、短編1本だけで人気が出るとは思えません。やはり、単行本1冊くらいは必要でしょうか。だから印刷系の広告ではちょっと難しいのです。

そこへ行くと動画は、最短でわずか15秒1本でヒーローを作り出すことができます。ピップ・エレキバンの初代CMは共演者との会話だけで会長のキャラクターを描いていますので、動画としては上等とはいえませんが、それでも動画の特性をうまく利用しています。この場合、会話に変化があるので、会話がストーリーということです。喜んで「ピップ・エレキバン」を繰り返していた会長が「もう一回良い?」と聞いて、藤村俊二にアドリブで「ダメ!」と言われる。これが「事件」です。予定になかったダメ出しを受けてびっくりしたような、呆然としたような、なんとも言えない会長の表情が「変化」であり「結果」です。この表情だけなら写真でも伝えられるだろうと思ったら大間違いで、その前の「状況（喜んで繰り返していた）」

と「事件（ダメ!）」があってこそのあの表情なのです。ストーリーが最後のあの表情に付加価値を付け、より鮮明に印象的にキャラクターを描くことができたのです。この「演出（起承転）」がなければ、この会長は人気者にはならなかったでしょう。

CMはあまりに短く、ショートショートと同じようにキャラクターを十分に描けるほどストーリーをつづることが難しいので、「インスタント・ヒーロー」はいつも使われるわけではありませんが、頻繁に流されるので、繰り返し効果やシリーズ化といった特殊な技が利用できます。ピップ・エレキバンの初代CMは1回だけでは大爆笑というほどではありませんが、繰り返し効果によって見れば見るほど面白いものになっていますし、〝白い犬〟ではシリーズ化することによって尺の短さを補っています。

15秒のCMは尺がないから難しいというだけで、「インスタント・ヒーローをやらなければ動画にする意味がない」といっても過言ではありません。実際、映画でもテレビ番組でもすべてそうです。キャラが立っていない映画や番組など、まずヒットしません。

結局「インスタント・ヒーロー」は視聴者になにを提供するのかといえば、それは「出会い」です。人はいつでも「良い事ないかなぁ」と思いながら生きています。その「良い事」とは「出会い」です。異性に限らず、面白いキャラクターとの出会い。1人でゴルフに行く人もいますが、誰もいないコースで、1人でゴルフをしてもあまり面白くないでしょう。必ず誰かとの出会いを求めてゴルフ場に行くはずです。初めての人との出会い、あるいは久しぶりの人との出会い。それらを求めるのは、代わり映えしない日常に変化を求めているからです。人はキャラクターが好きだといっても、どんなキャラクターでも良いわけではありません。好まれるようなキャラクターを作り上げる必要があります。ここで大ヒットだったりそこそこだったりという誤差が生じるのです。そして視聴者は、このキャラクターたちに会いたいからテレビを見たり、映画館に行ったりするのです。動画が伝えるべきもの、究極のキラー・コンテンツは「素敵なキャラクターとの出会い」です。これが「最強不変のキャッチ・ネタ」です。動画とは「素敵なキャラクターと出会わせるもの」であり、これが無いのならば動画にする意味はあまりありません。これを創作できないのならば、動画を作れることにはなりません。

キャラクターの描き方

動画ではストーリーを描き、その中でキャラクターを伝えます。では、ストーリーはどのようにキャラクターを描き出すのでしょうか。

ストーリーには最初に状況設定があります。そしてそこに登場するキャラクターが、状況が変化したときどう対応するのか、どのような言動をするのかを決めます。それを「リアクション」といいます。キャラクターはリアクションによってのみ描かれます。

実はストーリーさえあれば、キャラクターを描くことはさほど難しいことではありません。勝手にキャラが立ってくれたりするものですし、そもそも実はキャラクターばかりはやってみないことにはウケるかどうか、どの程度ウケるかはわからないため、答えの無いことは考える必要はないからです。しかし、ストーリーは考えなければいけません。ストーリーには役割があり、キチンと考えるべき作り方、つまり答えがあります。特に広告動画では、「ストーリーはベネフィットから」「キャラクターは解説型ならクライアントその人、ドラマ型ならペルソナ」と、〝お題〟がすでに決められているのです。そのベネフィットやキャラクターをストーリーで表す、そんなストーリーを考えれば良いわけです。

「美容院なんてどの店もみんな同じようでサービスも似たり寄ったりで、差別化できない」と考えがちでしょう。しかし店長は必ずみんな違うはずです。ですから、店長をキャラクターとしたストーリーの動画を作れば必ず差別化できます。テレビ屋的な言い方をするなら「店長をどうウルか」を考えれば良いわけです。自分のサイトには、店長を魅力的に描いた動画を置くのが一番効果的で、他のことは動画にはしない方が良いのです。逆にキャラクターを描いていない動画など、あってもまったく意味がありません。店の様子や雑感などは動画にすると妙に現実的で生活感が出て、ショボく見えてしまいます。商品によっては、その商品を使っている状況（商品の動作の様子）を見せることがすでに興味のある人に対しては有効（つまり販売では有効）ですが、興味の無い人を呼ぶ力、引き付ける力はほとんどありません。

前半で例として作った「最新ファッションから今夜の献立まで。なんでも相談できる女子力博士」というのも、店長のキャラクターを描いているということに気が付いてもらえたでしょうか。「今夜の献立」で料理がうまいということを、「なんでも相談できる」で包容力のある人柄を表しているのです。ポスターであろうが動画であろうがその他のコンテンツであろうが、世界で一番広く人を引き付けるネタは「キャラクターとの出会い」です。それを最も短い時間で、しかも身に纏う雰囲気やオーラ（それらをまとめて臨場感といいます）さえも伝えられるものが動画だから、動画が〝最強〟なのです。

動画を作る際には、動画で伝えるべきベネフィットを選ばなければなりません。このベネフィットは動画用だなとか、このベネフィットは活字で伝えた方が良いとか、ベネフィットをどのコミュニケーション・ツールで伝えるべきかを仕分けすることが必要です。とはいえ、動画で伝えるべきベネフィットは「どんな風に」か「キャラクター」しかありません。そして「どんな風に」は記録映像でしかないので、使うとしたらプッシュ広告です。従って、極論すれば宣伝のための動画とはキャラクターを描く動画であるということです。

動画の原理
～動作を連ねてストーリーを描き、ストーリーでキャラクターを描く

カメラに写されるものは常に「どんな風に」ですが、報道系動画と番組系動画では、小さな、しかし決定的な違いがあります。報道系動画は単に〝動き〟を写しますが、番組系動画は〝動作〟を写すのです。動作とは単なる動きではなく、「意図を持った動き」のことです。それは同時に「意味のある動き」「目的を持った動き」と言い換えることもできます。意図や意味があるとは、「変化を起こそうとする意思がある」動きであるということで

す。エンジンが動いているのも動作ですが、そこにはエンジンを作った人の、クランク軸を回そうとする意図があるわけです。一方、草が風に揺れているのは、風には草を揺らそうとする意図も、草は揺れることによってなにかをしようという意図もありません。だからこれは動作ではありません。しかし、子供が息を吹きかけて葉っぱを揺らしたのならば、そこには葉っぱを揺らそうとする人間の意図があるので、息を吹きかけるということが動作になります。葉っぱが揺れたことは動作ではありません。まず、揺れていない葉っぱがあり（最初の状況＝起）、子供が息を吹きかけた（事件＝承）ので葉っぱが揺れ（変化＝転）、葉っぱに乗っていたテントウムシが地面に落ちる（結果＝結）わけです。動作には意図・目的があるわけですから、必ず結末があります。つまり、1つの動作はそれ自体で一番小さなストーリーになります。ただ動いているだけでは進展がないのでなんの結末も迎えませんが、動作は目的がある動きなので必ずなんらかの結末を迎える、つまりストーリーになるわけです。これが単なる「動き」と「動作」との違いです。そして、落ちたテントウムシは慌てて飛んで逃げ出し、それを子供が追い掛けるといったように、動作がつながっていくことでストーリーが続いていきます。動画は動作を写し、写した動作をつないでいくことでストーリーを描く。動作をつないでいくためには時間の流れが必要なので、だから動画には時間が流れているのです。これが動画の原理です。

なぜ意思や意図が大事なのかというと、人はそれを面白いと感じるからです。自然の岩がどのような形をしていようが、普通誰も興味を持ちません。しかし、「見る角度によってはハートの形に見える岩」が話題になったりもします。それに人々が興味を持つのは、そこに何者かの意思・意図を感じるからです。まるで神様がわざとそうしたかのように感じるから面白いと思うのです。

動画もただ映像が並んでいるのではなく、ある意図を持ってそう並んでいるからこそ面白いのです。なにかを見ているAさんの画の次にビーフシチューの画が来るからこそ、Aさんがビーフシチューを見ているように見える、だから面白いのです。そして次にヨダレを垂らしたAさんのだらしない顔が映されれば、第1カットではシリアスでニヒル（ゴルゴ13でも想像してください）だったAさんが、あられもないだらしのない顔に「変化」したから面白いのです。いきなり第3カットのだらしない顔を見せてもそれはそれで少しは面白いかもしれませんが、それは程度の低い幼稚な笑い＝演出されていない笑いです。第1カットがシリアスでニヒルであるほど、その変化の度合いが大きくなり第3カットのだらしない顔はより面白いものになります。この〝より面白くすること〟が演出です。第1カットと第2カットは、第3カットに対して付加価値を付けているのです。この3つのカットはモンタージュでつながっているのですが、モンタージュというものは後ろに来るカットに付加価値を付けます。この〝付加価値を付けよう〟という狙いが制作者の意図です。第1カットと第2カットはたまたま意味なくそこにあるのではなく、制作者の意図によってそこにあるのです*。だからより面白くなり、印象的になるのです。動画が印象的で訴求力が強いというのは、モンタージュでつながれた動画のことだけであって、それはとりもなおさずストーリーが描かれている動画のことです。ストーリーに誰もが興味を持たざるを得ない最強のネタである〝キャラクター〟という付加価値を付け、極めて短い時間でより面白く印象的に伝えることができるのが動画です。

起承転結（ストーリー）の無い動画は面白くないとまではいいません。起承転結で見せることは面白く見せる手法の1つでしかなく、それ以外にも面白く見せる手法はあります。ただし当たり前のことですが、なにかしらの〝面白く見せる手法〟を使わなければ、面白くすることはできません。昔、小田和正の「言葉にできない」をBGMとした生命保険のCMで、一つひとつのカットをストップ・モーションにしたものを連続OLすることで、写真として見せるという手法が使われました。そのような手法は、時折目先を変えるという意味では有効（他とは違うということで人目を引ける）ですが、動画として見せるより面白くは絶対になりません。もし、みんなが同じことをやった

＊そのような意図を持って、そのようにカットを配置することが「編集する」ということです。

らどうでしょう？　ちっとも面白いものではなくなりますね。つまり、他がやっていないから目先が変わって興味を引かれたというだけであって、それ自体が面白いものではないのです。動画を写真として見せた方が面白くなるのならば、メディアの王様は写真だといわれるはずで、動画がメディアの王様といわれるわけがありません。

なんのために広告を動画にしたいのですか。それは、動画の「印象的で強い訴求力を利用したいから」であるはずです。それならばストーリー動画にしてキャラクターを描かなければ、動画にする意味がありません。

動画の自製化とはどういうことか

動画の深刻な問題

動画には深刻な問題が2つあります。「キャラクター（と動き）以外のものを伝えるのは他のメディア、特に文字には敵わない」ことと「活躍できる場が極めて限られている」ことです。要約すれば、広告動画が伝えられることはキャラクターだけ、活躍できる場は動画専門メディアだけということです。さらに広告動画は、メイン・コンテンツとして自立できるほどのものを作れる人はほとんどいません。

動画は、没入してもらってこそ最強のメディアです。没入してもらうためには、追いかけるべきストーリーが必要です。そしてテロップは没入を妨げるから極力出してはいけません。色々な事情や状況でいつもいつも強力なキャラクターを描くわけにはいかないかもしれません。しかし、適切なストーリーを作れない、映像でストーリーを語れないのならば、動画を作る意味がありません。そしてそれができる職人（プロ）は、この職人絶滅の時代にめっきり少なくなってしまったので、本当に質の高い広告動画を作りたいのならば、自分たちで〝計画〟できるようになるしかありません。その後の二回目の作業の方は、機材さえ買い込めば誰にでもできますし（ヘタでもあまり障害にならない）、この動画ブームのおかげでいくらでも安くやってくれる人がいます。一回目の作るということが自分たちでできるようになること。それが本当の意味での「動画の自製化」です。

ソフトとはディレクター

ソフトの部分、「一回目の作るということ」はディレクターが担うところで、ディレクターはコンピュータ・プログラム制作でいえばSEに当たります。全体を企画構成し、二回目の作るところでは現場の作業員に対し「なにをどんな風に作るのか」を指示します。つまり「作る主体」です。だからディレクターが〝わかっていなければ〟、いくら技術者や作業員が優秀でもロクなものは作れません。テレビの世界では大昔から分業化されていて、ソフトの部分は番組では放送作家が、CMでは広告代理店の出すプランナーが担っています（実はこの分業化は、ディレクターを無能化させテレビを没落させた致命的な欠陥システムなのですが、その話はまた別の機会に）。

テレビ黎明期、サントリーはこの「ソフト」の部分を自社の宣伝事業部や子会社で賄っていました。その結果、その後CM界の大御所をゴロゴロ輩出しました。一般の広告主のみなさんは、映像業界の構造や歴史を知らないので、ハードの部分しかできない業務レベルに広告動画を直接注文してしまいます。自製化を進めている会社も、カメラや編集機とその操作員だけを用意して動画を作ろうとしていることでしょう。それはソフトの担当者がまったくいない状態です。コンピュータ・プログラムでいえば、SEを雇わないでプログラマーに直接アプリケーションを作らせているようなものです。あるいは、印刷機と製本機だけ揃えて本を出版しようというようなものです。作家がいなければまともな本は作れません。ディレクターの別名はまさに「映像作家」というのです。これだけ動画が流行っているにもかかわらず、ディレクターの存在はまったく忘れられている。これが、大昔からいわれている日本人の悪い面「ソフトの価値がわからない」というところです。

原発の制御ロボットのCPUの設計だかプログラミングだかをやっていた、バリッバリの理系の友人がいるのですが、先日会ったときにはプレゼン用の動画を作らされていると言っていました。名前を出せば誰でも知っている大企業グループの会社なのですが、そんな大企業でもこの有様です。素人でも簡単にハードは手に入る時代ですから、プロとアマとの違いは「どんな番組を発想・計画できるのか」という「ソフト」の部分だけです。ソフトの重要性に早く気付いて、そこに金を出したところがこの先、勝ち残るのでしょう。

第5章
広告動画の作り方

解説者型（直接的）と イメージ型（間接的）

広告動画には、大きく分けて「解説者型（直接的）とイメージ型（ドラマ型・間接的）の2種類の型が存在します。前者がより原初的な形、後者はCMの尺が短く制限されるようになってから登場した新しい形です。

解説者型（直接的）

解説者とは広告主に雇われ広告主の言いたいことを代弁する人のことです。解説者が消費者に対し商品を説明するもので、パンフレットをそのまま動画化したようなものです。そのため、番組部分はプッシュになります。しかし、動画では販売はできないので告知部分は「GoTo」となります。広く外部の不特定多数に配布され、店舗へプルする広告なのでプル広告ではありますが、内容はプッシュになるわけです。プッシュ広告はセールス・トークを紙に書いたもの、セールス・マンの覚書、台本です。本来台本は客に見せるものではありませんが、現代では客に伝えるべき情報があまりにも雑多になったためセールス・マンが覚え切れず、ならば見栄えを良くして客に直接見せてしまおう、というものです。映像ではその紙（パンフレット）を写してしまっては、ドラマが芝居をせずに台本を写しているようなものになってしまいますので、解説者がセールス・トークをするわけです。カメラ視点は視聴者視点ですから、一般番組に分類されます。

CMの原初的な形ですから今でも広く展開されていますが、演出はほぼせずに商品そのもので興味を引こうというのですから、誰もが常に欲しいと思っているような商品か、もしくはターゲットの割合が極めて多い、商品との関連性が高いミニコミでは有効です。商品そのもので興味を引けるということは、そもそものターゲットをその商品に興味のある人だけに絞り込んでいるということですから、雑多な人が対象となるマスコミで展開すると非常に効率が悪いものとなります。十分に短ければ（15秒）嫌悪されるというほどのものでもないので、マスコミに展開しても一定の周知効果はありますが、大ヒットする（多くの人から好かれる＝宣伝の効果）ことはありません。原初的な形なので制作難易度が比較的低いところが長所ですが、雑多な人が集まっているマスコミには不向きな点が短所です。また、その商品に興味の無い人を引き込むこと＝面白くすることは、出演者自身の魅力に頼るくらいしかありません。外見上もほとんどプッシュ広告であるように、プル広告には向かない古い形です。

研究者や大学教授などが「この成分にはこんな作用があります」といった〝証言〟をする場合がありますが、これも解説者です。あるいは、商品の使用者が出てきて使用感を証言するのも解説者です。これら研究者や使用者の発言は一見証言をしているように見えるので、英語では「テスティモニアル（証明する物の意）」などと呼ばれますが、実は広告では証言にはならず*、単に広告主の主張を代弁しているだけです。もっと厳しくいうならば、頼まれてCMに〝出演（出て演じている）〟しているわけですから、お芝居でしかありません。ここが報道とは違うところです。

報道の客観性や正当性はメディア主によって保証されるものであるため、オウンドメディアでしか報道はできません。従って、オウンドメディアでのみ展開される販促資料には例え嘘事であってもメディア主の全責任の下

＊研究者や大学教授などは、その社会的地位・権威を後ろ盾として発言内容を保証しているわけですから、その発言は個人的なものではあり得ず、必ず社会的信用を賭けた公的な発言となります。そして、解説者は広告主の代弁者である上、そもそもCMは企業から消費者へのメッセージですから、そこに個人的な発言は存在できません。「※個人の見解です。」や「※個人の感想です。」といったテロップが出されることがありますが、それは企業の発言であるはずのものを個人に責任転嫁しているわけですから、著しく信用を損ないます。個人的な発言を客観的に伝えるのは報道であり、他人のメディアに掲載されるプル広告内では報道はできません。それをわきまえずに報道まがいのことをすれば、偽報道（ヤラセ）＝嘘となりメディア共々信用を失います。「個人の見解です」は、「メディアとしての意見ではありません」という意味で、メディア主が主催するメイン・コンテンツでしか成立しません。

に証拠として並べることができます。

解説者型とは消費者に直接なにかを伝える形ですから、要はビデオ・レターです。起承転結が無いわけではありませんが、物語としてのストーリーはありません。

なにかを伝えるには直接会って話をするのが一番ですが、ビデオ・レターは会って話すことに最も近い形ですから、あらゆるメディアの中で最もよく伝わり、直接的な説得力も高くなります。なぜ動画が直接会って話すことに一番近いのかといえば、動画は言葉のみならずその人の表情をはじめ情熱、勢い、雰囲気、テンション、人間性など多くの〝環境的情報〟が一緒に伝わるからです。「動画は伝えられる情報量が多い」というのは、いくつものテーマを一度に伝えられるという意味ではなく、〝環境に関する情報＝臨場感〟を一瞬で大量に伝えられるということです。「見ると聞くでは大違い」ということでしかありません。テーマは常に1つしか伝えることはできず、多くなればなるほど1つも伝わらなくなります。

キャスティング

動画では表情や人間性が一緒に伝わるので説得力が高くなるのですから、できるだけ表情や人間性の優れた人（良いキャラクター）に代弁してもらおうというのが解説者です。見せるべき画もなく、解説者も出てこず文字だけしか出てこないものは、動画にした意味が無いだけでなく、最も深刻な問題は視聴者に「よっぽど金がない三流の会社」と思われることです。直接説明をする形にするのならば、有名な人ではなくても、場合によっては動物や絵でも良いので、解説者は必ず置くことをお勧めします。

ただし解説者を考える場合、「テレビ向きの顔」というものがあり、テレビ向きではない顔の人は出さない方がマシです。これは顔が良い悪いではなく、ブ男でもテレビ向きの顔（ブサかわいいとか実直そうな顔）もありますし、ごく普通なのにテレビには向かないという顔もあります。これは「キャスティング」と呼ばれる作業で、広告に限らず映画や番組といったすべての動画の成否を左右することもよくある、極めて重要な要素です。

解説者として名も知れない人が出てきてしゃべるよりは、知名度も信用度も好感度も高い有名人が出てくる方が、説得力が高くなります。だから多くの場合有名人を使い、そうではない場合はその道の専門家を使います。権威を説得力にしようということです。しかし、素人はまずしゃべりはダメなのでしゃべりの上手い解説者もしくはナレーションを置き、専門家の発言は一言二言キーワードだけを採用するようにします。

解説者としての条件は「信用と影響力があること」です。有名人は、例えそれがディレクターから付けられたセリフであっても、その知名度から来る社会的信用を懸けて発言します。専門家も職業上の権威と社会的地位を懸けての発言となります。どちらも、もしその発言がデタラメや嘘であったなら、それがセリフであったとしても、世間の信用と仕事をも失うことになります。それだけのものを懸けての発言だから信用されるのです。有名人と無名人がしゃべるのでは、エヅラはまったく同じでも、画の意味はまったく違うのです。

ネットの宣伝手法で、インフルエンサーを利用するというものがあります。インフルエンサーとは「影響力のある人」という意味です。影響力の無い人は、誰にもなにも影響を及ぼしませんので、宣伝になりません。どのメディアにおいても、影響力の無い人の発言にはなんの効果もありません。いわゆる〝テスティモニアル（お客様の声）〟はあくまで販売に於いて特殊な役割*を持つのであって、プル広告に於いてはまったくなんの効果もないどころか、マイナスにしかなりません。

また、解説者の目線は必ずカメラ目線です。これが解説者型の映像上の最大の特徴です。解説者の目線がアサッテの方を向いていたら一体誰に解説しているのかわかりません。現実でもそうであるように、ソッポを向いて話せば相手に伝わるわけもなく、説得力も欠片もあるわけがありません。「動画の種類」のところの表4-1を見てもわかるように、視聴者主観という

＊購入を決断しかねている人に考える時間を与えると共に他所へ行かせず、場合によってはその背中を押すこともある。当然、プッシュ広告の最後、告知部分の直前か直後に置かれなければ意味が無い。

カメラ視点は一般番組にしかありません。記録映像ではまず滅多に主観視点は使われないため、記録映像しか知らない制作者は主観視点をまともに扱えないので、映像制作者のレベルを計るバロメーターの1つにもなっています。しかし、アマチュアであるはずのユーチューバーでさえ、ソッポを向いてしゃべっている人は見たことがありません。広告は広告主から消費者へのメッセージなのですから、目線が消費者へ向かっていなかったらメッセージも消費者へ向かわないので広告になりません。

解説者型の栄光と衰退

著者の父親である泉大助は、日本のCMタレント第一号として活躍した解説者型CMの第一人者でした。昔、まだVTRがなかった頃は、録画というものが一切できず、当然テレビはすべて生放送でした。もちろんCMも生放送でした。そして、15秒の生放送などできないので、CMも5分あったのです。つまり、CMとはいえしっかり番組だったのです。ところがその他の番組も生放送なので、前の番組がちゃんと時間に終わらないこともしばしばです。そんな場合にどうするかというと、予定の時間で終わらずに勝手に延長してしまうのです（今の人には、意味がわからないかもしれませんが、現在のように時間になったら機械で強制的に切り替わる訳ではなかったのです）。そのしわ寄せがCMに来ます。スタジオでスタンバイして待っていると、急遽、ディレクターから「前の番組が2分押しましたので、3分に変更になりました。では、入ります。5秒前、4、3…」となるわけです。5分で台本も全部頭に入っているのに、瞬間的に頭の中で3分に書き直して、まるで3分で予定していたかのように、すべての伝えるべきことを伝え、ぴったりの尺で話し終わるという神業をやってのけるのが当たり前という時代でした。

しかし、解説者型はセールス・マンがしゃべるのを写しただけの記録映像でしかないので、長くなる上つまらないという欠点があります。泉大助が活躍できたのは、上記の神業に加えて、しゃべりそのものが見るに値する芸の域に達していたことと、そこからくる説得力と信頼感、つまりキャラクターのおかげです。その説得力は、当時有名だった催眠術師に「あなたの方が私よりずっと（催眠術の）才能がある」と言われたほどで、政治家はもちろん新興宗教の教祖をやらないかと誘われたことまでもありました。そのためVTRの時代になってもたぶん唯一「こんにちは、泉大助です」という2分の自分の名前が付くCM番組を持っており「水戸黄門」や「大岡越前」の合間で流されていました。2分間1人でしゃべってCMをしても視聴者がチャンネルを変えてしまわない唯一の人だったということです。

また、テレビ黎明期頃はまだ物が無い時代で、テレビ、冷蔵庫、洗濯機が三種の神器といわれ、すべての家庭の憧れの的でした。そのため、家電製品のCMが誰もが興味のある大人気番組だったという背景もありました。

しかし、VTRが発明され録画ができるようになると、CMを短くすることになりました。クライアント側は「3分ならいいけど無理だろうな、2分か、最悪でも1分だろう」と誰もが思っていたようです。ところがテレビ局側は15秒と言ってきたのです。当時はデータなどまったくない時代ですから、テレビ局の人間が「何秒なら視聴者はチャンネルを変えないでいてくれるか」を必死に考えたのでしょう。

実際、人はこの動画を見ようと思って見始め、先を見続けるかどうかを「内容で」判断できるまでには20秒程度掛かります。

当然クライアントは猛抗議しました。でもテレビ局は譲歩しませんでした。「視聴者の都合よりクライアントの都合を優先させるわけにはいかない。長いCMをやりたければどうぞ他所へ行ってください」と毅然とした態度で臨んだのです*。

この頃はまだ、テレビは客商売だという当たり前のことをちゃんとわかっていたわけです。視聴者至上主義のその姿勢が、その後のテレビ黄金時代の基盤になっていたのは述べるまでもありません。しかし、このため泉大助の活躍の場は失われていったのです。解説者型CMの時代が終わりました。

オールド・スタイルの現状と問題点

解説者型は今でも十分に使えますし、基本ですから未熟な放送配信環境

＊父から聞いた話なので、細かいところは事実とは異なるかもしれません。

では多用される傾向にありますが、尺は長くならないように気を付けなければいけません。解説者型にさえなっていない「パンフレットを分解撮影しただけのもの」も含め、その退屈で長い尺はテレビ離れの促進に大いに貢献しています。このような「客に対して無神経な環境」を、マーケティングの世界では「客に帰れと言っている」と表現します。これはDRMを取り入れた「アメリカから来た新しい形」などではなく、単にレベルが低いだけです。しかもそのDRMにさえ、CTA（告知部分）は最後まで出すな、テスティモニアル（お客様の声）は本題の後に出せと書かれています。

オールド・スタイルでも15秒か、せめて30秒までならなんとかしのげるでしょう。20秒程度まで頑張ってくれた視聴者は、不愉快なものでさえなければあと10秒程度で終わりが見えているなら、わざわざチャンネルを変えたり電源を切ったりする人は多くはないでしょう。だから30秒までならなんとか許容範囲であるわけです。しかし30秒以上になると、その時見ている番組にさほど拘りがない視聴者はどんどん飛び始めます。「1分以上はストーリーが無ければ持たない」というのは、テレビの制作現場では大常識でした。著者が所属していた制作会社でも、ストーリーをつなげないディレクターは1分以上の番組は担当させてもらえませんでした。

CMを長くすればするほど、また売り付ければ売り付けるほどテレビ局は視聴者を失っていきます。それを知っていたからこそ、昔の地上波各局はテレビ・ショッピング系を断り続けていたのです。テレビ（地上波）を失うということは、世界的にも珍しい「唯一のほぼ全国民が参加するコミュニティ」という広告インフラを失うということです。コミュニティが細分化し続けるインターネットでは代替が利きません。テレビ（地上波）がミニコミ化（専門チャンネル化）やオンデマンド化すると一番困るのは大手企業です。オンデマンドに広告が割り込めば、オンデマンド性を阻害することにしかなりません。広告は益々邪魔者でしかなくなり、さらに忌み嫌われるものへと落ちました。もちろん、嫌われる広告に効果を期待してはいけません。オンデマンドではメイン・コンテンツの後ろか、もしくは別のチャプターとして独立させた場合だけ存在を許されますが、それはなかなか見てもらえないということです。それでも見てもらえる方法は1つだけあります。〝CM自体をベネフィットがあるもの〟にすることです。しかし、それは解説者型では至難の業です。

イメージ型（ドラマ型）の時代へ

CMが15秒になると、商品のベネフィットを並べこまごまと解説するといった、いわゆるプッシュができません。そこでポスターの作り方に習い、「1つの状況からベネフィットをイメージさせる」というやり方が導入されました。これがイメージCMです。イメージ型はドラマ型とも呼ばれます。

ドラマは抽象的なストーリーでテーマ（ベネフィット）を〝イメージ〟してもらうものなので、寸劇になっているCMをイメージ型と呼んでも良いわけです。一方、一見ストーリーの無いイメージ映像だけのCMもありますが、作り上げた状況を客観視点でカメラに収めたものをドラマと呼ぶのですから、イメージ映像もドラマであるともいえます。従って寸劇のものもイメージ映像のものも、どちらも「イメージ型」とも「ドラマ型」とも呼べるわけです。

印刷系でも原則としてプル広告はイメージ型（例：ポスター）、プッシュ広告は解説型（例：パンフレット）になります。これは、この本の前半でもお話ししたように、プル広告の客は無意識層なので、広告を見るために時間をほとんど割いてはくれないからです。テレビCMもこのようにして、プル広告の本来あるべき姿、イメージ型へと進化しました。

ドラマ型ではペルソナに会える

ドラマ型は、ベネフィットを実感する状況を寸劇として見せるやり方です。カメラ視点も客観視点（神様視点）のため、動画のジャンルとしてもドラマに分類されるかのように見えますが、広告動画（CM）である限り一般番組に分類されるべきでしょう。ドラマとはいえCMだと、客観視点というより視聴者視点の感が強く、例えば一般番組の中で流されるドラマ（再現ドラマ等）のような感じ（劇中劇を見ている感じ）、もしくは舞台中継を見ているような感じがするためです。途中で突然視聴者の主観になっても不自然ではなく、一般番組とドラマの中間といった立ち位置にあるようです。これは、告知部分（少なくともテロップ）は必ず視聴者視点であるためでしょう。
ストーリーがあるのか無いのかわからない雰囲気優先のものもありますが、あくまでもストーリー仕立てにするのが基本です。ストーリーが無い場合、よっぽど力のある映像で構成しないと、15秒さえ持ちません。

ペルソナを主人公にするととてもドラマらしいドラマになります。オーソドックスには、主人公のペルソナが商品のベネフィットの恩恵に浴しているところや、困った状況になり商品のおかげで助かったとか、商品があればよかったのに…、といった寸劇になります。この場合、解説するのは天の声（ナレーション）や他の登場人物であることが多くなります。
登場人物は基本的には「ペルソナが具現化したもの」です。例えば旅行代理店のCMだと誰かがどこかを旅していたりしますが、この旅人はまさにペルソナその人です。風邪薬のCMで、風邪でも休めないといって難儀しているサラリーマンはまさにペルソナその人です。「ベネフィットを実感する状況」を考えた場合、誰が実感するのかといえばそれはペルソナですから、必然的にペルソナが主人公になるわけです。
白い犬のCMではベネフィットは「家族で安い」ですからテーマが「家族」ということで一風変わった家族が出てくるわけですが、家族がペルソナで、一家の娘である上戸彩を携帯電話の販売員という設定にすることで解説者も兼ねさせています。娘が仕事でさんざんサービスの説明をさせられて、疲れて家に帰ってくると母、兄、父と次々にサービスの説明をさせられるというストーリーです。仕方なく娘は家族に説明するのですが、それは家族に説明すると見せかけて視聴者に説明しているのです。この場合は当然解説者の視線はそれぞれの家族に向けられています。「解説者がペルソナに説明しているところを視聴者に見せる」のがドラマ型の特徴であり、視聴者への押し付け感を緩和する効果があるのでプル広告には最適ですが、反面説得力は下がるのでプッシュ広告では弱々しいすっぽ抜けたものになりそうです。また警告や注意喚起の広告の場合も、視聴者に対してダメ出しをするわけにはいかない（嫌われ反発されてしまう）ので、代わりにペルソナにダメ出しをしてその様子を客観的に視聴者に見せるというこの手法を使います。主観で作った番組を他人事のように客観的に見せたいから必然的にドラマになるわけです。

ドラマ型は、解説者を主人公にする場合もあります。これは解説者型にペルソナをちょこっと出演させたような、ドラマとは言えない、かなり解説者型に近いものになることが多いでしょう（例：自動車保険チューリッヒのCM）。ただしドラマ型では解説者は必ずペルソナに説明するので、解説者の目線は視聴者（カメラ目線）ではなく、ペルソナに向いていることになります。ここが解説者型とドラマ型の外形上の最も大きな違いです。ペルソナに向いていた解説者の目線が途中から視聴者に向けられる（カメラ目線になる）という例外的な方法も成立はします（参考：ドラマ「古畑任三郎」）。MC（司会者）が初めからソッポを向いているとか、今までカメラを向いて話していたのに突然横を向いて話し始めるといった、相手がわからないとか相手が登場しないものは映像として成立しません。映像の中の人が話しかけている相手は、必ず他の登場人物（ドラマ形式）か、視聴者（カメラ目線：解説者型）であるはずです。クライアントは試写のとき、登場人物が写るたびに「この人は誰に話しているのか」がわかるかどうかをチェックするといいでしょう。アサッテな方向に話し掛けているなら、そのメッセージは「効いていない（相手に伝わっていない）」のです。

誰を主人公にしても、ストーリーを立てるということは必ず状況設定があるはずです。この状況設定がちゃんとできるかどうかは、動画制作者のレベルを見分ける1つのポイントになる重要な要素です。解説者の役どころ、どういう立場の人という設定なのか、誰になにを説明するのか。さらには解説者のキャラクターを制作者はきちんと把握して、そのキャラクターを活かしたコメントになっていなければいけません。例えば、お笑いタレントを解説者に起用しながら、ギャグの一言も言わせずにただベネフィットだけを真面目にしゃべらせたとしたら、なぜ高いギャラを払ってお笑いタレントを起用したのかわかりません。

「面白い」とはどういうことか

そもそも〝なにが〟面白いのか

コミュニケーションには、実は3つのポイントしかありません。誰に、なにを、どう伝えるのかです。もちろん、「誰に（ターゲット）」を間違えれば面白く作られているものも面白いわけがありません。甘いものが苦手な人には饅頭の話は面白くはないでしょう。しかし、そもそもの伝えようとすることがつまらなくとも、それを面白く伝えることはできます。例えば落語の「饅頭怖い」は饅頭の話ですが、甘いものが苦手な人でも楽しめるでしょう。ネタは面白いことに越したことはありませんが、つまらないネタであっても〝どのように伝えるか〟で面白くすることはできるわけです。それはつまり、最終的に面白いか面白くないかは、ひとえに「どう伝えるのか」に掛かっているということです。それは「どう見せようか」という監督の意図のことであり、それを演出といいます。人は、その制作者の意図を面白いと感じるのです。

プロの世界では「適切な演出が正しく施されていること」を面白いといい、その状態を「面白くできている」という言い方をします。決して、見た人が面白がるかどうかが問題なのではありません。それはローンチした後、すべての人に聞いてみなければわからない主観の問題です。

2つの「面白い」

昔から一般的にもよく言われることですが、面白いには2つあります。1

つは面白おかしいこと。英語でいうところのfunです。これをここでは「Fun面白い」ということにしましょう。もう1つは興味深いということです。英語でいうところのinterest。これを「Int面白い」ということにします。

Int面白い

「NHKでは面白いが定義されている。それは見た人が、『へぇー、なるほど、良いことを知った、勉強になったなぁ』と思うような情報に溢れていることだ」と師匠に教わりました。ただしNHKではそうだというだけで、それだけでは面白くはなりません。

確かに、NHKの番組にはそのような情報が必ずあります。それを一般的には「内容がある」といい、それは「伝えるべきことがある」ということです。内容があることは、Int面白いということの基礎ではあります。動画は一方的なコミュニケーションなのですから、中身が無いよりは伝えたいことがある方が、見る方からすれば少なくとも見る意義があります。これを「番組の意義」といい、NHKでは企画段階で最も重視される要素です。

しかし、多くの人がNHKの大方の番組を面白いとは思っておらず、中には面白い番組もある、という程度でしょう。それは、視聴者の心を掴み、その情報へ誘導し、効果的に伝えることにあまり重きを置いていないからです*。つまり演出です。NHKは報道をベースとしているために、情報をただ一方的に伝えるだけで演出というものは重視されません。NHKは情報を国民に伝える義務は負っていますが国民を楽しませる義務は負っていません。あくまでも番組担当者の趣味の範囲にとどまるため、稀に面白いものもあるという程度になるわけです。

また、「面白いとは情報があることだ」とするのも報道の感覚です。事実をそのまま伝えるだけの報道では情報(ネタ)がすべて、情報(ネタ)しかないのです。「人によって変わる」ことが許されない世界であるため、〝ソフト〟というものを認めることができないのです。

---

*ただしドラマ部は元々映画の人たちを抱え込んで発足させた部署で、NHK内でも別会社のような存在になっており、報道をベースとしていないためちゃんと演出ができます。

キャッチ・リード・ボディという形はなぜあるのか？　ベネフィットやペルソナなどを前半であんなに考えたのは、一にも二にも消費者の興味を引き、誘導し、情報を喜んで受け取ってもらうためであり、それが演出というものです。伝えたいこと＝内容がキチンとあることは大前提で、それが「正しく演出されている」ということは即ち「興味を引く工夫が凝らされている」ことであり、それが「Int面白い」ということです。広告は消費者の興味を引くことが目的なのですから、「Int面白い」ものでなければなりません。ましてやプル広告は、無意識層、つまり興味のない人の興味を引かなければなりません。CMや番宣を尺が短いというだけで軽視している関係者が多いですが、興味のない人の興味を引くという最も難しいことを、それも短い尺の中でやらなければならないのですから、尺が短ければ短いほど難しいのも当然でしょう。そして、尺が短いからこそ、シンプルでソリッドな形、つまり基本形がそこにあるのです。

Fun面白い

一般には「面白い」というとFun面白いことを指すことが多いでしょう。面白おかしいこと、笑うようなことというのは、当然主観の問題です。例えば「ラッキョウが転がっても笑う人」もいるらしいですが、ではラッキョウが転がっているのを延々撮った映像は面白い映像といえるでしょうか。その人は笑うかもしれません。でもそれが「面白い番組」だとは絶対にいえません。

笑うかどうかはその時の観客次第でもあるし、観客の状況次第でもあります。どんなに大ウケした漫才でも、別の会場でやったら大スベリということもあります。同じ観客でも寄席には笑いに来ていますが、葬式ではそうではありません。だから、いつでも誰でも大爆笑というものを作ることはできませんし、その作り方もありません。番組（動画）が面白いというのは、Fun面白いことではありません。ただし、「百パーセントいつでもどこでも誰もが大笑いするものは作れない」と言っているだけで、Fun面白く見せる方法はあります。

視聴者がどういう心理状態で動画を見るのかといえば、面白いものを見たくて動画を見るのですから、寄席に笑いに来ているのとほぼ同じ状態だといえます。ということは、そこそこのギャグでも積極的に面白がってくれるということです。全員を大笑いさせることはできなくとも、少なくとも面白がらせようという気持ちくらいは好意的に受け取ってもらえるはずですし、それを不愉快に思う人はまずいないでしょう。

なぜ人は宣伝・広告が嫌いなのかといえば、第一に見るか見ないかの選択権を消費者に与えていないから（消費者の意思をないがしろにしている）であり、第二に面白がらせようとしていない＝ベネフィットが無いから、です。つまり見る人のことを考えていないのであり、それは演出がなっていないということです。視聴者が求めていない情報を押し付けるから不快に感じるのです。そのようなものを「画面を（つまり情報を）整理できていない」といいます。事実、白い犬のCMのように面白いものは、CMであるにもかかわらずみんな大好きではありませんか。商品情報は家族の会話として登場するだけで、あの動画が動画全体として伝えているのは、つまり押し付けている情報は「父親は実は犬でした」ということだけです。

もちろん、広告動画の目的は笑わせることではありません。しかし、広告主が言いたいことを言えばいい演説の場でもありません。自分の会社や商品を好きになってもらおう、興味を持ってもらおうとする場であるはずです。そして興味の対象は商品ではなくてもよく、そこで描かれているキャラクターであってもいいし、そのCM自体（ストーリーや綺麗な映像）であってもいいのです。キャラクターやCM自体に興味を持ってもらえるということは、ついでに一緒に商品や広告主の好感度も上がるからです。

誰もが興味を持つネタはキャラクターだという話はしました。Fun面白いは笑わせるためではなく、キャラクター付けをするため、つまりInt面白いの中の演出の一手段として使われるものです。

Int面白いとFun面白いの関係

視聴者の興味を引く、つまりInt面白いものを作るためには、笑い（Fun面白い）や涙や感動なども道具として使うことになります。Fun面白いは興味を引くことの手段の1つであり、だからそのやり方・作り方も、涙を誘う方法や感動させる方法とまったく同じです。小さな起承転結の〝結〟つまりオチに対して視聴者は笑ったり泣いたり感動したりという反応を示すわけですが、その内の笑うという反応をするものがFun面白いであるわけです。ギャグに対して笑うのではなく感心する視聴者もいますが、それもウケたことに違いはありません。「笑わせる」のも「好きになってもらう」のも「同情して涙を流させる」のも、実はまったく同じ「興味を引く」ことであり、興味を引くものを「面白い」というのです。

キャッチだのリードだの本題だのベネフィットだの、広告での努力や工夫はすべて「面白くするため」のものです。そのような工夫が凝らされていることが面白いということであり、「動画が面白い」とは、たまたま見る人のツボにはまるかどうかではなく、「面白く見せる工夫を凝らして作られている」ことです。結果ではなく過程の問題です。その工夫に対して視聴者がどのような反応をするか、笑うのか感動するのかは視聴者個々人の主観の問題ですから、作る側はどうしようもありません。できるのは過程に最善を尽くすことだけであり、結果は見る人次第であって操作しようがありません。これは物を売ることとまったく同じです。商品を押し付けて無理矢理、あるいは騙して買わせるのは押し売りです。商人は興味深く説明することしかできず、それを受けた客が買うか買わないかは客の意思次第です。これは売る側がどうにかできることではありません（「買わせることができる」などというのは、詐欺師や押し売りの考え方です）。

プロが言う「面白い」とは、ネタ（情報）がどうかではなく、情報量でもなく、ましてや出演者や視聴率などでもありません。それはつまり、どんなネタ（商品）でも出演者が誰であっても面白いものは作れることを表しています。ただしそれがヒットするかどうかはやってみなければわかりません。「面白い」＝「大ヒット」ではありません。NHKには稀に「さすがNHK」と感嘆せざるを得ない番組がありますが、その番組は視聴率が高いわけでもなく、世間一般的に大ヒットしたわけでもありません。

逆に、大金をかけ、豪華出演陣を揃え、鳴り物入りの宣伝をすれば少なくとも初回だけは高い視聴率が得られます。にもかかわらずズッコケる番組やドラマなどがしばしばありますが、これは明らかに「つまらない」ということであり、その原因は演出がなっていないから、〝作る〟部分のソフトがなっていないから以外には考えようがありません。

知識とは修行の効率を良くするもの

演出技法は、一般に「引き出し」とも呼ばれます。つまり、面白いものを作るには引き出しをたくさん持っている必要があります。引き出しのいくつかを本に書くことはできますが、あくまでも基本を自分なりにアレンジして、自分だけの引き出しを揃えるものです。そこがクリエイターであるということです。その引き出しを駆使して作られていることが、「面白くできている」ということです。

具体的に「引き出し」とはなんなのかといえば、適切なターゲットを考え、適切なベネフィットを考え、それをどう映像で表現するか…、つまり、この本に書いてあることすべてです。実はここまで説明したことは〝広告の基本形〟ではなく〝面白いものの基本形〟〝興味を引くものの基本形〟なのです。広告は面白くなければならない、興味を引くものでなければならないので、そのような形に必然的になるのです。つまり、広告こそは究極の〝面白いもの〟でなければなりません。だから一番難しく、面白い広告動画を作れる人は、世界中にも数えるほどしかいません。高名な映画監督でさえ、広告動画はロクなものが作れません。それは才能の問題ではなく、広告についての深い知識も極めて短い尺の中に強引に収める手法といった特殊技能も持ち合わせていないからです。しかし、もし面白いCMを作れる人が映画や番組を作ったとしたら、それは芸術の部分や大ヒットかどうかはさて置き、面白くないものにはなるはずがありません。〝面白い〟の作り方を知っているからです。

この本には、最も基本的なやり方が一通り書いてあります。一通りでいいからそのやり方さえ知っていれば、誰でもある程度（80点以上）のものは作れるし、やり方を知らなければフロックが起きない限りはできません。プロとは「いつでも80点以上を必ず取れる人のこと」であり、なぜいつでも80点以上を取れるのかといえば「80点の取り方を知っているから」に他なりません。パン職人にしろ桶職人にしろ、すべての職人は特別な才能があるのではなく、やり方を知っている人＝スキルを持っている人です。ただし、この本を読んだからといって明日からうまくできるようになるわけではありません。知っていることとうまくできることはまったく別です。うまくできるためには、それなりの練習量が必要です。知識は修行の効率を良くするだけで、決して修行しなくてもよくなるものではありません。

面白いことは創るしかない

つまらない番組の典型例は、専門家を連れて来て実演させ、それをただ記録しただけのものです。取材だけで本番がありません。記録しただけでは、面白いものにはなりません。

記録しただけの動画（報道系動画）は、報道（ニュース）かドキュメンタリーです。ドキュメンタリーはつまらなくないとお思いの方もおられるでしょう。それはドキュメンタリーには制作者の意図や主張があるからですが、しかし、その意図や主張がわかりやすく効果的に伝わるように工夫されていなければ面白いもの（多くの人の興味を引くもの）にはなりません。ところが、補足したり事実の順番を入れ替えたりといったことができないため、その工夫は限られたものになります。それを強引にやったものが「ドキュメンタリー番組」です。つまり、「番組にする」ということが面白くするということなのです。

そのまま伝えるだけで面白いことなど、今時、現実世界のどこを探しても滅多にあるわけがありません。カメラを担いで街へ出ても、面白い事態が起こることなど千回に一回、それとも1万回に一回くらいでしょうか。ネットを探し回って面白いネタを見つけたとしても、それはもうすでにネットで拡散された「使用済み」のネタです。インターネットの時代には、現実にある面白いことなどすべて誰かに先を越されていますから、どこを探してもあるわけがないのです。ならば、創るしかありません。

創作ではないはずのドキュメンタリー番組でも、見せたい場面を作ってそれを撮る場合もあります。これを「仕込み」といいます。例えば「ヘビが鳥の巣の卵を襲うところ」など、一体いつ、どこに行けば撮れるでしょう？　目ぼしい鳥の巣に狙いを付けて粘ってみても、一生待ってもヘビが来ないかもしれません。このような時には、事前に捕まえ1週間くらい餌を与えずに飼っておいたヘビを巣の傍に放すのです。ヘビは匂いでわかるらしく、ちゃんと巣を襲いに行くのだそうです。見せたい事件を計画して、仕込んで、必然的に事件を起こして、それを撮るのです。そうしなければ撮れませんし、それは偽報道（ヤラセ）ではありません。伝えていることが嘘ではなく、誰も騙してはいないからです。伝えたいことはヘビが鳥の巣を襲う様子、もしくは親鳥がヘビから卵を守る様子なのであり、その様子は嘘や芝居ではありません。ヘビが偶然そこに来たものか人間が連れて来たものかは、誰にもなんの違いも不利益ももたらさず、誰の興味の焦点でもありません。ヤラセとは、視聴者を〝騙す〟ことです。もちろん創るということはそれが騙しになってはいけませんので、それぞれのジャンルや状況でやって良いことと悪いことを十分にわきまえている必要があります。それが「放送倫理」です。もちろん、放送倫理も報道系動画と番組系動画、あるいは各ジャンルで違います。面白い場面を創って撮る、しかしそのジャンルに沿った放送倫理は踏み外さない、これがプロの動画です。ちなみにこのヘビの話は、ドキュメンタリー番組ではセーフですが、純粋なドキュメンタリーや報道（ニュース）ではアウトです。もしこの連れて来たヘビであるということを説明しなければならないことになります。しかし、そのような誰の興味の対象でもない的外れな情報は、見ている人をシラケさせつまらなくしてしまいます。番組を制作・提供する側が放送倫理をしっかりとした理念を持ってわきまえていないと、せっかくの面白い番組をどんどんつまらないものにしてしまうのです。

商売にも広告にもアマチュアはありません。うまくやりたいのなら、自分で作るにしろ発注するにしろ、その道のプロ（発注するなら発注のプロ）になる必要があります。

「面白い」の作り方

ここで紹介するのはいわゆる「シナリオ・ライティング」ではありません。ストーリーの発想の仕方、考え方です。広告動画では長いストーリーは必要ありません。ですから、いくつものストーリーが絡み合うとか、伏線といったものは出てきません。キャッチ・リード・ボディと起承転結程度を知っていれば十分です。

プル広告におけるベネフィットは1つ程度で良い代わりに、プッシュ広告のように直接はっきり書けばいいのではありません。商品に興味のない客はそのベネフィットにも興味がありません。従って誰にでも覚えがあるようなシチュエーションでベネフィットを実感できるドラマにするといったように、抽象的に表現する必要があるのです。そうしないと商品云々以前に、広告を見てさえもらえません。「抽象的」とは「別のものに置き換える」ということです。例えば「毎日コツコツと地道な努力をする者が最後には勝つ」ことを、そのまま言ったのでは説教にしかなりませんので、「ウサギと亀」のような物語に置き換えるわけです。その象徴的な一場面の時間を止め、絵や写真として切り出したものがポスターです。さらにそれに前後を付け短い動画にしたものが広告動画(CM)です。
「抽象的」などというと難しそうに見えますが、単にベネフィットをテーマにした状況を作るということです。ポスターには時間が流れていないので1つの状況だけ作ればいいのですが、動画は変化を描くものですから、変化する前と後という2つの状況を作る必要があります。この変化した後の状況が「オチ」ですから、CMには必ずオチが存在します。オチといっても必ずしも笑わせる必要はなく、ストーリーに決着が付くということです。ドラマにはなっていても（状況だけが作られていても）オチが無ければ面白いものにはならず、印象的にもなりません。

プル広告ではまだ商品を好きになってもらう必要はありませんので、広告自体を好きになってもらう方が手っ取り早いのです。ベネフィットは商品の一番のウリを採用する必要はなく、単にテーマとすることで広告と商品を関連付ける橋渡しにしようというだけです。例えば白い犬のCMは、テーマが家族だというだけで、ストーリーと商品、つまりお父さんが犬であることと携帯電話とはまったく関係がありません。要はベネフィットのどれか1つを「お題」として、独自に面白動画を作れば良いのです。逆に言えば、自由に面白動画を作り、後からベネフィットをこじつけて商品との関連性を無理矢理持たせても良いわけです。実際、そういう作り方もします。リードが腕の見せ所となるわけです。

もしあなたがクリエイターであるならば、動画制作者になったのは面白い動画を作りたいからのはずです。でも普段はなにを作ったら良いのかわからないのでしょう。そこに広告はお題をくれるわけです。広告だと思わず好き勝手に面白動画を作って、なにかベネフィットを引っ掛ければ良いだけです。クリエイターならば夢のような商売でしょう。

ストーリーを作るには2つのアプローチがあります。1つはドラマのように、なにもないところにストーリーを創り出す方法です。もう1つはドキュメンタリー仕立てにする方法で、これは実在しているストーリーに演出を加えるか、あるいはモデル化して使用する方法です。共に、客観視点で撮影すればドラマに、視聴者主観で撮影すれば一般番組になります。

創作の方法（萩尾望都方式）

ベネフィットを感じさせるようなストーリーをまったくなにも無いところから創作する方法です。それこそ人によって千差万別でしょうが、その中でもたぶん最も簡単な方法は著者が勝手に「萩尾望都方式」と呼んでいるものです。萩尾望都氏は言わずと知れた漫画家です。昔、どこかのインタビューでストーリーの作り方を答えていました。まず、書きたいと思う1枚のイラストを思い浮かべる。そしてその前後を、なにがどうしてこの状況になったのか、そしてこの後どうなるのかを考える、のだそうです。この方法は短い広告動画にはぴったりです。まず、ベネフィットを実感できるような状況、その商品があって良かったという状況を想定します。ポスターにする画を考えれば良いわけです。動画にするには、これに前後を付け足して「事件と変化とオチ」を付けることでストーリー化します。前後を付け足せば30秒や1分くらいのストーリーは簡単にできます。というより簡単に5分や10分くらいになってしまいますので、それを30秒などに縮めることの方が大変です。普通1つのネタは10分程度のストーリーにできます。それを2つ3つ用意すれば30分番組になるし、3つ4つ用意すれば1時間番組になるわけです。広告動画を作るときは、一度番組を作ってからそれを短く切っていく、番組は広告作りの途中経過だといったのはこういうことです。

テーマやお題は、通常のドラマなら自分で考えなければいけませんが、広告の場合は広告の都合で自動的に決まります。後はすべて妄想で作るので、実はリサーチの手を抜ける楽な方法なのです。ポスターの作り方から来ている方法で、昔ながらの一流広告代理店の作ったCMでよく使われています。もちろんストーリーは創作しなければいけないので、創作力（スキル）は必要です。更に演技できる出演者も必要だし、セットも用意しなければならないなど、金と手間は掛かります。

2つの状況を作る

「事件と変化とオチ」 これこそが正にストーリーです。起承転結の承と転と結に当たります。まず、最初の状況を考えます。これが〝起〟であり、変化する前の状況です。ここでなにかの切掛けがあり変化が起こります。この〝切掛け〟が〝事件〟であり〝承〟です。そして変化（転）へと移行しますが、ここまでは変化する前の状況の中で起こるわけですから、起承転までは1つの状況です。そこからオチという別の状況へ変化します。状況としては変化前と変化後、この2つを作れば良いということです。ストーリーを作れない人は決まって1つの状況しか作らないからストーリーを作れないのであって、なんのことはない、その前の状況（どうしてそうなったのか）か、その後の状況（その後どうなるのか）という、もう1つだけ状況を作ればストーリーができるのです。

演出とは「その前の状況」＝「起承転」を作ること

大抵、最初に思い付く状況というものはオチとするべき状況（普通ではない状況）です。その前の状況を作るということは、最初に作った状況をオチにしようということで、これが基本となる作り方です。まずはその最初に作った状況を機械的に最後に配置します。そして、どこからそこへ落ちてくれば面白いかを考えます。

相撲の最後の取り組みを「結びの一番」というように、「結論」は最後の論という意味ですから、最後にあるのが当たり前です。しかし演出があってはならない報道やデータベースでは、最初に結論を書きその後に詳細説明が来ます。インターネットは巨大なデータベースですから、そこにはほとんど起承転結はありません。故にインターネット時代になってストーリーが作れない、先が読めない、目の前のことしかわからない人が急増したわけです。

演出は必ず結論より前に来るのですから、最初に結論が来るのは「演出が無い」のであり、つまり演出とは起承転結の〝起承転〟のことであるわけです。極論をすれば、起承転を考えること＝ストーリーを付けることが演出です。本題を後回しにすることが演出です。「どう見せるか」は、その画自体をどの様に見せるのかではなく、「その画を見せる前になにを見せるのか」「どの画の後にその画を見せるのか」ということに他なりません。これだけが演出のすべてではありませんが、時間の流れがあるコンテンツでは演出の九割がこれです。その他の、例えば画面デザインなどといったものはほんの些細な事でしかありません。NHKでは「映った瞬間からなにが映っているかわからなければいけない」などと教育していますが、これは演出の無い報道だけの話です。

ホップ・ステップ・ジャンプで起承転結を作る方法

起承転結を組む簡単な方法の1つに、ホップ・ステップ・ジャンプの三段式を利用する方法があります。「白い犬」のCMを例としましょう。電話会社で働く娘は仕事で「Wホワイト24」なるサービスの説明を散々させられ、クタクタになって帰宅します。そこに次々と家族が登場し、「Wホワイト24」の説明をせがまれるという流れです。まずはお母さんが帰宅した娘に「Wホワイト24ってなんなの?」と聞いてきます。ところが、次に登場するお兄さんはなぜかアフリカ系です。ならばその次に登場する家族も「ちょっと違うのか」と思いきや、ちょっとではなく全然違う、もはや人間ですらない犬でした、というオチです。お母さん、お兄さん、お父さんが、ホップ・ステップ・ジャンプの関係になっています。ホップ・ステップ・ジャンプの三段式は、状況の変化が無い〝出オチ〟を強引に起承転結に仕立て直す場合によく使われます。

お父さんが犬であるということがオチですが、お父さんは最初から犬であり、変化する前の状況がありません。このような、変化が無く現況をオチとする、従って登場そのものがオチとなるものを「出オチ」といいます。娘が「ただいまー」と家に帰ってきた途端に、犬のお父さんが「お帰りー」と言いながら登場したらどうでしょう。犬がお父さんであるという状況だけで面白がる人もいるでしょうが、それは程度の低い笑いであり、なんの工夫もされていない＝面白さが最大化されていないということです。なによりもオチが最後に無いと、後に印象が残るものにはなりません。従って出オチは一本立ちさせるものには使えません。例えば30分のコント番組を作る際、メインとなるコントはキチンとストーリーがある15分程度のものにし、それだけでは足りないので補助的に5分のものを2つ用意するといった場合、この補助的なものには出オチを使うことができます。メリハリの〝メリ〟の部分にしか使えない、二流なものであるわけです。

ホップ・ステップ・ジャンプの三段式にして深みを付けたとはいえ、やはり出オチであることに変わりはなく、それだけでは大ヒットには至らなかったでしょう。その人気を不動のものにしたのは後の作で、お父さんがお母さんの大福を盗み食いしてお母さんに追及され、自室に逃げ込み籠城しながら電話で白状するといった、キャラクターを描いたバージョンのおかげです。家長としての威厳を保とうとしながらも、その中身は見た目通りのかわいいお父さんというギャップのあるキャラクターが大ヒットとなったのです。業界には「困ったときは子供か動物」という格言があり、お父さんが犬というアイデアは実はさほど奇抜だったわけではありません。といって、この大ヒットはフロックなどではありません。お父さんを犬にすることでペルソナである家族に強烈な特徴を付けました。ただしそれは特徴であってキャラクター（人柄）ではありません。その後にはちゃんとストーリーが用意され、みんなが好きになってしまうようなキャラクターを立てるという〝罠〟が仕掛けてあったのです。とてもオーソドックスでありながらも、ちゃんと理に適った〝やり方〟を踏襲しています。ストーリーでキャラクターを描いて成功した良い例です。

一方同じ頃、まったく同じ状況で同じ理由で、やはり家族をテーマとしたライバルの携帯電話会社のCMがありました。そちらはキノコの帽子をかぶった家族でした。「キノコの帽子をかぶっている」というのは特徴であってキャラクターではありません。「お父さんが犬」に比べればインパクトは薄いものの、果たしてこの家族がどんな騒動を巻き起こすのだろうと期待したものですが、ただ黙って記念写真を撮っていただけだったと記憶しています。状況を1つしか作れていないことに留意してください。ストーリーがないためにキャラクターを描けず、ダダスベリしてしまったのでした。もし、白い犬のCMが無く、こちらの家族がキノコの帽子ではなくお父さんが犬だったとしても、ただ記念写真を撮っているだけではヒットはしなかったでしょう。まさにキャラクターを描けるか描けないか＝ストーリーを作れるか作れないかが明暗を分けた典型的な例です。

ミスリード～逆転の発想

オチを最後にしたのですから、お父さんが人間ではなく動物であるということは最後までバレてはいけません。そのためには、その前に登場するお母さんやお兄さんは人間である必要があります。オチが異常な状態である場合には、〝その前の状況〟は普通の状態である必要があり、逆に普通の状態をオチにしたいのであれば、その前の状況を異常な状態にします。前の状況と後の状況を逆の状態にすることを「捻る」といい、捻りの無いものは面白いとはいいません。シチュエーション・ギャグ（状況に変化が無いギャグ）は捻りも無いと考えがちですが、一流のものは一度捻ったうえで更に捻り戻します。変化するぞするぞと見せ掛けておいて変化しないのです。

まずは極普通の日本人のお母さんが登場します。次に普通のお兄さんが登場するはずですが、ここで既に少し普通ではありません。人間ではありますが、人種が違います。「普通とはちょっと違う」と思わせると同時に、「ではお父さんは何人なのか?」という「間違った予測」をわざとさせることで、人間ではないということに思い至らせないよう思考を正解から遠ざけているのです。そしてオチでは、お父さんは人間ですらなく犬です。お父さんの人種に疑問を抱かせたのは、完全に〝引っ掛け〟だったのです。このように、オチた時の落差をより大きくするために、一旦間違った方向へ導くことを「ミスリード」といいます。インパクトが増幅され、オチが更に強く印象に残るものになります。最初からお父さんが動物であることを匂わせてしまうような進行、例えば最初に出て来たお母さんがサルで、次に出て来たお兄さんが鳥であったら、最後に出て来たお父さんが犬であっても、なにも面白くありません。捻りが無いとはこういうことです。オチへ向かって真っすぐに進んではいけません。この「間違った方向へ導くこと」こそが演出の主体と言っても過言ではなく、前の状況での〝承〟と〝転〟の役割です。

三段式はホップで基本形を示し、ステップでルールの再確認（ホップとの共通項がルールとなる）をして、ジャンプがオチとなります。ジャンプはあくまでもステップで確認したルールに沿っていなければいけません。いや、一見まったく外れているように見えて、しかし考えようによってはルールに沿っているともいえるといった奇抜なもの、絶妙の外れ具合である必要があります。奇抜にするには、当然こうだろうと思い込んでいる暗黙の了解の部分を外します。これがよく言われる「見ている人の予想を外す」ということですが、デタラメに外せば良いのではありません。外れているような外れていないようなという〝程度と加減〟が大事なのです。お母さんの次にお兄さんが出てくることで、「登場するのは家族です」というルールを確認しています。ところがその次に出てくる父親は、家族であるというルールには沿っているものの、当然人間だろうという思い込みの方を外しているわけです。この「当然だと思い込んでいる方を外す」のは笑いを取る定番の基本技で、我々の現場では「そっちかよ」と呼んでいました。例えば、探偵が「犯人はなんらかの方法で足跡を消して逃げたか、あるいは空を飛んだか…」と冗談めかして言ったのに対し、助手が「では犯人は空を飛べる人間ですね!」と返すようなことが「そっちかよ」です。

最初の状況があり（起）、なにか事件が始まり（承）、間違った方向へ導き（転）、だからオチが予想外となる（結）。これが「面白い（特にFun面白い）」の構造です。人は予想外のこと、いつもと違うことに興味を持つのです。

ミスリードは笑わせたいときの他、驚かせたいときにも極めて有効です。例えば大きなものを見せてその大きさで驚かせたいときには、事前に小さなものを見せておくと、大きなものの大きさをより強調することができます。「山を高く見せたければ谷を掘れ」という言葉もあります。これらはいわゆる〝逆転の発想〟といわれるものの一種です。

ちなみに感情を昂らせる（感動、興奮、泣かせる）場合には、「こうなるんだろうな」とオチを匂わせておいてやはりそうなる、というように、ミスリードしないのがオーソドックスなやり方です。しかし、そこを敢えて大きくミスリードすると、とても効果が大きく印象的になります。このように、〝定石とは反対のこと〟はとても効果が大きくなりますが、いつもやってはいけません。たまにやるからこそ、相手の予測を外して効果が大きくなるのです。

後の状況

通常、最初に思い付くのは「異常な状況」ですので、それをオチとするのがオーソドックスなやり方ですが、最初に「普通の状況」を思い付いた場合には、その後どうなったら面白いか、つまり後の状況を考えることになります。考え方は同じで、どこへ落ちれば面白いか、どう捻れば面白いかを考えるだけです。最初に思い付いたのが「普通の状況」である場合、後に考えた「異常な状況」にうまくつながらないこともあります。そのような場合は、今度はその「後の状況」を中心にして「前の状況」を修正します。

オチとなるはずの状況ではストーリー的に決着が付かない、収まりが悪い場合は〝更にその後の状況〟を追加する必要があります。これはあくまでもストーリー的な決着を付けるだけのもので、特に笑いを取ろうとするようなものではなく、従って笑わせようとするわけではないCMでよく使われます。CMでは大抵1カットですが、映画やドラマではすべての事件が解決した後に平穏なシーンが描かれてからエンドマークが出ることが多いでしょう。その平穏なシーンがこれに当たります。「〆（しめ）」やエンディング、クロージングと呼ばれます。CMでは例えわざと臭くても、ベタだなぁと感じても大団円（ハッピーエンド）にするのが絶対的な鉄則です。そうしないと後味の悪いものになるからです。わざと後味の悪いものにして印象を強くするという手法も無くはありませんが、宣伝はなんのためにするのかをわかっているならばおかしな冒険はしないはずです。宣伝ではなく注意喚起や警告などで稀に使われますが、ヘタをすると脅迫になってしまい、ただただ視聴者に不快感を与えるだけのものになってしまいます。

美容院の宣伝動画

前半でサンプルとして手掛けて来た美容院の宣伝動画のケリを付けてしまいましょう。ポスターのキャッチ・コピーを作ったところまででしたから、ポスターをドラマ化する方法の一例です。こんな風にしてみました。

女性「今度のパーティ、なに着て行けばいいかなぁ」マスター、人差し指を立てる
（「いいアイデアありますよ」のサイン）

女性「あの人ったら、そんなこと言うのよ！」
マスター「ひどいですねぇ」

広告子「あの、なんでも相談できるって…」
マスター「ええ、どうぞ」

広「今日の夕飯、なににしたら良いですか？」

広「あ、こういうのはダメでした？」

マスター、戻ってきて紙を渡しながら
「はい、これどうぞ」

広「今月のレシピ？　これおいしそう！」

広「早速、家で作ります！」
マスター「あっ、ちょっと！」

今夜の献立から最新ファッションまで
なんでも相談できる女子力博士

伊藤美容院

今月の
レシピ
プレゼント!

広さん「髪、途中なの、忘れてました」

▶はカット、〜は同じカット

最初の台本では40秒くらいになってしまい、それを30秒に入れるためにかなりの修正をしています。例えば、第1カットでマスターが返事しないのも、尺に入れるためです。元はセリフがあったのですが、尺を詰めるために人差し指を立てるだけにしました。ちゃんと伝えたいことやストーリーがあれば、短い尺に収めることの方が難しいのです。そしてそれはこのように、編集だけでなんとかできるものではありません。時にはストーリーそのものも変えなければならないときもありますので、ストーリーを作れて撮影も編集もできなければディレクターは務まりません（1人でやらなければいけないといっているのではなく、手伝ってもらうのは構いません）。

第1〜3カットまでは同ポジ（同じ構図）です。同ポジはヘタな編集の代表とされるもので本来は避けるべきですが、ここでは〝同じ状況で同じようなことが繰り返される〟ことを強調するためにわざと同ポジにしています。この第1〜3カットで、「色々な人が色々な相談をする美容院だ」ということを現しています。これが「最初の状況」であり、起承転結の起です。次にペルソナが素っ頓狂な相談をします。これが事件の始まりです。承に当たります。マスターは無視するのかと思いきや、今月のレシピを取りに行ったのでした。この辺りまでが転です。レシピを見たペルソナは喜びのあまり、髪を切っている途中なのにカーラーを付けたまま出て行ってしまうところがオチであり、「普通ではない状況」です。このように、「普通の状況」と「普通ではない状況」という2つの状況を設定し、捻っています。しかし、客が出て行ったまま終わってしまっては収まりが悪いので、告知部分の後に〆を持ってきています。一連の事件が大事にはならず、笑い事で済んだことを表しています。

CMは笑わせることが目的ではないので、大爆笑である必要はありません。このような、思わずクスッとしてしまう程度の日常的な1コマで良いのです。「今月のレシピがある美容院の、思わずニヤけてしまうある日の1コマ」を創作しました。

ポスターにする画は、本当はオチである「ペルソナがすごいカッコのまま店を飛び出して行ってしまうところ」の写真にするのが筋ですが、それだとまるで客がこの店から逃げ出したように見えてしまうので今回の場合は適切ではありません。「マスターがペルソナの髪を切っているところ」で良いでしょう。そしてペルソナは髪を切られながらレシピを見て喜んでいて（つまりこの動画のストーリーの少し後くらいの光景）、端には今月のレシピをプレゼント!の文字と共にレシピの写真を合成します。美容院であることがわかることと、マスターとペルソナと今月のレシピが写っていることが必須条件です。こうすれば、ポスターとCMの連携が取れて〝共鳴〟する効果が得られます。消費者は、どちらが先でも良いのですが、CMを見てその後ポスターを見たときにこのCMを思い出し、強烈に印象に残るものになるのです。別メディアの広告が〝共鳴〟するのは宣伝における重要な効果の1つで、その威力は極めて強力です。

現実から拝借する方法（ドキュメンタリー方式）

次に、現実から拝借する方法をご紹介しましょう。ストーリーをまるきり創作するのではなく、現実にあるストーリーを基に、手を加えながらつづっていくやり方です。テレビでは一般番組で最もよく使われる手法です。創作力がほとんどいらず、出演者に演技力もいらなければセリフを覚える必要もほとんどなく、セットもほぼ用意しなくていいので、安く作れるからです。要は最も簡単で安上がりな方法だということです。そこがまた最大の欠点でもあって、創作力がいらない分だけ、リサーチこそが命というほどリサーチが重要になります。しかしそこはクライアントからは見えないところなので手を抜こうと思えば果てしなく抜かれてしまいますし、スキルの無い制作者でも形にだけはなる分、しっかり監視していないとただのつまらないドキュメンタリーの出来損ないになってしまいます。

ターゲットと目的をはっきりと把握していないと、それを「どう」伝えるか、つまり演出ができようはずはありません。誰にもなにも伝えていないものは、誰にとっても興味の持ちようがないものにしかならず、それを「つまらない」というのです。誰に（ペルソナ）、なにを（ベネフィット）伝えるのかをしっかり把握し、このペルソナにこのベネフィットを伝えるのに最適なストーリーをクライアントの周辺で探します。これを探すためにもリサーチが必要です。そうして見つけたストーリーに、演出という名の調味料を加えていって、伝えたいことをより強調するようなストーリーに変更するわけです。そうまでしてストーリーをでっち上げるのはなぜかといえば、もうお分かりでしょう、キャラクターを描きたいからです。一般番組で伝えるべき重要なことは、情報でもなければストーリーそのものでもありません。そのストーリーが描き出すキャラクターです。ストーリーそのものを伝えるのならば、そのストーリーが〝本物〟でなければ嘘を伝えたことになってしまいますが、伝えようとするものが（作った）キャラクターであるのならば、それを描く情報やストーリーが〝本物〟である必要はないのです。

具体的な例として、妄想で疑似的に作ってみましょう。だいぶ前にネットで見かけたちくわ屋の動画をベースとして解説します。その動画は、竹の籠に笹の葉を敷き詰めた上に、1キロ以上もありそうなマダイだのサンマだのアジだの、いかにも魚屋で買ってきましたという感じの魚を並べて、その上の空間にテロップで「新鮮な材料を使っています!」と出ていました。イメージしてください。魚屋のポスターみたいなものです。そして次のカットでは、ノルマル（全面テロップ）で「職歴20年のベテラン職人が作っています」みたいなことが出ていました。伝えていることはこの2つだけでした。最後に商品（ちくわ）のポスターのような画があって、そこにちくわ屋さんの名前が出て終わりです。ネットにありがちな動画です。

この動画の問題点は2つあります。まず、マダイでも小さなものならばちくわの材料にするようですが、1キロ以上もあるような高級魚をちくわの材料に使うのか？　ということです。本当に使うのならば良いのですが、使わないのならば「嘘」になってしまいます。こんなことであっても、絶対に嘘はいけません。これは広告のマナーですが、もしかしたら詐欺罪に問われることもあるかもしれませんし、行政指導の対象には十分になり得ます。そしてこれを言うとすぐ、「イメージです」とテロップを出せば良いと思っている人がいるようですが、どうしてそう反対のことを考えるのか不思議でなりません。本当にちくわに使う魚を撮ればいいだけです。クライアントはちくわ屋なのですからいくらでも調達できるでしょう。魚屋で買ってきたり、ネットで拾った写真を使うのも良いですが、必ずクライアントはちくわに使わない魚が混じっていないかを確認しなければいけません。写っているものが（魚のサイズも含めて）確かにちくわに使う魚であれば、撮影に使った魚がその後ちくわの材料として使われなくてもテロップはいりません。

次に、これは動画にする意味があるのか？　という問題です。最初の魚のカットや締めに使っているちくわの画のような商品ポスターみたいな画のことを「物撮り（ぶつどり）」といいます。被写体を真ん中に置いて、じっくり撮影した動かない映像のことです。よく告知部分で商品名や値段の下絵（テロップ・ベースといいます）に使われます。物撮り画像には時間が流れていません。もちろん2カット目の全面テロップにも時間が流れていません。すべてに時間が流れていないのでこれは動画ではありません。宝石などを物撮りするときにはキラキラさせるためにゆっくり回したりしますが、回っていても時間は流れておらず、動画ではありません。しかも伝えたいことは文字（テロップ）で伝えています。これなら写真を3枚並べておいた方がマシです。なんのために動画ファイルにしたのかさっぱりわかりません。

ということで、このちくわ屋のサイト用動画を作っていきます。この部分は、著者が疑似的に制作者になるので、みなさんも動画制作者の立場になったつもりで読んでください。

リサーチ

まずは、普段通りクライアントに名称や住所といった当たり前のことを聞きます。この時、「お客さんに伝えたいことはなんですか?」とか、「ウチはここが他所とは違うんだというところを教えてください」などと聞いたりします。注意点として、聞くのは良いのですが、その答えでそのまま動画を作ろうとしてはいけません。ましてやその返答をするところをカメラで撮って、それをつなぎ込もうなどと思ってはいけません。まだリサーチ(取材)の段階であり、本番ではありません。クライアントは素人ですから、広告で伝えるべきことなど正しく答えられるわけがありません。「他所とどこが違うかって言われたって…。他所のことなんか知らないし…。当たり前に作っているだけだからなぁ…。ちくわなんてどこも一緒だろ?」

人は誰でも、いつもやっていることは「当たり前のこと」なのです。でも他人から見れば当たり前ではなかったりします。だから制作者はそこの作り方を調べ、一般的な作り方も調べ、その店はなにが「特別なのか」を見つける必要があります。差別化するポイントを見つけるということです。差別化ポイントをクライアントがわかっているような事態はまず滅多にありません。苦し紛れに、「そりゃあ…、なんだ。ウチは…ウチは、新鮮な魚を使ってるんだ!」とか「ウチの職人はもう20年もウチで働いているんだ」といった、的の外れたことを言い出しますが、それは仕方のないことです。新鮮な材料を使っていないちくわメーカーなど無いでしょうし、〝20年のベテラン〟というのも20歳で入った社員が今40歳になりましたというだけのことでしょう。こんなことでは差別化もできないし、ましてやベネフィットになっていません。

伝えるべきベネフィットを見つけるのは広告制作者の責任です。つまり、リサーチも制作者の腕の内です。リサーチで勝負が決まると言っても過言ではありません。

これは妄想によるサンプルですから、元々の動画に出ていた、この2つのネタ以外わかりようがありません。今回は、どうしてもこれ以上ネタが見つからなかったということにしましょう。「新鮮な材料を使っている」と

「職人は20年のベテラン」というありきたりのネタだけで、どうやったら差別化できるでしょうか。
　そこで考えるべきことは「どんな風に新鮮なのか」です。動画は「どんな風に」を見せるものです。あえて新鮮だと言うからには、特別な仕入れ方があるのかもしれません。「なぜウチは他所より新鮮だと言えるのですか?　なにか特別な仕入れ方とかがあるのですか?」などと掘り下げてみます。すると、「いやぁ、特別なことはないけど…。佐藤って者が仕入れてるんだけど、彼は地元の漁師の息子なんだ。だから、魚市場の連中はみんな幼馴染みで、特別に良い魚を安く回してくれるんだ」などと、なにかそれらしいことが返ってくるでしょう。魚市場の連中がみんな幼馴染みだなど、漁師町なら普通のことかもしれませんが、漁師町ではないところでは特別なことなのです。当たり前すぎて、当人たちはそれが特別な事だとは思わないので、根掘り葉掘り聞かないとこういったことを答えてもらえません。これはイタダキです。早速佐藤さんを取材し、市場のロケができるようであればロケハンをします。

コーナー①　仕入れ

「朝4時。ここ○○県○○市の魚市場の朝は早い…」といったようなナレーションで始まるのでしょう。魚市場に軽トラックに乗った佐藤さんがやって来ます。ここで一言、車を降りた佐藤さんにインタビューします。「今日はどんなものを仕入れに来たのですか?」「うん、ちくわの材料。ちくわ作るのにいい魚入ってないかなと思って」
　ここはわかり切っている当たり前の答えでも良いのです。本当は抱負みたいなことを聞きたいのですが、なにせ相手は素人です。そうそうこっちが思っているような良いことは言ってくれません。もしリサーチの段階で「演出上どうしても言ってほしいこと」があるのならば、その旨佐藤さんにあらかじめ伝えておかなければいけません。撮り直しをしてでも、その文言を言ってもらわなければなりません。今回は仕入れに臨む姿勢や覚悟が映像で伝われば、それだけで良しとしましょう。でも気を付けないと、眠そうだったり、かったるそうだったりします。彼にとっては特別な一日ではなく、いつもの日常なのですから。そこは撮れたものを見て、インタビューを使うかどうかを決めるのです。もし機嫌が悪そうだったり、ふてくされた態度に見えるようだったら、そんな映像は絶対に使ってはいけません。感じが悪く写っていたら、そのシーンを使わずに構成を組み直すか、別の日にそのシーンだけ撮り直しです。でも、普通は撮影しますと言ってあれば、シャキッとしているはずです。

こちらが言わせたいことを言わせるのがインタビューです。「なにを言うかは撮ってみないとわからない」ではなく、企画構成の段階で「ここはこんなことを言ってもらおう」と予定しておきます。そのためには、事前にインタビュー（リサーチ）をしておかなければなりません。撮影するのはあくまでも本番です。ディレクターというものは、扱うネタの専門家になれるほどまで勉強（リサーチ）しなければいけません。相手は素人相手に深いことを言っても通じないと思っているので、うわべのことを言って適当にごまかそうとします。だから鋭いツッコミを入れて、核心を語ってもらわなければいけません。よく「核心に迫るインタビュー」などといいますが、実は核心に迫っているのではなく、インタビュアーがすでに核心を知っていて、それをあえて言わせるように誘導しているのです。くれぐれもクライアントに「なにを言うかを撮影当日までに考えておいてください」などと言って、セリフを素人に考えさせたりしてはいけません。

カメラは佐藤さんの後に付いて魚市場に入っていきます。魚市場のスタッフたちが声をかけてくるでしょう。「おはよー」「おはようございます」といった当たり前の挨拶でも、みんなが親しく慣れているということがわかります。挨拶などは実際にはまったくしないこともありますが、この日だけ特別に挨拶をしてもらう、つまり、仕込んでもいいのです。親しくない人を親しいように撮ったらそれはヤラセですが、本当に親しい人を親しいことがわかりやすいように撮る分にはヤラセにはなりません。奥に入っていきながら、道々アジの目利きなどをしてもらいます。魚を手に取りながら、「アジはねぇ、尻尾が黄色いのがいいの。近海もの。黒いのは沖合のアジだから」など。ここは食卓でお目にかかる普段見慣れている魚を目利きしてもらい、魚に詳しいというイメージを付けます。アジの情報が重要なのではありません。実はアジのことなどどうでも良いのです。大事なのは「佐藤さんは魚に詳しい」というイメージ付けをすることです。これが「キャラクター付け」です。これらのセリフも、事前に話を聞いておいて、「この辺でアジの目利きをしてください」と打ち合わせしておきます。しゃべるのがヘタな人だったら、セリフを付けておくことも必要です。常套手段として、「アジはねぇ、尻尾が黄色いのがいいの」まででVTRを切ってしまい、そこから後の説明部分はアジの物撮りの画か写真入りノルマル・スーパー（全画面スーパー）にして、プロのナレーターが説明するという方法があります。これを「V（VTRのこと）に引き取る」といいます。このようにして、ヘタな素人のしゃべりはできるだけ使わないようにします。プロの世界には「素人にしゃべらすな」という言葉がありますが、これはしゃべらせないのではなく、素人のしゃべりは極力使うなという意味です。

そしてちくわに使う魚を紹介してもらいます。深海魚だったりするかもしれませんが、あまり見た目のグロテスクなものは避けるものの、見慣れない魚の方が良いです。もちろん、どの魚を紹介するのかは事前に打ち合わせしておきます。というより、打ち合わせのときにロケを一通り会話でシミュレーションしておくということです。「あまり食卓ではお目に掛からないだろうけど、ちくわやかまぼこには最高なの」「これとこれとこれと…。10種類くらいブレンドするの。このブレンドの割合がそれぞれのメーカーの企業秘密でね。今の時期だと…、ウチはこれをメインにして、これを混ぜる。後は言えないけど、この時期独特の特別な味になるのよ」などと言ってもらいたいところです。こう言われると視聴者は食べてみたくなるものなのです。本当に食べてみたところでやっぱりいつものちくわの味なのですが。

その後、業者とやり取りしているところや、幼馴染みの魚市場スタッフとじゃれ合っているところ、受け取った魚をトラックに積み込むところなどの雑感を撮ってロケ終了。最後のカットは魚を満載した軽トラが帰っていく後ろ姿でしょう。大事なのは「佐藤さんが魚市場のみんなと仲が良いこと」と「佐藤さんが魚に詳しいというイメージ付け」です。視聴者に佐藤さんは「特別な人」と思わせることです。言葉では「新鮮」としか伝えられないけれど、映像なら「どんな風に新鮮なのか」を伝えられるのです。今回は「魚市場の幼馴染みのみんなが用意してくれたものを、魚に詳しい佐藤さんが厳選した新鮮な魚」を仕入れていることと、どんな風に仲が良く信頼し合っているか、どんな風に魚に詳しいかも映像で伝えました。

著者はちくわの作り方なんてなにも知らないので、すべて妄想・例えです。なにも調べなくても、このくらいのことは事前に予定できるということです。実際にはちくわの材料の仕入れ方をちゃんと調べて、当然魚市場をロケハンしておいて、この妄想よりももっと良い筋書きを頭に、いや、頭にではなく、紙に描いてロケに臨みます。

この短い簡単な疑似ドキュメンタリーで佐藤さんというキャラクターを描きました。キャラクターを描くには事件が必要です。なにか事件が起きて、それに反応する言動（リアクション）によってキャラクターが描かれるのです。だから、インタビューとか、みんなが挨拶してくるとか、アジの目利きだとか、ちくわに使う魚の紹介だとか、これらはみんなそのための「事件」です。視聴者にとって、もう「知らない人」ではありません。他では味わえない「佐藤さんが仕入れた魚で作ったちくわ」を食べてみたくなるのです。ここのちくわが、他とは違うオンリーワンになったのです。これが「差別化を作り出す」ということであり、これがインスタント・ヒーローです。広告でもたまに使われますが、実はテレビ番組の基本的な作り方の1つです。

コーナー② ベテラン職人

次は「20年のベテラン職人」です。職人がちくわを成形しているところを訪ねます。なにせ相手は20年のベテランですから、ものすごい手際で簡単そうに作っていることでしょう。ここで大事なのは、「ただ写しただけでは簡単そうな仕事にしか見えない」ということです。そこで一通り「ちくわができるまで」を紹介した後、レポーター（ディレクター）がちくわの成形に挑戦します。教えてもらいながら「素人がやったらこんなに難しい」ということを視聴者に〝見て〟もらうのです。そこそこできるようになったら、1分間でいくつ作れるかを競争します（見せるときは早回し）。職人はあっという間に10個ほども奇麗に作り上げるでしょう。でもレポーターはせいぜい3つほど、それもいびつなものしかできません。そうやってゲームを楽しんでいるように見せながら、素人と比べることで「20年の業（わざ）」がどんな風にすごいのかを〝目に見えるように〟紹介するのです。ゲームは職人技を紹介するときによく使われる定番の手法で、技もキャラクターの一部です。「どんな風にすごい人なのか」です。この場合描くべきことは人柄ではなく技の方ですから、事件はゲームだけで良いでしょう。キャラクターには色々な種類がありますから、どのキャラクターを描くのかによって、それが目で見える形になるような事件を起こしてあげるわけです。テレビでもよくリポーターが本職に、勝てるわけのないゲームを挑むことがあるでしょう。あれは遊んでいるのではありません。素人と比較することで、職人技がどんなにすごいことなのかを見せているのです。

最後は目の前で出来上がったちくわをレポーターが食べて見せます。おいしいに決まっています。出来立てのちくわなんて、ほとんどの人が食べたことがないでしょう。視聴者はここから直販で買ったって出来立てを食べられるわけではないのですが、それでも買いたくなるものなのです。他とは違う特別なちくわは、スーパーを経由した物よりは美味しいのではないかと思う、あるいは美味しく感じるものなのです。ちなみにクロージングは必要ですが、サイトに載せる動画に告知部分など必要ありません。サイトに既に商品紹介ページがあるでしょう。そこに「動画で食べているのはこれです」などと書いておけば良いだけです。

前半はドキュメンタリー風のストーリーを作りキャラクターを描く方法、後半はゲームを使って技のすごさを見せる方法を紹介しました。どちらもテレビ屋が本当によく使うオーソドックスな方法です。それぞれ5分程度、これだけでも10分弱程度には簡単になるでしょう。それを前半は3分程度に、後半は2分程度にして、合わせて5分といったところが適正な尺でしょうか。もっと短く3分や1分などにするのならば、その尺に対してはさすがに現状は情報過多なので、まずはエピソードを絞り込みます。佐藤さんが魚市場にやって来るところ、市場に入る前のインタビューなどは全部カットです。魚市場の人々との関係性やアジの目利き、ちくわの材料の説明は是非入れたいので、それぞれのエピソードを3〜4秒程度の2〜3カットでわかってもらえるように編集します。最初から短く考えるのではなく、最初はこの程度のものを考えておいて、それを頭の中で短くしていくのです。台本の第一稿（事前に予定したもの）は、尺の枠が1分なら大体70〜80秒くらいになるのが普通です。そして台本上で切りまくって60秒に収めますが、実際に撮影して画を編集すると70秒弱くらいになります。それをまた切り込んでいって60秒にしても、ナレーション撮りをすると5秒近くこぼれたりします。また台本を切って最終的にはなんとか60秒に収めます。伝えようとすることがキチンとあるのならば、長くするのは簡単ですが短くするのは本当に難しいのです。しかし、このようにするからこそ濃縮された中身の濃いものが出来上がるのです。

第一稿は文字だけを考えて書くのではなく、必ず映像を頭の中で想像しながら、映像では伝えきれないところだけをセリフなどでカバーして、そのセリフなどを抜き書きしていきます。動画を作るときには、絶対に映像が先です。先に言葉で考えてしまったら、その後はそれに挿し絵を付ける作業になってしまい、このやり方では報道系動画しか作れません。

更に切り詰めていわゆるスポットCM（15秒や30秒）にすることも形の上ではできますが、この内容でその尺ではキャラを立てられないので、別のアイデアを考えた方がいいでしょう。

超短尺（1分以下）のものでの注意点は、必ずV音を聞かせる部分を作ることと間を取ることです。最初から最後までナレーションの読み倒しはかなりみっともないです。V音を聞かせられるところが無くても、どこかに素の部分を作り、そこはBGMを聞かせます。〝間合いを取る〟ことはものすごく大事なことなのですが、短くなればなるほど難しくなるのです。15秒では無理ですから、間合いは必要ありません。

ドキュメンタリー方式で大事なことは、なにも調べずにロケに行って、撮れたなりのものにせず、ちゃんとあらかじめストーリーを想定しておくことです。必ずロケハンして、ここで立ち止まってアジの目利きをしてもらうとか、その時どんなことを言ってもらうかを計画しておきます。ドキュメンタリーといっても広告動画ですから、本当のドキュメンタリーではなく、本物の登場人物を使ってドキュメンタリーに見せ掛けたドラマです。これは完全に「ドキュメンタリー番組」を通り越し「ドキュメンタリー仕立ての情報番組」です。そのストーリーや登場人物や紹介したサービスが、騙そうとする意図はなく、わかりやすいように多少演出を加えた程度であれば「ヤラセ」や「嘘」にはなりません。つまり誠意によるものが〝演出〟であり、騙そう、誤魔化そうとする悪意のあるものがヤラセです。

わざわざありがちで、ストーリーにするのが難しいと思われているだろうネタを選んでみました。ちくわはありがちではないかもしれませんが、「新鮮な材料」と「ベテラン職人」はあまりにもありがちなネタだと思います。普通、こんなのどうすれば良いのだろう、と思うようなシチュエーションではないでしょうか。差別化するということは、オンリーワンにするということで、そのためには広告自体がオンリーワンである必要があります。そしてストーリーを作れば、あるいはキャラクターを描けば自動的にオンリーワンのものになります。人が違えば違うキャラクターになるに決まっているので、同じ手法を使っても同じものにはなりません。こんなことからも広告は他所と同じではダメだ、他所と同じようなものしか作れない業者はダメだということがおわかり頂けるかと思います。「『どんな風に』を目に見えるようにする」あるいは「『どんな風に』が見えるストーリーを考える」ということです。ストーリーといっても長編の物語を作るというのとは違うので、ずっと気楽に習得できるはずです。

報道ならいきなり一度だけ行って一日でロケして終わるのもよくあることでしょうが、番組を作るのならば必ずロケハンが必要です。そのようなところも報道系動画と番組系動画では違います。その分値段も高くはなりますが、一日のロケハン費用なんていくらでもないはずです。特にリサーチとディレクター（つまりソフト）こそが命なのですから、外注でやるにしろ内部でやるにしろ、それらにはちゃんと金を掛けるべきです。掛けないと、作る方はそこを手抜きせざるを得ないのでロクなものが出来ません。

column

広告動画のベネフィットは1つ

広告動画では、伝えるべきベネフィットは通常1つです。だから、上司から「明日までにコンテを20本出せ」などというイジメ（?）・シゴキ（?）を受けたときには、ベネフィットを20個出して、それぞれをストーリーにしてやれば良いわけです。こういう修行のしのぎ方というものは、覚えた頃には修行はとうの昔に終わっているものです。

閑話休題。動画の場合、ベネフィットはプル広告ならもちろんですが、プッシュ広告でも別の理由で必ず1つになります。動画が使えるプッシュ広告が許される環境は、サイトかプレゼン、店舗といった、文字、静止画、動画、音声の4つのメディアが使える環境であるはずです。プッシュ広告ではベネフィットをいくつも並べます。ベネフィットはそれぞれ、4つのメディアの内どれで伝えるのが一番良いかが分かれます。その中で、動画で伝えるべきベネフィットだけをそれぞれ別々の動画にして並列に並べるべきですので、1つの広告動画で伝えるべきベネフィットはいつも1つなのです。

1つのプッシュ広告の中に文章もあり、静止画もあり、動画もある（それも1つとは限らない）、という形になるはずで、プッシュ広告全体を1つの動画にしても意味がありません。実店舗での陳列ならば、実演販売の「実演」の部分だけを動画にすれば良く、しゃべりの部分はPOPなどにすれば良いのです。しゃべりの部分まで動画にされても、客から見ればうるさくて迷惑なだけです。

プレゼンなら、紙の資料を配り、プレゼンター（司会・MC）が出て来てしゃべり、その合間に動画（VTR）も出てくるという形になるはずです。それは、実演販売の実演部分を実演するわけにいかない時に動画にしましたというだけのことです。BtoBの客に会議室でやると「プレゼン」と呼ばれ、BtoCの客に店舗でやれば「実演販売」と呼ばれるだけで、やっていることは同じです。

逆にいえば、これらを1にまとめて紙に書いた（〝単メディア化〟した）ものがプッシュ広告で、動画に〝単メディア化〟したものが番組です。なぜ単メディア化したのかといえば、雑誌には印刷物しか、テレビには動画しか掲載できないからです。つまり、展開するメディアが〝単メディア〟だからです。動画はある意味最強のコミュニケーション・ツールではありますが、すべてにおいて他のメディアに勝るものではありません。

第 6 章
インターネットの使い方

広告論的、インターネットの4つの特徴

インターネットの4つの特徴

インターネットを宣伝・広告で利用する場合、頭に入れておいた方が良い4つのポイントがあります。

その1　インターネットは電話である

インターネットの正体は、実は電話です。電話は音声信号だけのやり取りでしたが、その後FAXができて文字や画像も送れるようになりました。この時点でもう現在のインターネットとなにも変わりはありません。事実パソコン通信時代やインターネット初期には、電話回線にコンピュータを繋いで通信していました。コンピュータ・ネットワークは、あくまでも〝人間の代わりにコンピュータが電話に出て応答している〟というものです。その後、電話回線では物足りなくなり、また電話代も掛かるので専用回線化されたわけです。サーバーは交換機と留守電を足したものですし、〝同時接続〟は目に見えない速さでキャッチホンを切り替えているだけです。

電話は一対一の通信であり、全員が電線という紐でつながっているので、相手は必ず〝特定〟であり、不特定多数を相手にする従来のマスコミとは少し勝手が違います。また、通りすがりというものもないので、〝看板〟を出しても意味がありません。サイトは看板（不特定多数が見られるもの）ではなく、留守電に録音された応答メッセージですから、電話を掛けて来た訪問者（特定の人）だけにしか見てもらえないものです。

バナー広告なども本文と絡んでいなければほぼ効果はありません。他人

の留守電の応答メッセージに自分のメッセージを割り込ませようという、なんとも無礼で厚かましいものです。だからせいぜい隅にひっそりと置かれる程度が精一杯なのです。

想像してみてください。あなたが用事のある会社に電話をしたら留守電になっていて、応答メッセージよりも先になんの関わりもない別の会社の広告メッセージが流されたらどうでしょう。あるいは応答メッセージの裏で広告メッセージがやかましく流れていて、応答メッセージがよく聞き取れなかったらどうでしょう。そんな会社には二度と電話したくないでしょう。サイトを運営しているのはほとんどが素人なので、このような愚行を平気でやっているわけです。直接金をくれるのは閲覧者ではなく広告なので、閲覧者をないがしろにし、広告に最優先で一番いい場所を与えてしまうのです。もちろんこれはメディア運営者の問題ですが、そんなところにあなたの会社の名前を出しても、イメージ・アップになるわけがありません。

その2　実は双方向ではない

インターネットは、確かに科学技術的には双方向なのですが、広告を考える上では「消費者から広告主への一方通行」です。本来広告は「広告主から消費者への単方向」なものですから、まるで逆さまです。広告主が消費者へメッセージを送り付けようとすることは、船で滝を登ろうとするのと同じことです。

テレビ・新聞・雑誌などのマス・メディアは必ず発信者から消費者への一方通行ですが、この場合、消費者は発信されている情報を受け取るか受け取らないかだけを判断します。つまりメッセージは消費者の手元に届いてはいるわけです。

一方、インターネットでは、情報は広告主から発信することもできます（これを「行き」としましょう）が、消費者が情報を発信すること（これを「帰り」とします）もできます。これが技術的双方向ということです。

ところが、誰でもインターネットの世界へ入って行くときは検索窓にキーワードを入れて検索して行くものです。つまり、消費者にとってインターネットは「自分から情報を探しに行くところ」であるわけです。もちろん、向こうから来たメールや通知などをクリックして飛んでいく場合もありますが、知らない会社や鬱陶しい広告はすべてブロックしているはずです。それ以前に、個人情報（メール・アドレスなど）を秘匿していること自体がブロックです。ブロックを掻い潜って来たものは、そのままゴミ箱へ直行です。これが心のブロックです。決してそれを開いたり、リンクをクリックしたりしません。つまり双方向であるとはいえ、「行き」は完全に閉鎖（ブロック）されているのです。心のブロックを潜れるものは「友人（互いにアクセスを許し合った者）」だけです。消費者はあなたの広告にアクセスできますが、あなたは消費者にアクセスできません。勝手に来たものは、来ただけで〝迷惑〟でしかありません。知らない相手へのDMは、ゴミをポストに投げ込むのとまったく同じ行為です。

あなたの広告が到達するかどうか、つまりあなたと消費者が双方向でつながるかどうかは百パーセント〝消費者の意思〟次第ということです。例え迷惑メールをメール・ボックスに押し込んだとしても、消費者が能動的にそのメールをダブル・クリックして開かなければ、受け取ってはもらえません。それは、その消費者があなたのバナーをダブル・クリックしてあなたのサイトへ飛ぶのとまったく同じ行動です。つまり迷惑メールなど送り付けても意味が無いということです。

これは、基本的に「通信では広告できない」という当たり前のことでもあります。広告は元来「不特定多数に告げるもの」なのですから、相手を特定しないと成立しない「通信」では、広告ができるわけがありません。誰でもそんなことはなんとなくわかっているから、電話で宣伝しようという人は現れなかったのです（やろうと思えばできなくはないし、一部には存在したかもしれません）。手紙でも電話でも、広告（不特定多数の無意識層にアクセスすること）はできません。手紙だとDM（迷惑メール）に、電話では電話勧誘（迷惑電話）になるように、通信で広告しようとすれば相手を特定し情報を一方的に送り付けることになり、これは相手の意思を尊重していないので必ず迷惑になるのです。広告とはあくまでも、消費者の方から自分の意思で見るもの＝インバウンドなものであり、押し付けよう、送り付けようと思うのは間違いです。

いつだって、どのメディアであっても、消費者が自ら見たいと思うような広告でなければ見てもらうことはできません。そして「向こうから来るもの」で開いてもらえるのは「友人からのメール」だけです。双方向だということは「やり取り」ができるということであり、「やり取り」にインターネットを使うのは互いにアクセスが許される状態（友人＝顧客）になってもらってからやることです。そして顧客を相手にしてやることといえば「販売」です。従ってインターネットは基本的には販売をするところであって、宣伝や広告には向いていません。

その3　オンデマンド

オンデマンドとは「ユーザーが求めたときに、即座に情報を手に入れられる」ということです。それは裏を返せば「求めないものは、見なくていい」ということであり、広告が割り込む余地がないことを意味しています。

インターネットは、別のモノに例えるなら「百科事典」だともいえます。百科事典は通読するものではなく、目次で見たい項目を探してその項目だけを見るものです。検索エンジンが目次に当たります。広告は、せいぜい検索エンジンか本文の隅でひっそりと愛想笑いを浮かべるくらいしかありません。目次から飛んで来たのに、本文が出ずに広告が出て来て、「これを見てからでなければ本文は見せないぞ!」などとやったら、もうその時点でオンデマンドではありません。もちろん感情的にも、オンデマンド性を阻害する邪魔者が受け入れてもらえるわけがありません。

インターネットではみんななにかを探しているのですから、プル広告の主なターゲットである「無意識の人」や「暇な人」はいません。掲示先のメイン・コンテンツと連動・連携していなければ、ほとんどの人から無視されてしまいます。テレビではメイン・コンテンツを中断してCMが流されるわけですが、オンデマンドが「中断」されては、オンデマンドではなくなってしまいます。

« 補足 »

ここまでの3つの点で、特に大企業にとり広告インフラとしてはテレビにアドバンテージがあるのですが、肝心のテレビ局がテレビの優位性や放送・広告のあるべき姿を理解できていないために、広告インフラとしての有効性が下落してしまっているのが現状です。

その4　複合メディアである

広告インフラとしての特徴で最も重要なものは、文字・静止画・動画・音声という4つの情報伝達媒体（コミュニケーション・ツール）が使えるということです。元々の広告インフラは印刷系（新聞・雑誌など）であり、文字と静止画だけだったわけですが、そこに音声だけのラジオができ、その後に登場したテレビに至っては70年程度しか経っていません。この〝新しい〟ツールである動画（一般番組）については、これが報道系動画とは違うものであるということさえ理解している人はほとんどいない状態です。更に近年の職人の絶滅に伴い、テレビ職人はほとんど絶滅してしまいました。そこに来て4つのツールを一緒に使えるインターネットができ、どのツールをどう使い分けたら良いのか、いや、使い分けるということにさえ思い至っていない人がほとんどというのが現状です。

インターネットでなにをすべきか

さて、インターネットは双方向であるが故に、単方向である広告には向いていないという話をしましたが、がっかりすることはありません。大は小を兼ねるで、双方向であるインフラを単方向として使うことは当然できるわけです。向いていないということは、できることが限られているともいえ、どれをやったら良いか迷う必要がありません。大事なことは、双方向で良いところは双方向の利点を生かし、単方向でなければダメなところは単方向として使うという仕分けがきちんとできるかです。そのために知識が必要なのです。

双方向環境は販売をこそするべきところなのですから、インターネットでの宣伝を考える前に、販売の面から考えてみましょう。販売の範疇で動画（番組系動画）が担えること、つまりキャラクターを伝えることが有効なのは「メール・マガジン（以後メルマガ）」です。メルマガは「顧客の囲い込み」が任務です。顧客（すでに双方向環境が成立している客）に対して思い出してもらったり、興味を寄せてもらったりとつながりを維持するために送るもので、その内容はほぼブログです。しかし動画はデータ量が多く、見るのも面倒臭いので送り付けることには向きません。そこで、動画は公開された動画投稿サイトに置き、そのURLだけをメルマガとして送ることになります。すると、見たい人は見たい時にリンクをクリックすれば良いし、見たくない人はクリックしなければ良いということになります。更に、顧客ではない人も偶然見つけて来てくれるかもしれません。見事に特定に対しても不特定に対しても〝インバウンド〟になりました。囲い込みは販売の範疇ですが、このような形にすれば宣伝も兼ねることができます。

企業がネットに上げるべき動画

今度は宣伝の視点から考えます。宣伝は、インバウンド型でなければなりません。送り付けるのではなく、自分のコミュニティを立ち上げそこに来てもらい、そこで素敵なプレゼントを渡すという形にします。そしてそのプレゼントはどのようなものにすれば良いのかというとキャラクターが伝わるブログです。インターネットのメイン・コンテンツ＝人を集めるコンテンツは、草創期からずっとブログと決まっているのです。

2000年頃には「日記ブログ」と呼ばれるものが一世を風靡しました。インターネットとはいえその頃はまだデータ処理能力が乏しく、写真さえ重くてどうしようもない、ましてや動画など夢物語りという状態でした。そこでテキストだけのブログで、身近な事や小ネタを書いた「日記ブログ」が大流行したのです。報道的にただ情報を垂れ流すものをサイトと呼んでいますが、サイトとブログはなにが違うのかといえば、ブログには運営者の〝キャラクター〟があるのです。つまり面白いということです。もちろんサイトでも多くの閲覧者がいるところもありますが、それは集めているのではなく、単に集まっただけです。そしてもっと良い情報を出すサイトがあれば、みなそちらへ移ってしまいます。しかし、先にも書いたようにキャラクターは人を集める力があり、そして人それぞれの好みの問題なので、あっちにもっと良いキャラクターがいるからといって客を取られるということはありません。

そしてインターネットのデータ処理能力が上がり動画が使えるようになると、この「日記ブログ」も動画化されました。それはVideoBlogをもじってVlogと呼ばれています。これは動画のカテゴリーとしては「その他」に分類されるもので、難しい広告動画とは違うものです。故にユーチューバーの動画の多くがこれです。いつだって「素人にも作れて人を集められるコンテンツ」はブログなのです。

販売も宣伝も、同じ答えにたどり着きました。

Vlogを運用する2つの方法

そして、企業がこのVlogを利用する方法は2通りあります。

自分たちで作る

もちろん、1つ目は自分たちで作ることです。

どの様なものを作れば良いかをごく簡単に紹介します。社員の中から適切な人材を見繕ってキャスターとします。また、当然ディレクターも必要です（兼任可）。この人が動画で仕事周りの小ネタを発信していきます。ネタはあなたが伝えたいことではなく、あなたの会社と関連がある範囲で消費者が知りたい、知って良かったと思うようなことです。業界裏の笑える暴露話なども良いでしょう。ニュースのような無機質なものにはせず、その中にキャスターのキャラクターを織り込んでいくことが重要です。キャラクターが弱い無機質なものになると、視聴者が常に濃い情報だけを求める人だけになってしまうので、常に濃い情報を発信し続けなければならなくなり、継続することが難しくなっていきます。ネタはあまり難しく考えず、「映像付きなのだからキャラクターを重視する」というところが違うだけで、あとはメルマガだと思えばいいでしょう。ゲストを呼んで対談するのもいいでしょう。「徹子の部屋」を想像してください。あれも色々なゲストを呼んで対談するのですが、実はゲストは誰でも良く、黒柳徹子のキャラクターで持っている番組です。ただし、ホストのキャラクターがしっかりしていないとゲストに喰われてしまいますので注意が必要です。

Vlogでは主役は映像ではなくトークですから、テロップが多くなって構いません。カメラも本当は3台くらい欲しいところですが、小規模企業なら1台で、それもiPhoneで十分です。しかし2台あった方がずっと動画の格は上がりますし、大企業なら3〜4台くらいは欲しいところです。

およそ10分程度のものを、通常は週に1回アップロードすれば十分です。頑張りたいならば3日に1回、株式ニュースのような毎日変化の激しいネタを扱うならば毎日でも悪くはありませんが、間隔が短ければ短いほど良いということはありません。尺も10分程度が適切で、もう少し短くても良いですが、あまり長くなるのは冗長になるだけですのでお勧めしません。特に「後ろへ引っ張る」という高等技術を持ち合わせないレベルはやめておくことです。この場合、「総接触時間が長い方が良い」というのは、回数を重ねて動画の本数が多くなれば接触機会も総接触時間も長くなることを指すのであって、一本一本の尺が長いことやアップロードの間隔が短いことを意味するのではありません。インバウンドのものを畳み掛けてもあまり意味はありません。

いきなり人が集まるわけではありません。内容にもよりますが、1年から3年くらい地道に継続すればそれなりに集まるでしょう。集まるというより、ファンが付きます。人を集めることが大事なのではなく、コンスタントに情報を発信していくことが大事なのです。つまり広報活動だと思いましょう。広報と〝宣伝〟はなにが違うのかを確認してください。目的が違うだけで、やっていることはまったく同じです。これはメルマガを動画にして公開したものなのですから、直接的な反応ではなく、あくまでも顧客へのサービス（プレゼント）であり、プラスで新規客も拾えればラッキーというものです。多くの会社がメルマガは当たり前のこととしてやっていると思いますが、どうしてメルマガを動画にしないのでしょう？

宣伝というと派手なものばかりに目が行きがちですが、実際には地味で地道なものです。著者がNHK-BSで大量動員したのも2〜3年掛かっていますし、これはアンケートがあったから番宣の成果だということがはっきりした稀な例で、アンケートが無ければ誰にも、当人にさえ気付かれもしなかったことです。くれぐれも、宣伝ではなく広報活動と思い、見返りを期待せずに続けることです。

メルマガは自分たちで雑誌を出すことだと考えれば、Vlogは自分たちでテレビ局を持つということです。朝から晩までCMを流していても誰も見に来てはくれないので、〝番組〟を作らなければいけません。そして番組とはキャラクターを描くものであり、キャラクターを描くのに最もストレートで簡単な方法、つまり初心者にお勧めなのがVlogです。

当然ですが、ディレクターとキャスターはほぼこの仕事以外のことはできないでしょう。通常業務の片手間でできるようなものではありません。つまり、ユーチューバーに給料を払うのと同じだということです。

ユーチューバーを利用する方法

そこで、もう1つの方法はユーチューバーをスポンサードするやり方です。単なる素人である社員を使うのではなく、アマチュアとはいえ一応専門家であるユーチューバーに〝給料〟を払って活動してもらいます。有望なユーチューバーを見つけ出し（要：ソフトを見極める力）それなりの金を渡せば、ユーチューバーはYouTube活動に専念できます。そうすれば有名になれるかもしれません。いや、なれるかも、ではなく、あなたの企業で全力で応援して有名にするのです。マスコット・キャラクターみたいなもので、ヒーローに仕立て上げるのです。その時には、そのユーチューバーを育てた企業として、また文化に貢献したとして社会から好感度と感謝をもらえます。文化貢献は社会貢献であり、資本主義社会ではそれは企業の本分であり報酬が得られるものです。

そのユーチューバーを有名にしてやればしてやるほど、自分の会社の宣伝になるわけです。

ただし、金を出すだけで口を出してはいけません。あなたは素人で相手は専門家だということを忘れてはいけません。コーチを雇って指導させるのは良いアイデアですが、どうすれば人気が出るのかを指導させるのであって、自分のスポークスマンに仕立て上げるのではありません。ユーチューバーは個人の自主性がウケているのです。案件動画は嫌われているように、企業に言われたことをやっているのでは人気は出ません。そこで思い出して頂きたいのが、「宣伝は企業が言いたいことを伝えるのではない」ということです。そのユーチューバーが作った面白動画を社会に提供することが宣伝なのであって、「この商品はここが良いんだ」とか「買ってくれ」といったことを伝えるのは販売です。赤の他人であるユーチューバーに販売してもらおうと思うこと自体がお門違いです。しかもユーチューバーは販売についてはズブの素人でしかありません。消費者に「この企業のおかげでこのユーチューバーが活動でき、その動画が見られるんだ」という程度のことがわかってもらえればそれだけでいいのです。そうすれば逆に、「このスポンサーは金だけ出してしゃしゃり出て来ない良い企業だ」と思ってもらえます。つまり好感度が上がります。それが宣伝です。宣伝が社会の迷惑になっている今の状況では、宣伝をしないことこそが一番の宣伝なのです。正確には、迷惑宣伝をしない企業だということを宣伝するのが一番なのです。そしてそのためには、動画の最後に片隅に小さく「後援」として企業名をテロップしてもらう程度（映画のエンド・クレジットの協賛程度）で十分なわけです。「（あなたの会社名）は（このユーチューバー名）を応援しています。」でも良いでしょう。

それだけではあまりにも物足りないとお思いならば、ユーチューバーに番組が終わった後に宣伝してもらうか短い広告を入れます。番組の後ならば嫌われません。後ろでは見てもらえないと思うのは間違いで、それは作り様、提示の仕方でなんとでもなります。

間違っても、番組の中で“販売”させてはいけません。そのユーチューバーの客を飛ばすだけです。どんなに嫌われないようにやれたところで、絶対にそれがユーチューバーにとってプラスになることはありません。それでは応援するのではなく、寄生虫になってしまいます。互いに相手を応援し合うことで両者が正のスパイラルで上昇していく間柄、それを〝提携〟といいます。

まったく同じことが大昔からスポーツ選手を対象にして行われています。有望な選手を企業がバックアップするおかげでその選手は競技に専念でき、おかげで本当にオリンピックに出られたりしているわけです。そういった選手たちは決して“販売”をすることはありません。人気者が商品を使っているというだけで大宣伝になるのです。くれぐれも宣伝と販売を間違わないことです。

資本主義社会においては、企業とは金儲け集団ではなく、社会が求めるものを提供する組織です。だから教育や文化も企業が提供、育成する義務があるのです。動画も文化です。面白い動画はこんなにも人気があるのに、なぜ動画クリエーターを育成しようとしないのでしょう。ソフトを見極める力さえあれば、見返りは十分以上に得られるはずです。

column

広告のビジネス・モデル

誰が客なのかを明確に認識するための図をビジネス・モデルといいます。誰が客なのかを明確に知ることはマーケティングの初歩であり、商売の大基本です。

現代では、金を払うのが客だと思っていたら大間違いです。ミュージシャンのコンサートを例にしてみましょう（図6-1）。ミュージシャンはサービスをファンに提供します。ファンはミュージシャンに直接金を払うわけではなく、チケットという商品を買い、興行主に金を払います。興行主は、その中からギャラをミュージシャンに払います。もちろん、ミュージシャンにとって〝客〟はファンですよね。そんなことは誰でもわかる？　いいえ、一部のジャリタレなどは、テレビ局のプロデューサーにはペコペコするくせ

図6-1　ビジネスモデル図

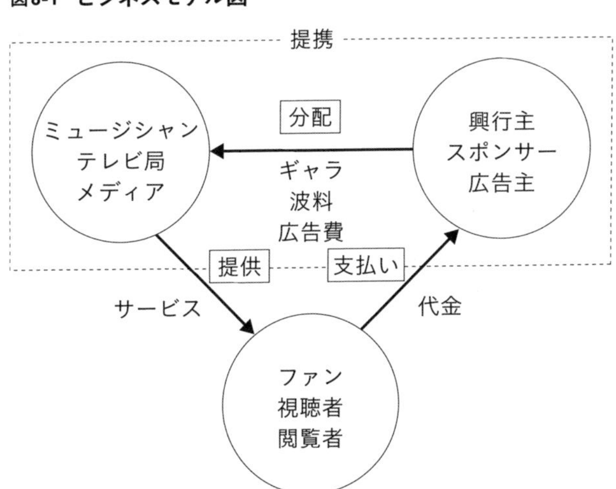

に、ファンには横柄な態度を取るじゃないですか。直接金を払ってくれる興行主こそが、客だと思っているのでしょう。

ここで問題です。テレビ局はサービスを視聴者に提供します。視聴者は商品というチケットを買い、金をスポンサーに払います。スポンサーはテレビ局に広告費（波料）を払います。さて、テレビ局にとっては誰が〝客〟でしょう?

広告の話です。メディアはサービスを閲覧者に提供します。閲覧者は、商品というチケットを買い、広告主に金を払います。広告主は広告費をメディアに払います。客は当然閲覧者ですね。これをわきまえていないメディア管理人は、閲覧者を客と思っていないためにその迷惑を考えず、不愉快極まりない提示の仕方をするわけです。有料メディアの場合には当然閲覧者はメディアにも直接払いますので、有料メディアの管理人が客を履き違えることはまずありません。しかし無料メディアの場合には、閲覧者が直接払うことはないので、その管理人（特に素人）は客を履き違えることが専らなのです。

ところで、メディアと広告主は提携関係になければいけません。提携関係とは、「互いに手を取り合うことで売り上げをより大きくし、それを分け合いましょう」という関係であるはずです。手を携えた仲間（パートナー）なのであり、どちらが売り手でも客でもありません。互いに応援し合いこそすれ、少しでもふんだくってやろう、不利益は押し付けてやろうという間柄ではないはずです。

第 7 章
実例解説

サンプル動画解説

動画を見る前の注意書き

最後に、サイト用広告動画の実例をお見せします。以前、著者が親しくしているダイビング・ショップの広告動画を勝手に作らせてもらったものがあるので、それをサンプルとしてプロが動画を作るときになにをどう考え、どうしてそうしたのか、を解説します。対象は動画制作者ですが、クライアントの方も是非知っておくべきかと思います。
「ショップのサイトに置く動画」という前提で作っています。このサイトにたどり着いた人をできるだけ多く取り込むための動画、成約率を最大化するための動画という位置付けになるので、プッシュ用の動画です。この動画が1つのプッシュ広告ではなく、サイト全体が1つのプッシュ広告であり、動画はその一部品に過ぎません。商品（このショップ）のここが良いだの値段がいくらだのといったことはすでにサイトに文章で書いてありますので、文章で伝えた方が良い事を動画ファイルにしたところでまったく意味はありません。この動画は、「この店を利用する理由を与える（プルで有効な効果)」と同時に「最終的な決断の背中を押す（プッシュで有効な効果)」効果もある、動画でなければ伝えることのできないたった1つのベネフィットだけを伝えます。本文中の〝美容院の広告動画〟でマスターのキャラクターを描いたように、ここでもショップの店長のキャラクターを描いています。キャラクターはあらゆる人が間違いなく興味を持っているものなので、この動画はプル広告としても使えます。ただし、プッシュ広告なので尺が長めです。プル広告にする場合は、出すコミュニティによりますが30

秒から1分、せいぜい3分程度が良いでしょう。

〝最強である番組系動画〟を有効に活用できる典型例なので、ワークショップのサンプルとしたわけです。今回なぜダイビング・ショップにしたのかというと、美容院と同じく差別化が難しいサービス業だからです。

尺に付いて

今回は作ることを楽しんだために15分などという長尺にしてしまいましたが、みなさんがサイトに載せる広告動画を作る場合は、15分は長過ぎます。短ければ短いほど良いのですが、15秒や30秒では、さすがにストーリーをその秒数に押し込めるのは短すぎて難しいでしょう。特にその短さでキャラクターを立てるのは神業です。通常は3〜5分程度、せいぜい10分をお勧めします（一番作り易いのは10分程度です）。尺の制限が無いのですから無理に短くする必要はありませんが、後ろへ引っ張る技術に不安があるのなら、ストーリー自体をできるだけ短く計画するべきです。とはいえ、短くするために報道系動画（挿し絵を並べただけのストーリーの無い動画）にしたのでは本末転倒もいいところであり、そんなものなら無い方がマシです。くれぐれも「どうやってこの尺を埋めようか」ではなく、「どうやってこの尺に収めようか」という感覚が大事です。

一方、商品の動作の様子を見せるための「記録映像」の動画ならば30秒以下で十分で、それ以上長くしてはいけません。置く場所もサイトの目立つところではなく、動作のことを解説している所になります。

制作者の意識

この動画は依頼を受けて作ったものではありませんが、通常、広告制作者自身は依頼を受けたときは常に「無意識」です。ターゲットの意識レベルを特定したら、今度は自分がその意識レベルの客に成り切ってすべてを考えていきます。よくある間違いが、自分が広告主に成り切ってしまうことです。広告主の立場で広告主の言いたいことを言っているのでは、客に受け入れてもらえるものには絶対になりません。

その他の注意事項

すべて著者1人で、機材もすべて手持ちの機材だけで作っています。ダンゴウオの写真以外はすべて著者の撮影した映像で、フォントと音楽、効果音はフリー素材のものです。一切金を掛けていません。

ナレーションも自分でやったので、こればっかりはヘタなのは勘弁してください。ナレーションがヘタだとどれほど視聴者が先を見続けることの障害となるのかの反面教師としてください。

また、ナレーションは本来広告動画では丁寧語であるべきです。本作は常連客が勝手に作った動画ですので店から消費者へのメッセージではなく、客仲間からの報告という建前でフレンドリー感を出そうと思い丁寧語にはしませんでした。しかしこれは後から考えると良いとは思えません。やはりダイビング仲間とはいえターゲットは見知らぬ人なのですから、丁寧語にするべきでした。

ナレだけではなくカメラや収音などのハードの部分は、その道の専門家が見たら色々あるでしょうが、この本はあくまでもソフトの部分を解説する本です。プロのディレクターはハードの部分は普段自分ではやらないことなので練習していないからヘタですが、やらないからといってまったく知らない、できないで良いのかというとそうではなく、一通りはできなければいけません。なにも知らないと作業員に舐められ手抜きをされる場合もありますし、そうでなくともディレクターが思ったような仕上がりになりません。〝誰が作ったのだかわからないもの〟になってしまっては、人から愛されるものにはなりません。ディレクターとしてはこの程度できればいいだろうというところ、プロ・ディレクターとしての最低ラインを示したつもりです。また、エフェクトや効果音といった装飾も、同じ理由で必要最低限にとどめてあります。

では動画を見て頂いてからその後、どういう意図でこう作ったのかを詳細に説明していきます。

動画のURL　https://youtu.be/nCnHHSyod_I

「面白い」について

次の2つの感想を持った方が多いのではないでしょうか。

1. これは広告ではなくて番組じゃないか

この本でも書いてきた通り、番組にCTA（商品名や値段を押し付ける部分）を付ければ〝みなさんが嫌う広告〟になります。広告動画からCTAを取れば番組になるのです。短尺で売り付けるようなものだけが広告動画だと思っているのが間違いです。昔は尺の長いCF（コマーシャル・フィルム）と呼ばれるものがよくあったものです。それは単なる短い映画でした。

お見せした動画になぜCTAが無いのかはおわかりですよね？　この動画はサイトに置くものですから、サイトにはもう既に商品名やら値段といったものは書いてあるわけです。CTAがないということは外見上〝みなさんが嫌う広告〟ではなくなるため、他所のコミュニティに置いても嫌われない、立派なプル広告にもなり得るということです。ダイビングに興味のない人が見て面白いと思うかどうかはわかりませんが、少なくとも、なにも売り付けてはいないので嫌われる要素は皆無なわけです。

2. たいして面白いとは思えない

はい、遠慮なくそう思っていただいて結構です。しかし、それはプロの言うところの「面白い」をまだ理解できていないからです。つまり「Fun面白い」ではなく「Int面白い」の方です。

伝えるべきことの焦点がボケないように、〝余計な要素〟は極力切り落としてあります。プロだけが使える高価な機材、8Kカメラや派手なエフェクト、ドローンやCGなどは一切使っていません。動画が面白いとは、そのようなハード的なことではありません。また、ギャグ（Fun面白い）が面白いことでもありません。

この動画でも「Fun面白い」をいくつか使っています。チーンと鳴ったりするところです。ギャグ自体を言ったりやったりしているのはたーちゃん自身です。監督はそれにツッコミを入れているだけです。ギャグ、つまり「Fun面白い」は、このようにキャラクター付けをするために使う演出道具の1つです。たいして面白くないと思った方は、これらのギャグがたいして面白くないと思ったのでしょう。そして当然、ギャグそのものが面白いと思うかどうかは主観の問題でしかありません。

例えば、映画に「いつもつまらないダジャレを言っているオジサン」という設定のキャラクターが登場するとします。そのオジサンに面白いダジャレを言わせては、キャラ設定が違ってきてしまいますので、つまらないダジャレを言わせなければいけないのです。しかし、いつもはつまらないダジャレしか言わないのに、珍しく面白いダジャレを言うシーンがあったとしたら、そこではそこそこ面白いダジャレを言わせなければなりません。つまり、いつも大爆笑のギャグが必要なのではなく、Fun面白さをコントロールできることが大事なのです。このように、ストーリー動画では「Fun面白い」はメイン・コンテンツではなく、演出道具の1つに過ぎません。

たーちゃんのギャグに、もしツッコミが入っていなかったらどうでしょう。見ている人はどの部分も、ギャグだとさえ気付かないかもしれません。この動画はドキュメンタリー仕立ての番組なので、基本的には監督がギャグを仕込むわけにはいきません。普通なら本人は絶対に言わないような、キャラと合っていないギャグを言わせたら、それはウソ・ヤラセになってしまいます。たーちゃんがFun面白いことを言ったりやったりしたときに、チーンなどと入れて「ギャグを言いました」と見ている人に教えているのです。見ている人が面白いことを聞き逃さないための〝工夫〟です。このように「Fun面白い」部分を強調することで、たーちゃんが人を楽しませようとするキャラクターであることを印象付けているのです。

「Int面白い」とは、一言で言うなら「求められる機能を満たしている」ということです。この動画に求められる機能とは、見た人がたーちゃんやこの店を好きになってくれることです。「面白くない」と言い張っているあなたでさえ、もし将来ダイビングをするとしたら一度はたーちゃんに会ってみたい、一緒に潜ってみたいと思うはずです。ダイビングをしなくても、たまたま富戸を通りかかりあの白い建物を見たら、たーちゃんの顔を覗いてやろうという気になるでしょう。ダイビングに興味のない人にも、たーちゃんやあの店に「興味を持たせた」わけです。これが「Int面白い」ということです。

それでもすべての人が興味を持ったというわけではないでしょう。こんな人は嫌だ、自分とは合わないという人もいるでしょう。すべての人を取り込むことなんて、もちろんできるはずがありません。このサイトを訪れた客に、「この店はこんな人がやっています」ということが伝われば成功であり、割と多くの人がたーちゃんを「面白い人だ」と思ってくれれば大成功なのです。これは主観の話ではないので誰も否定しようがありません。「店の売り上げが上がれば成功」ではないことに注意してください。広告は売り付けるものではない、と言っているのはこのことです。この動画は見てわかる通り、なにも売り付けていません。たーちゃんをインスタント・ヒーローに祭り上げているだけです。だから「たーちゃんを面白い人だと思ってもらえれば」大成功なのであって、売り上げが上がるかどうかはまた別の問題です。たーちゃんの人気が上がれば売り上げは上がるはずではありますが、現実には雑多なその他の要素の影響の方がはるかに大きいので、必ず上がるわけではありません。実際、この動画が完成した直後にコロナ渦が始まってしまい、それどころではなくなってしまいました。

この動画は、サイトという大きなプッシュ広告の中で「スタッフが楽しい人だから一日楽しく遊べるよ」というたった1つのベネフィットを伝えているだけです。でもそれが一番強力で大事なベネフィットなのです。客は「ダイビングをしに来る」のではなく、「一日遊びに来る」のです。遊びに来るのだから、楽しい方が良いに決まっています。正直、ダイビングそのものはどの店で潜っても、同じ海で潜るのですから変わりません。また、値段もどこも似たり寄ったりで、しかもダイビングをする客は経済的に余裕があるので、たかが数百円や1〜2千円程度の差は、決め手になりません。客は、ダイビングや値段ではなく「誰と潜るのが一番楽しいか」で店を決めるのです。このベネフィット「どんな風に楽しい人なのか?」は動画でしか伝えられません。そして差別化という意味でも、他店は絶対に真似できないことです。

これらのことがきちんと考えられ、ターゲットの興味を引いてからベネフィットへ誘うという手法を用いることで、ベネフィットを効果的に伝えている動画を「面白い」というのです。とはいえ、この動画が最高に面白いとはいいません。もっと面白く作れる人ももちろんいるでしょう。

プロというのは「常に80点以上を取れる人」のことです。なぜプロが常に80点以上を取れるのか? それは80点の取り方を知っているからです。その「80点の取り方」の大半をこの本に書きました。そしてこの動画はその「取り方」を踏襲して作り、それ以上の加点を狙えることは敢えて割愛してあるので、80点そこそこのものであるわけです(ナレを除く)。80点以上のもの、プロのレベルで及第点以上のものを「面白い」というのです。

ターゲット・ペルソナ

最初に考えることは、「誰に」です。ターゲットを確認し、ペルソナを設定します。この動画のターゲットは「ネット・サーフィンの末このサイトにたどり着いた、ダイビングに行くのに、あるいはCカードを取るのにどの店を利用しようかを検討している人」という群像です。ですから比較意識ということです。

今回、ペルソナは日本人でCカードを取りたいと思っている(つまりダイビング未経験)30歳の、そこそこ良い会社に勤める女性ということにしました。ダイビングはちょっと金と時間が掛かるので、20代の若い人には経済的にきついかも知れません。そんな理由で実際には壮年の客が多いのですが、若い人も結構な割合でいますし、しかも女性が多いのです。職場で世間話をしても、男性より女性の方がダイビングに憧れている人は圧倒的に多いようです。そのような理由からペルソナは女性にしましたが、男性も視野内には入れておきます。ペルソナは群像ではなく個人になりますが、ある程度の幅もしっかり認識しておきましょう。まず日本人ですが、正確には日本語が通じる人です。実際には韓国や中国からの客も少なくありませんが、このショップ自体が外国語には対応していないため、ペルソナは「日本語が通じる人」となり、翻訳テロップなどを考える必要はありません。年齢は20代後半から60代くらいまでを幅として想定しています。従って、内容にしてもギャグにしてもあまり幼稚にしてはいけないということになります。いきなりただ転ぶとか、変なポーズをするといった表面だけの意味の無い（たーちゃんのキャラクターを表していない）幼稚なギャグは入れてはいけないということです。

このターゲット・ペルソナやこの後に書く意図・コンセプトなどは、他人には最初にしっかり考えなさいと教えますが、実はできる人はまったく考えて（意識して）いません。無意識に脊髄反射でなにも考えなくてもわかっているのです。本書もあとから自分の思考を思い出し、解析しながら書いています。例えば、男性客はマイ・カーを持っている人が多く、車で直接店に来ます。女性客は車で来る人はほとんどいません。今回の動画は特に考えることも無く朝の富戸駅から始めていますが、無意識の中でもちゃんと女性がペルソナになっているから富戸駅から始めているのです。これをもし男性をペルソナにしていると、車で店に乗り込むところから始めることになります。それでは車を持っていない人は自分を投影できず、カメラが自分の目にならないので動画に没入し難くなるのです。

意図・コンセプト

この動画の意図を解説します。なにをどう伝えるのか、そしてどうしてそうしたのか、という部分です。

まずこの動画は、ダイビング・ショップのサイトに掲載される動画です。このサイトではグーグルマップの機能で、店の外観や内装、宿泊施設まで見られるようになっています。ですから、よくある店の外観や雑感などの画だけの動画など存在意義がありません。

動画が伝えるべきものは2つでした。「どんな風に」と「キャラクター」です。そこで、この店を利用すると「どんな風な一日になるのか」を見せながら、「どんなスタッフが店をやっているのか、どんな人が相手をしてくれるのか」を紹介する動画になっています。

ただ人を紹介するだけではなく、ストーリーを朝の富戸駅から始め、一日の流れに沿って見せていくことで、一日を疑似体験してもらう形にしています。知らない店に初めて行くのは、不安があるものです。しかしビデオで疑似体験をしていれば、もう段取りもわかるし、知らない店ではありません。人気No1ガイドの秘密を探るという大義名分のもとに一日を疑似体験しながら、たーちゃんという人と店を知ってもらおう、という狙いです。

当初、たーちゃんのインタビューは一か所にまとめるつもりでした。でも編集してみたら6分にもなってしまいました。6分間もたーちゃんの顔だけを見て過ごすのは退屈なので、インタビューを分散させる構成に変えました。もちろん、インタビューを切って短くするという手も考えられますが、短くするか長いまま分散させるかを考えたとき、たーちゃんという人柄を伝えるためには後者の方がベターだと判断しました。特にウツボに咬まれた話はごっそり落とそうとも思ったのですが、たーちゃんのしゃべりは十分に長い尺にも耐えられるので、長くなることを引き換えにしてでも入れた方が楽しいし、たーちゃんらしいエピソードなので彼というキャラクターをより伝えることができるプラスの方が大きいと判断したのです。

一日の自然な流れの中で、たーちゃんというキャラクターを主軸に据え、場所を紹介し、段取りを紹介し、事故への不安も払拭し、富戸の海の魅力も紹介し、女性スタッフが常駐していることも伝え、富戸漁協のサービスとショップのサービスも紹介しています。動画はたくさんの情報を無理なく素早く印象的に伝えられますが、すべてこのように、1つのストーリーに絡めてその周辺情報としてしか伝えることはできません。そしてストーリーには起承転結があるのですから、それなりの時間が掛かります。テロップだけ出して「伝えた」ではないということです。この動画は一日を疑似体験しているのですから、まさに「百聞は一見に如かず」になっているでしょう。

そして「常連客が勝手に手伝うような店だ」ということも重要な要素です。常連がみんなで応援する（著者もタダで広告動画を作る）ような店だよ、と伝えているのです。動画の中では「No1の秘密は謎のまま」などとすっとぼけていますが、これこそがたーちゃんが何年もNo1になる秘密です。ここはワークショップですから特別に「答え」を文字で書いてしまいましたが、これこそが動画が伝えるメイン・テーマであり、テーマは動画の中で言葉（テロップも含む）にしてはいけません。これはシナリオ・ライティングの鉄則です。言葉にした瞬間にすべてが必要なくなります。そういう意味では、テーマはCTAに似ています。CTAを気持ちよく受け取ってもらうために番組部分があるのですから、CTAを出してしまった瞬間、番組部分は存在意義を失うわけです。テーマを感じ取ってもらうためにストーリーや映像やキャラクターがあるわけで、言葉で伝えるのではないからこそ印象的に伝わるのです。

ちなみに、雑誌の人気投票など組織票だろうと多くの人が思っているでしょうが、この店では組織票など組んでいません。10年以上のつきあいの著者が知りませんし、実は投票さえしたことも、頼まれたこともありません。つまり、客が勝手に応援する店なのですから、たぶん客が勝手に投票しているのでしょう。まさにこれがNo1を続けている秘密です。それが〝取材班〟にはわからなかったようですが（笑）、みなさんには十分伝わっているはずです。

構成解説

では動画に沿って、部分毎に詳細に解説していきます。

オープニング

まずは静かに富戸駅から始まります。店に着くと主役であるたーちゃんが登場します。たーちゃんが人気No1であることを紹介し、この男の秘密を探るよと、この動画の方針を宣言しています。この、方針を最初に明らかにする手法は、テレビのドキュメンタリー番組などでよく用いられるやり方ですが、方針と本題・テーマ・告知を勘違いしてはいけません。当たり前の話ですが、本題やテーマや告知を頭で言ってしまっては、そこで終了になってしまいます。冒頭でネタを言ってしまうのは、番組としては最もヘタクソな入り方で、報道系とミニ番組といった演出できないものだけの手法です。だから報道系では常時使われ、番組系では演出するだけの尺が無いミニ番組くらいでしか使われません。「今日の料理」で、冒頭で「きょうはサバの味噌煮です」と言うのは、キャッチする尺も必要もないから、いきなり本題で入るのです。

「冒頭で方針説明」はドキュメンタリーでよく使われるように、基本的に報道のやり方であり、番組系でやるのはプロとしてはちょっと幼稚に過ぎるというか恥ずかしいものです。ただ、シンプルな方法なので学習者がわかりやすいという利点があります。今回はドキュメンタリー仕立てのミニ番組だから採用しましたが、一本のストーリーものでやるのは、お勧めしません。ドラマだったら最初にあらすじを言ってしまうようなものです。

キャッチ・リード・ボディの形でいうのならば、たーちゃんが登場したところがキャッチです。ちなみに動画ですからアイ・キャッチはありません。サイトに掲載されたときは当然タイトル画面がサムネイルになり、これがアイ・キャッチの役を担います。そして、今説明した方針表明こそがリードになります。つまり、キャッチから本編へ最も安直につなげるのが方針表明です。

タイトル・イントロ・ミーティング

さてタイトルが出て、いよいよ本編が始まります。本編の中もまた、イントロ、メイン・ストーリー、サイド・ストーリー、挿話などに分かれています。タイトルの後、富戸という場所の説明があり、白く飛ぶところまでがイントロです。

一日の始まりにチームごとに分かれてミーティングをして、お互いに自己紹介などをするのですが、この自己紹介にかこつけて、インタビューでの自己紹介部分を挿入しています。視聴者がミーティングを疑似体験している流れで、たーちゃんという人間の基本的な紹介を済ませてしまおうという作戦です。たーちゃんのインタビュー・シーンをいくつかに割って各部に挿入しているので、これはクロス・カッティング（複数のストーリーを同時に進行させ、それぞれのストーリーを行ったり来たりする手法）になっているのですが、単に唐突なクロス・カッティングではなく、ミーティングの自己紹介のところでインタビューの自己紹介という風につながりを持たせたわけです。

インタビューのシーンです。いきなりこの画では、たーちゃんがソッポを向いてしゃべっていることになってしまいます。厳密にいえば動画の文法違反行為です。言葉にすれば「たーちゃんは話しかけている」という文です。誰に話し掛けているのかわかりません。しかし、これはドキュメンタリー仕立てであり、インタビューの映像であることが明らかなので、取材者がいるということは大前提として視聴者がわかっているはずです。わかっている場合に限り省略できます。ここでは取材者は写っていませんが、ドキュメンタリー仕立てでインタビュー映像だから、たーちゃんはソッポの方を向いていても視聴者には不自然ではないはずです。とはいえ、ちょっと前衛的な手法で、ある程度尺があるのならば、最初の1回くらいは取材者の後ろ頭だけでも写し込んでおくのが正しい編集です。映像上話し相手がまったく写らないというのは、本当は不備なのです。映画・ドラマなどの「撮り直しが効く」動画ならば必ず追撮しなければいけない案件ですが、ドキュメンタリー仕立てのインタビュー映像なので許容範囲です。（実はスペースの都合で他のアングルで撮れなかったのですが、それは言い訳になりません）

そんなわけでインタビュー映像であることを明示するために、右下に本当は必要のないテロップを入れました。飾りです。これは実は一種の職業病でもあります。なにも入れない素の映像だとクライアントに「手抜きをしたと思われるのではないか」という変な強迫観念があって、入れずにはいられなかったというのが本当のところです。実際現役時代、たった2秒の1カットに「寂しいからなにかテロップを入れろ」と言われたことが本当にあります。「ディレクターの仕事はクライアントの寂しさを癒すことではない」と思いながらも、口には出しませんでした。今回の場合は映像の邪魔にならないことを確認した上で、デザイン的なアクセントとして入れることにしました。他の理由を付けるなら「プロっぽいから」です。なにもない素の映像は素人でもできます。ちょっとシャレたデザインのテロップが出ていたら、プロっぽいでしょう？（苦笑：アマチュアがやたらテロップを入れたがる理由がこれです）。

作ったときにはなんとなく入れた、つまり俗にいう〝感覚〟で入れたわけですが、後から理由を考えるとこれだけの理屈がきちんとあります。これだけのことを意識下で一瞬で考え、論理的に「入れた方が良いから入れた」のです。

また、日付は重要です。情報というものは、日付がないと価値を失うものが多いので気を付けてください。特にインターネットでは10年後にも流れていたりするかもしれないので、どこかには必ず制作年月日のテロップを入れましょう。ここで出ているのはインタビューの日付で、制作年月日は最後にクレジットと一緒に入れました。

大抵素人のしゃべりは退屈でテンポも悪く、発声が悪くてよく聞き取れません。しかしたーちゃんはしっかり発声して明瞭にしゃべってくれるので助かりました。カメラが回っているから慎重にしゃべっているようで、話のテンポは悪かったのですが、編集で間合いを詰めてテンポ良くしゃべっているようにつないでいます。つないだところは同ポジ（ほぼ同じ構図の画をつないでピクッとなること）になるわけですが、インサート映像でそれを隠すのは常套手段です。でもかなり細かくつないでいるのでインサート映像だけでは間に合いません。この部分は4Kでヒキ画の固定で撮っているので、それをトリミングして画角を変え手のアップといった画を作り、そういった画を総動員して同ポジ部分を埋め合わせています。4Kで撮りフルHDで仕上げるなら、4分の1までトリミングしても画質が落ちません。そのために4Kで撮っているのです。編集をわかっている人ならわかると思いますが、かなり無理無理になってしまいましたが、それでもみっともない短いOLは避けました。ましてや〝ぶっつなぎ（同ポジを平気でカットでつなぐこと）〟は、恥ずかしくてできません。

よくインタビュー映像では、安直に同ポジをそのままぶっつないだり、短いOLでちょっとショックをやわらげただけで使いますが、これは報道や番宣などの急ぐ上に尺もない映像、つまり回避する余裕がない場合でだけ目をつぶっているだけです。この手の同ポジやジャンプ・カットは特別に狙いか理由があるとき以外は絶対にやってはいけない編集です。他でやっているからやっていいのではありません。ジャンルによってもやって良い事悪いことは違います。報道や番宣では欲しい画を自由に撮れるわけではなく、すでにある画を工夫して使うしかない上極端に尺が短いため、本当はやってはいけないこと、映像編集のルールに反することなども仕方なくやる場合があります。当然、その時々の状況次第でOKかNGかの基準も変わります。そういったものを見て安直に真似しないでください。

エントリーまで

ミーティングが終わったら、スーツに着替えてヨコバマに移動します。ここでタンクを受け取り機材のセッティングをし、ブリーフィングをしたらいよいよ海へ入ります。たーちゃんが海に入って「あーホント、静か」と言った後の波の音は、音だけを別撮りしたものです。ここは波が小さくマイクも遠いので、実際にはほとんど波の音はしません。静けさの演出として、狙って計画的に入れ込んだ波の音だということです。ちゃんと事前に計画しておかないと、画にしても音にしてもこういう必要なものを撮る（録る）ことができません。するとネットで拾った写真や音素材を使ったりして、どんどん〝手抜き〟になっていくわけです。

事故について

ダイビングといえば事故が怖いという人もいるでしょうから、事故なんて滅多にあるものではないということをこういう形で伝えています。堅苦しくなりがちな話題も、こんなジョークを交えれば柔らかく楽しく伝えることができるという演出の例です。こんな話は生真面目に話されても、聞きたくもない退屈な話でしょう。もちろん、ふざけているのとはわけが違います。ふざけて伝えて良い内容ではありません。

また、「救助活動も経験しているのですか?」という問いに、さも特別なことではないといった感じで、当たり前のように「あー、あるある」と答えています。彼にとっては救助活動なんて、特別なことではないわけです。その答える様子を見せることで、経験豊富で頼りがいのあるガイドであることを印象付けています。まさにこれが動画の強さを示す一例です。こんな小さなたった一言でも、その答え方の様子で彼の経験豊富さを伝えることができるのです。このように、いつでも映像には意味があります。いつもその〝映像の意味〟や〝写っているものの意味〟というものをキチンとわかっていることが大切です。見る方はなんとなく見流していても、意識下ではこういう細かいところまで感じ取っているのです。さらに、それをナレーションやテロップではなく、映像で見せていることに留意してください。「たーちゃんは経験豊富なガイドです」なんてあえて言われたり、テロップを出されたりしたら、かえって嘘臭く感じるでしょう。ナレーションやテロップでは、わざと臭く、押し付けがましくなるのです。

経験豊富とはいえない場合に、あえて「経験豊富です」とわざわざ反対のことを言うことによって欠点をカバーするという手法を有効だと信じている人たちが一部にいるようですが、日本の消費者は平均して頭もよく嘘を見抜く力も高いので、日本では通用しないどころか逆効果でしかありません（そもそも事実と反対のことを言っているのでただの嘘です）。「経験豊富」には基準が無いから嘘にはならないなどというくだらない言い訳は、裁判になったときには有罪にならないかもしれないというだけで、世間的には嘘は嘘です。

富戸の海

メイン・ストーリーに戻りました。実際にはこの日の1本目に一緒に潜り、ブリーフィングやエントリー（海に入るところ）の画は2本目のものです。

このように、例え別で撮った画であっても（別撮りであっても別撮りでなくてもどっちでも良い）「複数のカットをつないで1つのシーン（一番小さな起承転結の1セット、つまり一番小さなストーリー）にすること」＝「複数のカットを1つのストーリーをつづるようにつなぐこと」やそのつなぎ方をモンタージュ（する）といいます。なぜモンタージュが映像世界では重要なのかと言えば、「このカットとそのカットをつなぐとどういうストーリーになるのか」に始まり、「どんなカットをどんな順番で並べればこのストーリーを描けるか」がわからないと、創作したストーリーを映像でつづっていくことができないからです。つまり、モンタージュというものを正しく理解していないと番組系動画が一切作れません。また、「ここにはどんな画が必要なのか」がわかることを映像センスといいます。

監督は2本目のエントリーを撮り終わったら、この後の温泉丸に回ってカメラをセッティングして、彼らが来るのを待っています。ネジリンボウからミナミハコフグの赤ちゃんまでは、本当にこの1本目だけで出会えた魚です。別の機会の魚や画が混ざっていても、それが富戸の海の中といえる場所であれば、例えば別の日に富戸の別のポイントで潜ったときの映像であっても、嘘にはならず、なんの問題もありません。富戸ホールやおみくじの画は冬（2019年1月1日）の映像です。

温泉丸・昼食

海から上がったら温泉丸で体を温めます。全編について言えることですが、雰囲気を伝えたいときにはその場の音をできるだけ生かします。チャンネル1にガン・マイクの音、チャンネル2にオフ・マイク（カメラ・マイク）の音を入れておくのが普通です。ミックスの時にオフ・マイクの音も薄く混ぜてやるとより臨場感が出ます。今回は機材の都合でオフ・マイクの音は混ぜていません。

それから、テレビやネットでの動画であれば、人の声は常に真ん中から聞こえてくるようにすると良いでしょう。特に狙いがあるときを除いて、人物が画面の右に寄っているからといって音も右に寄せてはいけません。インタビュー映像で、カットが変わるたびに位相も変わったら聞き苦しいだけです。

物撮りで食べ物を撮るときには斜め逆光で撮るのが基本です。レフ板で被写体の手前側に柔らかく光を反射させてやり陰になるのを防ぎます。これを「影を起こす」といいます。今回は撮影の時だけ曇っていて光が回っていたためレフ板は使っていません。プロの映像とアマの映像で、一番違いが出るのがライティングです。照明さんがいれば全部照明さんがやってくれるのですが、照明さんもカメラマンもいない場合は当然ライティングもディレクターの仕事です。被写体を照らす報道系動画に対し、番組系動画では影を付けるために照明をします。報道系は光を記録するのに対し、番組系では影を撮影するのです。そんなところも報道系動画と番組系動画では違います。昼日中の屋外の撮影でさえ、最低限レフ板は影を起こすために必要です。屋内なら真夏の日中であっても絶対に照明は必要です。今回は、全部一人でやっている関係で、屋外はレフ板無し（ドキュメンタリー仕立てなので：照明やレフ板を使うと非現実の画になってしまうので、報道系動画では悪影響が無い場合だけ必要に応じて使います）、インタビュー・シーンは小さい照明を二発だけにしています。小さいといっても、一般の人はその明るさに驚くくらいです。ミラーレス一眼で撮っているので暗さに強いのと、照明には手が回らないことも考えてドキュメンタリー仕立てにしているのです。ドキュメンタリー仕立てならば、真逆光にさえしなければ、なんとかなります。

このカレーの画を見て寂しいなと思ったならその感覚は正解です。これを撮影したときにはできるだけ不必要なものは入れずシンプルにしようと思っていたので、カレーのみの映像にしました。しかし今では、もう少し本格的な「物撮り」にするべきだったかな、とも思っています。その場合は背景に水の入ったコップや木々の緑なども入れ込んで後ボケにし、スプーンもナプキンで包んで横に置きます。テロップが入る位置も十分に考慮して構図を作らなければいけません。作った画なので、硬派なドキュメンタリーでは反則になりますが、軟派なドキュメンタリー仕立ての広告動画では問題ありません。「軟派」といったのは、ここは本物だろうが作った画だろうが問題にならないところだからという意味です。実はあの白い皿は撮影用で、実際には食べにくいので丼のような器に入れて出してくれます。この程度なら「イメージです」などというテロップを出す必要も無いどころか、出してはいけません。出せば、カレーが本物ではない、撮影用の特別なカレーを使っているという意味になります。

「イメージです」は、メインの被写体が偽物だという意味です。番組系動画は〝作った映像〟だけで作られるので、いってみればすべての映像が〝イメージ〟です。従って「イメージです」は番組系動画ではあり得ません。

午後

普通は午前に1本、午後に1本潜ります。2本目の海の中は省略して、その代わりに女性インストラクターを紹介しています。女性一人でも安心して来ることができる店であることを伝えるためです。ついでに初心者には、講習は怖くないよということを伝えています。海の水がしょっぱいということさえ知らない人も結構来ていることを知らせることで、水泳どころか海に入ったことさえないような人も、平気でCカードを取っているんだよと背中を押しているのです。また、Cカードを取った人がその後も続けていることを伝え、選んだことを後悔しない店だということも伝えています。

午後のダイビングが終わるとログブックを付けますが、ここでヘルプ・スタッフを紹介しています。常連客がスタッフも兼ねているから、初めての人が輪に入れないということがない、とナレーションしていますが、実際スタッフと常連客が固まってしまって、新参者が疎外感を感じる店はしばしばあります。しかしこの店にはそれがまったくなく、常連客はみんな気軽に初めての人にも声を掛けます。この動画も常連客である著者がタダで勝手に作ったものだとタイトルに書いているように、常連客がみんなで応援したり他のお客さんを歓迎したりする店だよ、ということを印象付けているのです。大きな差別化ポイントです。これこそがこの店の一番のベネフィットであり、この動画のサブ・テーマといってもいいでしょう。

たーちゃんインタビュー

コメントの要点は「一日を通して楽しんでもらうことを目指している」ということです。これが店の方針であり、彼の方針です。もしこれが「お客さんに伝えたいことをどうぞ」などという質問では、見ている人はまったく聞く気が起こらないでしょう。それを「2年連続でNo1ガイドになった秘訣は?」という質問でしゃべらせています。そんな秘訣なら誰だって是非聞きたいでしょう。たーちゃんのコメントはまったく同じなのですが、質問の仕方で視聴者の聞く気が変わるのです。著者は実はインタビューが苦手なのですが、今回は割とうまくできたと思います。

たーちゃんの人間性をもうちょっと出したかったので、ウツボに噛まれた話を入れています。尺を詰める必要があるときには真っ先に落とされる部分ですが、これがあるのとないのでは、たーちゃんというキャラクターの描写がかなり違ってくるでしょう。ちなみに著者も10年以上ダイビングをやっていますが、他に水中でウツボに噛まれたダイバーを知りません。しかも3回も。更にウツボにカツアゲされたこともあるという、とてもユニークなキャラクターなのです（この話は公には言えない部分が含まれているので、知りたい方は本人から直接聞いてください）。

最後に視聴者へ直接コメントをしてもらって本編は終了です。内容はどうでも良く、視聴者へ直接話しかけるということが大事なのです。これも地味ですが外せないポイントです。ここまでは「インタビュー映像」でしたが、ここは視聴者に直接話しかけているのですから「コメント映像」になります。だから当然カメラ目線です。これがソッポを向いていたら台無しです。

エンディング

一日の終わりはバーベキュー大会です。初めての客が2人だったか4人だったか忘れましたが、本当に含まれています。

「なぜこの男がNo1ガイドなのか?」などとすっとぼけていますが、それこそがこの動画が伝えていることです。答えは言葉では決して言いません。

最後に国内・海外ツアーの案内が付いています。これは手紙でいうところの「追伸」に当たります。手紙ではないので「追伸」ではなく「おまけ」としています。

一度動画が終わったあとに別の動画のようにして付けていますが、これには理由があります。ネットでのCMの1つの在り様として、そのサンプルとしているのです。ネットでは、CMを動画の頭（あの5秒でスキップできるヤツ）や途中にテレビCMのごとく挟み込んだりしているようですが、これらはオンデマンド性を阻害しているので、ネットでやるべきことではありません。途中に挟むのは、本編と連動させればやりようによっては上手くいくかもしれませんが、視聴者にストレスなく自然に話をCMに持っていくには、動画制作者に相当高いスキルが要求される上、下手をするとかなり強烈な反感を買うので、一般的にはできないと思った方がいいでしょう。もちろん、番組の中で宣伝する（させる）のは最悪です。番組内宣伝は最も視聴者に嫌われることです。テレビの〝タイ・アップ〟がどれだけ視聴者に嫌われているかを考えましょう。

となると、このように最後におまけのような形で付け足すしかないのです。この部分が「番組」ではなく、完全に「告知」の形（本編とつながっていない）をしているのはこのためです。内容もただ店の都合を一方的に伝えているだけです。関連性があれば、このように後ろに付けたCMでも最後まで見てもらえることを実証しているのです。「なんだ、CMか」といってこの部分を見なかった人はたぶんいないでしょう。視聴者はこの程度の長さと内容のCMなら（売り付けさえしなければ）許してくれる、というより次の動画へ行く前のインターバルとしてむしろ必要としているのです。1つの番組が終わると視聴者は、多少の余韻に浸る時間が欲しいものなのです。大昔のNHKではぶっ続けで次の番組が始まっていましたが、それでは見る方の精神的負担が大きく、視聴者の要望により番組と番組の間にインターバル（CMを流すわけにはいかないので番宣）を設けるようになったのです。ちなみに、インターバルとして許される時間は2分までです。これはNHKの編成局では常識でしたが、編成局はエリート・コースであるため人や情報が流出することはまず無いため、広く知られてはいないようです。

さて、プロがどんなことを、どの程度考えて作っているのか、参考になれば幸いです。
「ソフト」がなくなってしまった時代、広告も動画も「ソフト」こそが鍵です。かけがえのない「ソフト」が数多く育ってくれることを心から願って止みません。

おわりに　広告公害をなくすために

社会を作っていくのは個々人ですが、弱い一個人にはさほどの力はありません。資本主義社会では「強い」とは「資本がある」ということですから、強い個人とは企業のことです。企業は社会が必要とするものを提供することで社会を作り、ギブアンドテイクによりその代償として金を受け取ります。社会を作っていくのは企業の責務、というより、社会を作るための組織を企業といいます。社会を作るとは、自分の住環境を作るということに他なりません。

筒井康隆の小説に『にぎやかな未来』（三一書房、1968年）という作品があります。その世界は広告でやかましく、静寂は無音のレコードをヘッドホンで聞くことでしか得られないため、無音のレコードが大ヒット商品なのです。子供の頃に読んで、バカバカしいと大笑いしたものですが、今、本当にそのバカバカしい未来になってしまいました。

広告は、企業にとって出さなければならないものです。それは工場排水と同様、なんの処理もせず自分勝手に垂れ流せば公害です。東京が水質汚染を著しく改善できたのは、厳しい法規制が切っ掛けではありますが、結局は各企業が大金を投じて正しく対処したからです。企業が自らの意思で正しく処理したものだけを出していくようにしなければ、穏やかな未来を築くことはできません。「悪銭は良貨を駆逐する」という状況では、悪銭を徹底的に駆除してこそ、良貨が信用を取り戻し経済が活性化するのです。

政治家でさえも近年は、街宣車で叫んで回ることを極力控えています。名前付きで社会に迷惑を掛けることが、自分にとってマイナスであることにやっと気付いたのです。大声で叫べばみんなに聞き入れて貰えるなどと思っているのは、あまりにも幼稚な勘違いです。

あなたはどんな社会を子供たちに手渡したいですか？　押し付け広告でやかましく目のやり場にも困る“にぎやかな未来”でしょうか？　それとも静かで穏やかな未来でしょうか？　その選択は国ではなく、企業経営者であるあなたに掛かっています。

索引

英数字

5つの意識レベル……17
CTA……113
Fun面白い……216, 266
GoTo……101, 114
Int面白い……215, 266
Int面白いとFun面白いの関係……217
NHK..6, 7, 47, 48, 62, 138, 215, 218
USP……66, 111
Vlog……254
YouTube……105, 184, 186, 256

あ行

アイ・キャッチ……103, 184, 192
意識レベル……17, 19, 27, 64, 70, 85
意識レベル表……90, 93, 94, 98
一般番組……173, 175, 178, 179, 212
インスタント・ヒーロー……28, 191, 193, 240
インターネット……121, 131, 186, 248
ウリ……142, 148
演出……64, 151, 155, 215, 225
オファー……72, 75, 78
面白い……100, 214, 218, 265, 268
オンデマンド……129, 210, 251

か行

解決意識……18, 49, 57, 64
解説者型……204, 208
企業と宣伝……23
キャスティング……206
キャッチ……99, 102, 158, 193
キャッチ・コピー……103, 107
キャッチ・セールス……29, 30
キャラクター……190, 196, 217
嫌われる広告……83
クライアント……134, 163, 209, 233
広告……21, 24, 32, 35, 39, 45, 47, 50, 51, 54, 77, 78, 99
広告動画……3, 173, 175, 244
広告プロジェクトの流れ……53
購入……72
購買意欲……17, 18, 29, 54, 70, 92
広報……30, 45, 50
顧客……53, 57
告知……47, 50, 53, 60, 61, 69
コピー・ライティング……81
コミュニティ……35, 57, 62, 63, 91, 130, 140, 152

さ行

サブ・コンテンツ……37, 42, 102
差別化……110, 149, 159
三段式……226, 228
資金力……72, 75
市場調査……17, 20, 21, 22
集客……41, 49, 50, 53, 67
集客数と周知数の関係……82
周知……46, 49, 50
取材……170
ストーリー……4, 28, 65, 66, 170, 171, 188, 191, 194, 195

成約率と周知数の関係..................84
宣伝...16, 19, 20, 21, 24, 25, 26, 45, 47, 50, 53, 67, 71
宣伝と広報の違い..........................30
創作の方法(萩尾望都方式).....224

た行

ターゲット.............40, 137, 138, 268
超意識..18
調査..41
ディレクター..........................3, 4, 200
動画........................59, 65, 187, 190
動画広告..4
動画の原理....................................195
動画の時間軸.................................188
動画の自製化.................................199
動画の長所と短所.........................184
ドキュメンタリー.................182, 220
ドキュメンタリー方式..................233
特徴.....................................142, 144
ドラマ....................41, 173, 211, 243
ドラマ型...211

な行

ニーズ.................24, 70, 72, 74, 155

は行

番組..177
番組系動画........168, 170, 172, 195
販促資料............................21, 54, 57
販売..........20, 21, 47, 48, 53, 70, 71
比較意識..18
ビジュアル..........................61, 65, 95
プッシュ..54
プッシュ広告.........54, 55, 56, 59, 60, 68, 69, 71, 79, 93, 110, 132, 156
プル....................................54, 151
プル広告.........54, 60, 63, 68, 69, 71, 79, 93, 110, 132, 154, 157, 160
プル広告とプッシュ広告の違い.....79
プレスリリース...................46, 47, 50
ヘイト・コントロール.......................84
ベネフィット..........30, 58, 59, 65, 93, 109, 144, 145, 146, 211, 217, 244
ペルソナ.....135, 136, 137, 211, 268
報道...........30, 41, 45, 50, 175, 220
報道系動画.......168, 169, 186, 195
ボディ.......................................99, 109

ま行

ミスリード.....................................228
見出し(ヘッドライン).................102
無意識..........................17, 49, 64, 76
メイン・コンテンツ.......37, 42, 57, 66, 80, 102
メディア.....45, 59, 63, 128, 130, 131
問題意識..................................18, 49

や行・ら行

ヤラセ.....................................41, 174
リード...........99, 106, 107, 108, 158
リサーチ.............147, 180, 233, 236

プロフィール

本名荒磯昌史（あらいそまさし）。1964年生まれ。成蹊大学経済学部経済学科卒。父親が“CMタレント第1号”でありMr.テレビ、Mr.ナショナルと呼ばれた泉大助であったため、CMに対し高い意識を持った環境で育つ。映像制作歴40年以上、NHKでのディレクター歴（番組宣伝という広告動画の制作歴）25年。

15歳の時、初めて作った映像がCMのパロディだった。その後自主映画の制作を始める。1989年、音楽事務所、レコードレーベルを設立。ミュージシャン兼音楽プロデューサーとして、アマチュア・バンドのCDやライブビデオなどを制作。

1991年12月から、外部制作会社の一員としてNHK衛星放送局でPD（プログラム・ディレクター）も兼業。95年〜98年頃にはBS1、BS2、二波の先物番宣すべてを一人で担当。年間に1,000本弱程度の番組を制作し、NHKらしからぬ作風でブームと呼べるほどの新規契約者を動員（※）、「スポット（番宣）の神様」、「本当のプロ」などとあだ名された。この功績によりNHK会長賞（海老沢会長）も受賞。NHK編成局制作部月間スポット賞は創設から3回連続受賞して「殿堂入り」した。

その後一時現場を離れた後、2005年にNHK-BS PRチームに復帰。2010年からはプロデューサー業も兼任した後、2018年に制作現場を引退した。

自分で企画・構成・監督・台本・編集・完プロしたものだけを推計しても、制作総本数は10,000本を超える。おそらく世界で最も多くのカットを切り、最も多くの番組を作ったTVディレクター。

※契約者解約者同時激増事件

1997年頃、NHK-BSの新規契約者が期待をはるかに上回って激増する一方、解約者も驚くほど増加するという事態が発生。衛星放送局が放置されていた契約時・解約時のアンケートを集計してみると、新規契約の理由は「時折総合テレビで流れるBSの番宣がすごく面白そう。NHKは変わったんだ、BSは今までのNHKとは違うんだ、と思ったから」というものがダントツの一位。一方、解約理由は「そう思って契約したけれど、本編を見たら全然面白くない。今までのNHKと変わらない」というものが一位だった。これにより、契約者の大激増はすべて番宣によるものであることが判明した。

この事件以降、民放各局でも番宣の重要性が認識され力を入れるようにはなったが、うまく作れるものがいないために、うやむやになってしまったらしい。

お問い合わせについて

本書に関するご質問については、本書に記載されている内容に関するもののみ受付をいたします。本書の内容と関係のないご質問につきましては一切お答えできませんので、あらかじめご承知置きください。また、電話でのご質問は受け付けておりませんので、ファックスか封書などの書面かWebにて、下記までお送りください。
なおご質問の際には、書名と該当ページ、返信先を明記してくださいますよう、お願いいたします。特に電子メールのアドレスが間違っていますと回答をお送りすることができなくなりますので、十分にお気をつけください。
お送りいただいたご質問には、できる限り迅速にお答えできるよう努力いたしておりますが、場合によってはお答えするまでに時間がかかることがあります。また、回答の期日をご指定なさっても、ご希望にお応えできるとは限りません。あらかじめご了承くださいますよう、お願いいたします。

問い合わせ先

＜ファックスの場合＞
03-3513-6181

＜封書の場合＞
〒162-0846
東京都新宿区市谷左内町21-13
株式会社 技術評論社　書籍編集部
『広告動画の法則』係

＜Webの場合＞
https://gihyo.jp/site/inquiry/book

カバーデザイン　石間淳
本文デザイン　装幀新井
本文イラスト　白井匠（白井図画室）
DTP　今住真由美（ライラック）
写真　佐久間ナオヒト（ひび写真事務所）
企画・編集　村瀬光

広告動画の法則
〜嫌われないための広告演出

2023年6月2日　初版　第1刷発行

著　者　神井 護
発行者　片岡 巌
発行所　株式会社技術評論社
東京都新宿区市谷左内町21-13
電話 03-3513-6150（販売促進部）
03-3513-6185（書籍編集部）
印刷／製本　港北メディアサービス株式会社

定価はカバーに表示してあります。

ISBN978-4-297-13497-6 C3063
Printed in Japan